LITERATURA PORTUGUESA E BRASILEIRA

VOLUME 2

EDITORA FLÂMULA

Direitos desta edição reservados à
Editora Flâmula Ltda
Rua Antônio Pestana, 375
06756-010 - Taboão da Serra - SP
Tele/fax:(011) 7967-1192

APRESENTAÇÃO

Esta obra tem como principal finalidade apresentar, de modo organizado, informações que auxiliem os estudantes na resolução das questões de literatura dos exames vestibulares. O primeiro volume da série atendeu notadamente à prova da FUVEST de 1997, mas pretende também ser um complemento para as três séries do segundo grau, já que em três anos de curso fica muito difícil ler um grande conjunto de obras. Então, os professores poderão exigir a leitura de uma determinada obra de certo período, por exemplo, *Lucíola*, de José de Alencar, e pedir que estudem neste livro a obra *Memórias de um sargento de milícias*, de Manuel Antônio de Almeida, propondo um estudo comparativo, que pode ser feito em grupo ou individualmente, com avaliação através de seminários, debates ou prova escrita. O segundo volume já estava em preparação quando saíram as listas de diversos outros exames vestibulares e verificamos que algumas obras do volume **1** atendiam parte de algumas listas como UNICAMP, UNIMEP (Piracicaba), PUC/SP, UNISANTA, UNIMES E UNISANTA (Santos), PUCCAMP. Resolvemos então compor o volume **2** com obras que apareciam nessas listas e não constavam do volume anterior. Por isso escolhemos as obras seguintes: *Poesia Lírica*, de Gregório de Matos; *Senhora*, de José de Alencar; *O primo Basílio*, de Eça de Queirós; *O mulato*, de Aluísio Azevedo; *O cortiço*, de Aluísio Azevedo; *Missal e Broquéis*, de Cruz e Sousa; *Triste fim De Policarpo Quaresma*, de Lima Barreto; *Mensagem*, de Fernando Pessoa; *Memórias sentimentais de João Miramar*, de Oswald de Andrade; *Olhai os lírios do campo*, de Érico Veríssimo; *Laços de família*, de Clarice Lispector; e *Sagarana*, de João Guimarães Rosa.

Recomendamos aos estudantes que os livros de poesia, como a *Lírica*, de Gregório de Matos; assim como *Missal* e *Broquéis*, de Cruz e Sousa, sejam lidos na íntegra, paulatinamente, por ser a linguagem poética muito condensada. Além disso, não é necessária uma leitura sequencial, como na prosa narrativa. Pode-se ler, escolhendo ao acaso alguns poemas. Acrescente-se a isso que, no caso da poesia, a impossibilidade de substituição da leitura do original pelo resumo torna-se muito mais evidente. Nesse caso, recomendamos que antes seja feita a leitura de nossos trabalhos, principalmente no caso de *Mensagem*, para que a leitura do original possa acontecer com menos dificuldade.

Insistimos que este nosso trabalho não substitui as obras originais. Pelo contrário, a leitura das obras originais é imprescindível pelo próprio prazer que se desfruta ao contato com uma obra de arte e porque estará melhor preparado o jovem que o fizer. É bom, também, lembrar que nosso trabalho náo é apenas um resumo, mas um guia de leitura, um roteiro comentado, com várias informações e esclarecimentos sobre o estilo do autor, da sua época e notas de vocabulário e de figuras de linguagem. É isso que tem despertado o interesse de vários professores e profissionais da área, de várias partes do país. Já recebemos elogios e sugestões de professores de Rondônia, Amapá, Bahia, Minas Gerais, Paraná, Santa Catarina e Goiás. Aproveitamos essas linhas para agradecer-lhes o apoio e pedir desculpas pelas imperfeições que este trabalho ainda venha apresentar. Gradativamente vamos procurar corrigi-las, esperando contar com suas sugestões e críticas.

Preparação de Originais: Geraldo Chacon

Diagramação: Débora de Jesus Oliveira

Fotolitos do miolo: Editora Flâmula Ltda.

Revisão: Miriam Chagas

Capa: Foto da capa: Chacon
Arte final:Zúnica & Paníco

EDITORA FLÂMULA LTDA
SÃO PAULO / 1996

SUMÁRIO

LÍRICA[1]

de

Gregório de Matos

I - BIOGRAFIA

Em 1636, nascia na Bahia, então capital da colônia, o menino Gregório de Matos Guerra, amparado por uma família abastada, isto é, que gozava de uma boa condição sócio-econômica. Fez seus estudos iniciais com os padres jesuítas da Bahia, seguindo para Portugal, a partir de 1650, dedicando-se ao estudo do Direito. Formou-se em Coimbra, no ano de 1661, tornando-se magistrado e vivendo em Portugal até 1681. Por essa época, falece sua esposa e ele volta à colônia, onde dedica-se a uma vida boêmia e desregrada, nada bem vista pela sociedade, pois improvisa versos, cantando-os ao som da viola, feita por ele mesmo, com a qual se acompanha. Além disso, muitos de seus versos são bastante venenosos, ridicularizando e atacando toda a gente, inclusive autoridades como o governador da Bahia, Antônio de Sousa Menezes, conhecido pelo apelido "Braço de prata", a quem chamou claramente de "burro": "Sôr Antônio de Sousa de Meneses, / Quem sobe a alto lugar, que não merece, / Homem sobe, asno vai, burro parece, / Que o subir é desgraça muitas vezes."

Muitos desses poemas satíricos empregam uma linguagem chula e mestiça. Fica fácil entender seu apelido de "Boca do inferno" e o seu exílio para Angola.

No entanto, apesar dessa vida pouco condizente com seu nível social e de ser um advogado de poucas causas, Gregório casou-se uma segunda vez, com Maria dos Povos, teve filhos e mereceu amizade e proteção de alguns bispos e governadores que o admiravam pela inteligência, pela franqueza e por sua amizade devotada, pois era incapaz de recusar sua ajuda aos amigos.

Após seu exílio em Angola, o poeta voltou em 1695, mas não pôde desembarcar na Bahia, sendo constrangido a descer em Pernambuco, onde passou seu último ano de vida, já miserável e doente. Faleceu em 1696, um ano antes do padre Antônio Vieira, o maior orador barroco do século XVII em Língua Portuguesa.

II - BIBLIOGRAFIA

Gregório de Matos jamais publicou qualquer livro ou poema em vida. Sua obra permaneceu para a posteridade em cópias manuscritas, só aparecendo impressa séculos depois.

Em 1829, quando o Brasil contava sete anos de independência, versos de Gregório apareceram numa antologia organizada por Januário da Cunha Barbosa.

Em 1881, mesmo ano da publicação de *O mulato* e *Memórias póstumas de Brás Cubas*, foi reunida e publicada uma primeira coletânea de sua obra satírica,

1. A poesia lírica, de Gregório de Matos, tem sido solicitada pela PUC/SP nos anos 95, 96 e 97.

mas só no período de 1923 a 1933 foi que a Academia Brasileira de Letras trouxe à luz sua obra: ***Sacra, Lírica, Graciosa, Satírica*** (2 volumes) e ***Última***.

Em 1969, finalmente, James Amado reuniu e organizou em 7 volumes a obra completa do vate baiano para a Editora Janaína, gerando a melhor publicação até agora.

> "As poesias de Gregório foram conservadas em cópias manuscritas, reunidas geralmente em coleções, nas quais se incluía, segundo um critério que não conhecemos, o que lhe era atribuído. Não se tem notícia de nenhum manuscrito do seu punho, ou qualquer documento que assegure a autenticidade dos textos, que, por isso mesmo, são passíveis de suspeita. É difícil dizer o que é dele, o que é de outrem, sobretudo no que se refere às décimas satíricas, feitas freqüentemente no estilo impessoal dos rimadores mais ou menos hábeis do tempo."
> **Cândido**, Antônio e J. Aderaldo Castelo - *Presença da Literatura Brasileira*, SP, Difusão Européia do Livro, 1971, vol.I, p.71

III - ESTILO DE ÉPOCA

Gregório de Matos é um autor do estilo de época barroco, estética predominante no século XVII.[2]

O Barroco pode ser visto como uma tendência rebelde do Classicismo. Enquanto os artistas clássicos valorizavam a linha reta, o equilíbrio e a harmonia de formas, é freqüente nas obras dos artistas barrocos a curva, o retorcimento, a exuberância de formas, a instabilidade, o desequilíbrio. Se em diversas criações do Classicismo podemos vislumbrar a expressão de uma euforia vital, de uma alegria de viver, não raro percebemos nos trabalhos barrocos a presença de uma angústia vital, de uma preocupação com a brevidade da vida, com a efemeridade de tudo e com a certeza da morte. Na península ibérica, tal sentimento é resultado da forte propaganda contra-reformista, que tenta brecar a segurança do homem renascentista, forçando-o a uma retomada do ascetismo e teocentrismo medievais.

> "Ah! Senhor, quanto me pesa
> De ofender-vos de tal sorte,
> Que sendo o crime de morte,
> Me castigais com pobreza!"
> **Gregório de Matos**

A insistência na transitoriedade, na passagem rápida do tempo, leva o homem do século XVII a um impasse, a um conflito, que gera tensão, e que jamais se resolve satisfatoriamente. Ou o homem busca Deus e despreza totalmente os prazeres mundanos, para salvar sua alma (ascetismo), ou deixa de lado as proibições religiosas e busca satisfazer os prazeres da carne (hedonismo). Podemos encontrar as duas opções na poesia de Gregório de Matos. Em um poema convida a mulher a aproveitar a vida antes que o tempo passe (*carpe diem*), mas em outro, paradoxalmente, pede perdão a Deus por ter pecado, exemplificando bem a tensão e o conflito que habitavam a alma do homem seiscentista, dividido entre a ascese e o hedonismo.

---

2. O Barroco nas artes plásticas do século XVIII, nas Minas Gerais, tanto de Aleijadinho quanto de mestre Ataíde, é uma manifestação tardia, quando a literatura barroca já tinha sido superada e sucedida pelo Arcadismo ou Neoclassicismo.

Em virtude desse conflito, que coloca o homem em desequilíbrio e tensão emocional, duas figuras de linguagem tornam-se muito freqüentes na literatura desse período: a antítese (jogo dos contrários) e a hipérbole (exagero).

A sinuosidade das artes plásticas pode ser encontrada na literatura através da inversão constante dos termos da oração, figura de linguagem denominada hipérbato.[3] O escritor do século XVII prefere sempre a ordem inversa ou indireta, mais coerente com a intensidade emocional, com um certo transtorno interior. Notem as frases que construímos no nosso cotidiano quando estamos apressados ou emocionalmente conturbados.

O escritor barroco em vez de dizer: " Fábio, a vaidade nesta vida é como se fosse uma rosa." prefere empregar: " É a vaidade, Fábio, nesta vida, rosa."

Outros traços estéticos que podemos encontrar nas produções barrocas são: religiosidade, subjetivismo, dramaticidade, dinamismo, vocabulário rico (exuberância).

IV - DUALIDADE ESTILÍSTICA

Há duas maneiras básicas de se escrever no estilo barroco. Há um barroco cultista e outro conceptista.

O primeiro valoriza mais a forma, a aparência, assemelhando-se muito à descrição. É mais sensorial e preza o jogo de palavras. Tal modo de criação foi desenvolvido pelo poeta espanhol Gôngora.

Outro espanhol, Quevedo, já preferiu em seus textos valorizar o conceito, o conteúdo, desenvolvendo raciocínios lógicos, argumentações, lembrando muito mais o texto dissertativo. É mais intelectual e revela preferência pelo jogo de idéias. Nesse tipo de texto, não raro encontramos muitos exemplos de silogismo[4] e sofisma[5] .

CULTISMO	CONCEPTISMO
sensorial	intelectual
culto da forma, da aparência	culto do conceito, do conteúdo
jogo de palavras, malabarismo verbal	jogo de idéias, raciocínio lógico
descritivo	dissertativo

V - ESTILO INDIVIDUAL

Gregório de Matos tornou-se o principal representante da poesia barroca no Brasil. Sua obra permaneceu inédita durante muito tempo, tendo sua fama ficado restrita à Bahia, onde os poemas circulavam em cópias manuscritas. Como não há nenhum poema escrito e assinado por ele, ou seja, como não há qualquer texto autógrafo, acredita-se que, entre os poemas até agora relacionados, notadamente os satíricos, encontram-se poemas de outros autores.

---

3. Outra figura de inversão também utilizada é anástrofe, que consiste na inversão de posição entre o termo regente e o termo regido: "Foste hasteada dos heróis na lança", isto é, na lança dos heróis.
4. Raciocínio lógico composto de duas premissas e uma conclusão. Exemplo: 1. Premissa maior: Todo homem é mortal. 2. Premissa menor: José é homem. 3. Conclusão: Logo, José é mortal.
5. Raciocínio incorreto, mas feito assim de prósito, para enganar. Procedimento muito comum nos discursos de políticos, advogados contratados para defender réus culpados e na estruturação das propagandas e reclames.

Na sua poesia lírica, Gregório emprega o jogo de palavras para a pesquisa das emoções raras, a busca da unidade sob a diversidade. Encontra-se também na sua lírica o sentimento do pecado e o desejo de pecar, assim como o anseio pelo perdão. Nesse gênero, destaca-se o idealismo amoroso da poesia renascentista, assim como a tensão do espírito barroco, que tanto pode apresentar-se de modo ornamental, com jogo de palavras, na linha do cultismo de Gôngora, ou de modo lógico argumentativo, na linha conceptista de Quevedo.

Sua linguagem tanto pode apresentar-se culta e requintada à moda européia, ou mais descontraída e, algumas vezes, até " abrasileirada ", ou seja, com vocabulário e estruturas mais populares aos habitantes da Bahia de seu tempo.

VI - INTRODUÇÃO À POESIA LÍRICA DE GREGÓRIO DE MATOS

Interessa-nos saber inicialmente o que é lírica e o que é lirismo. O termo vem do grego *lyra*, instrumento musical de corda que os antigos utilizavam para acompanhar-se em suas canções.

Na literatura, o termo lira foi utilizado para designar um tipo de estrofe de composição poética, provavelmente inventada pelo italiano Bernardo Tasso[6]. Na Antigüidade, portanto, versos e música nasciam juntos e assim coexistiram até a Idade Média. No Trovadorismo, ainda encontramos os poemas líricos, cantados pelos jograis e menestréis, só que acompanhados de alaúde ou saltérios e não mais da lira. Apesar disso, continuam chamando-se "líricos". Já no Humanismo, em Portugal, a poesia divorciou-se da música, e o Renascimento confirmou tal separação. Mesmo não mais sendo cantada, nem acompanhada por instrumento musical, continuou-se a chamar de lírica aquela poesia marcada pelo "eu", pelo subjetivismo. É, como bem a define o crítico Massaud Moisés[7]:

> **"a poesia da confissão ou poesia da emoção. De onde o seu relativo alcance: através da confissão dos seus estados íntimos, o poeta comunica sentimentos acessíveis a toda a gente. Tal coincidência é que induz, erroneamente, a vislumbrar universalidade na poesia lírica."**

A poesia lírica de Gregório de Matos pode ser assim esquematizada:

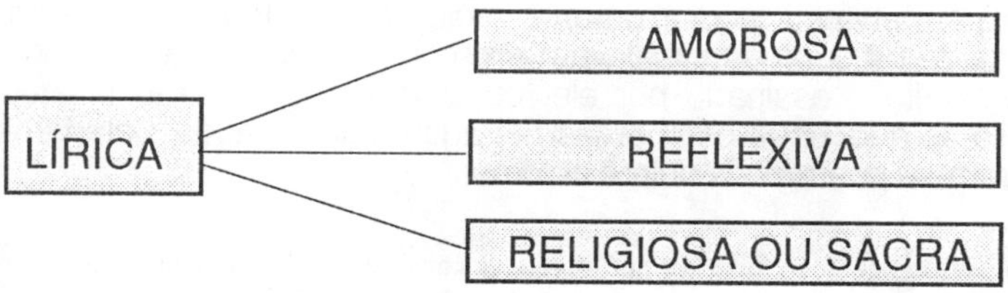

6. Pai do poeta Torquato Tasso.

7. Recomendamos o estudo das páginas 305 a 310 do *Dicionário de Termos Literários*, da Ed. Cultrix. Ver Bibliografia consultada, no final deste trabalho.

VII - ANTOLOGIA COMENTADA

TEXTO 1

A MARIA DOS POVOS, SUA FUTURA ESPOSA

Discreta e formosíssima Maria,
Enquanto estamos vendo a qualquer hora,
Em tuas faces a rosada Aurora,
Em teus olhos e boca o Sol, e o dia:

Enquanto com gentil descortesia
O ar, que fresco Adônis te namora,[8]
Te espalha a rica trança voadora,
Quando vem passear-te pela fria:

Goza, goza da flor da mocidade,
Que o tempo trota a toda[9] a ligeireza,
E imprime em toda a flor sua pisada.

Oh não aguardes, que a madura idade,
Te converta essa flor, essa beleza,
Em terra, em cinza, em pó, em sombra, em nada.

Sinuosidade:
Vejam na primeira estrofe como o artista barroco valoriza a curva, a complexidade. Vamos fazer três leituras desse quarteto, sendo a primeira para colocar em ordem direta, outra para colocar os termos elípticos e a última para esclarecer as metáforas.

1ª - Discreta e formosíssima Maria, enquanto estamos vendo em tuas faces a qualquer hora a rosada Aurora, em teus olhos, o Sol, e boca, o dia.

2ª - Discreta e formosíssima Maria, enquanto estamos vendo em tuas faces a qualquer hora a rosada Aurora, estamos vendo em teus olhos a qualquer hora o Sol, e estamos vendo em tua boca a qualquer hora o dia.

3ª - Discreta e formosíssima Maria, enquanto estamos vendo em tuas faces a qualquer hora um avermelhado que me lembra o rosado da Aurora, estamos vendo em teus olhos a qualquer hora um brilho tão grande que me lembra o sol e em tua boca dentes tão claros que me lembram a claridade do dia.

Comentários:

1. Soneto lírico-amoroso de postura hedonista.
2. O apaixonado convida a mulher amada a aproveitar o momento presente, em que é jovem e bela, pois o tempo extinguirá tudo isso. É a temática do *carpe diem*. Flor, no verso 11, é metáfora de juventude e beleza. As pisadas do tempo podem ser interpretadas como as marcas da idade: rugas, cabelos brancos

8. O ar que à semelhança de um Adônis, jovem grego arquétipo da beleza masculina, te namora.
9. Temos aqui um jogo aliterativo com o fonema consonantal "T", tempo trota toda.

TEXTO 2

PINTURA DE UMA BELEZA

Vês esse Sol de luzes coroado?
Em pérolas a Aurora convertida?
Vês a Lua de estrelas guarnecida?
Vês o Céu de Planetas adorado?

O Céu deixemos: vês naquele prado
A Rosa com razão desvanecida?
A Açucena por alva presumida?
O Cravo por galã lisonjeado?

Deixa o prado; vem cá, minha adorada,
Vês desse mar a esfera cristalina
Em sucessivo aljôfar desatada?

Parece aos olhos ser de prata fina?
Vês tudo isto bem? pois tudo é nada
À vista do teu rosto, Caterina.

Comentário:

O enaltecimento da beleza feminina é tema freqüente da literatura lusa desde as cantigas de amor da Idade Média. O que é típico do estilo barroco é o emprego de certas comparações que se tornaram repetitivas: rosa, pérolas, cravos, sol.

TEXTO 3

Pequei, Senhor: mas não porque hei pecado,
da vossa Alta Piedade me despido:
Antes, quanto mais tenho delinqüido,
vos tenho a perdoar mais empenhado.

Se basta a vos irar tanto pecado,
a abrandar-vos sobeja um só gemido:
que a mesma culpa, que vos há ofendido,
vos tem para o perdão lisonjeado.

Se uma Ovelha perdida, já cobrada;
glória tal e prazer tão repentino
vos deu, como afirmais na Sacra História:

Eu sou, Senhor, Ovelha desgarrada;
cobrai-a; e não queirais, Pastor Divino,
perder na vossa Ovelha a vossa glória.

Comentários:

1. Este poema se constrói todo sobre uma oposição básica homem pecador x deus bondoso.
2. Ovelha perdida é metáfora de pecador, pois o poeta tomou como ponto de partida para sua argumentação o texto bíblico em que Cristo diz que Deus terá maior alegria pela entrada no céu de um pecador convertido do que pela entrada de muitos cristãos que sempre andaram no bom caminho, explicando isso por meio da parábola do pastor que sente a mesma alegria ao recuperar uma ovelha que fugira do redil.
3. A argumentação do poeta-advogado, em causa própria, tem como base o seguinte silogismo: **Premissa maior** - Senhor, vós sentis glória pela recuperação de uma alma perdida, ou pecador. **Premissa menor** - Eu sou um pecador. **Conclusão** - Senhor, senti essa glória salvando-me. Há toda uma postura de humildade do homem, ao pedir perdão, mas subjaz uma espécie de argumentação malandra, como se ele dissesse: "Agora, meu Deus, você não vai perder essa glória deixando-me ir para o inferno, não é ? ".

TEXTO 4

QUARTA-FEIRA DE CINZAS

Que és terra Homem, e em terra hás de tornar-te,
Te lembra hoje Deus por sua Igreja,
De pó te faz espelho, em que se veja
A vil matéria, de que quis formar-te.

Lembra-te Deus, que és pó para humilhar-te,
E como o teu baixel[10] sempre fraqueja
Nos mares da vaidade, onde peleja,
Te põe à vista a terra, onde salvar-te.

Alerta, alerta pois, que o vento berra,
E se assopra a vaidade, e incha o pano,
Na proa a terra tens, amaina, e ferra.

Todo o lenho mortal, baixel humano[11]
Se busca a salvação, tome hoje terra,
Que a terra de hoje é porto soberano.

Comentários:

1. Na primeira quarta-feira depois do Carnaval, o cristão vai à missa e o sacerdote esfrega um pouco de cinza em sua testa. Esse gesto ritualístico marca o início da Quaresma, tempo de penitência, e simboliza a fragilidade do corpo, da matéria, da vida humana terrena, que um dia também vai se decompor e virar cinza. O soneto desenvolve poeticamente as palavras de alerta que os sacerdotes costumam dizer aos fiéis, na quarta-feira de cinzas.
2. Esse poema é uma síntese do Sermão da quarta-feira de cinzas, do padre Antônio Vieira, orador português, contemporâneo de Gregório de Matos.
3. A figura de linguagem fundamental que estrutura todo o texto é a metáfora "...és terra". A metáfora consiste numa comparação implícita.

TEXTO 5

A CRISTO CRUCIFICADO ESTANDO O POETA NA ÚLTIMA HORA DE SUA VIDA.

Meu Deus, que estais pendente em um madeiro,
Em cuja lei protesto de viver,
Em cuja santa lei hei de morrer
Animoso, constante, firme, e inteiro.

---

10. Barco.
11. Tanto lenho, quanto baixel, são metáforas do homem, enquanto corpo, matéria, portanto sujeito à passagem do tempo que conduz infalivelmente à morte.

Neste lance, por ser o derradeiro,
Pois vejo a minha vida anoitecer,[12]
É, meu Jesus, a hora de se ver
A brandura de um Pai manso Cordeiro.

Mui grande é o vosso amor, e meu delito,
Porém pode ter fim todo o pecar,
E não o vosso amor, que é infinito.

Esta razão me obriga a confiar,
Que por mais que pequei,neste conflito
Espero em vosso amor de me salvar.

TEXTO 6

É a vaidade, Fábio, nesta vida,
Rosa, que da manhã lisonjeada,[13]
Púrpuras mil, com ambição dourada,
Airosa[14] rompe, arrasta presumida.

É planta, que de abril favorecida,
Por mares de soberba desatada,[15]
Florida galeota empavesada,
Sulca ufana,[16] navega destemida.

É nau enfim, que em breve ligeireza,
Com presunção de Fênix[17] generosa,
Galhardias apresta, alentos preza:

Mas ser planta, ser rosa, nau vistosa
De que importa, se aguarda sem defesa
Penha[18] a nau, ferro[19] a planta, tarde a rosa?

Comentários: O eu lírico argumenta com seu receptor, Fábio, sobre a inutilidade da vaidade já que a vida é breve e a morte é a única certeza. Queremos fazer uma leitura repetida para desfazer a estrutura invertida e repleta de elipses, combinada com metáfora e metonímia. É o que torna os textos barrocos tão difíceis para os jovens de hoje. Veja no outro quadro.

12. Eufemismo de "vejo-me morrer".
13. Lizonjeada pode ser entendido como elogiada, favorecida.
14. Airosa está significando "cheia de ar", "cheia de vida", elegante.
15. Temos aqui um exemplo de hipérbole, figura de linguagem que se caracteriza pelo exagero.
16. Abre sulcos no mar com orgulho.
17. Ave mitológica que depois de morta e queimada, podia renascer das próprias cinzas.
18. Penha é o mesmo que pedra, aqui é metonímia de naufrágio. A pedra é a causa, e o naufrágio é a conseqüência, o efeito.
19. Ferro é a matéria-prima com que se faz o instrumento de corte: machado, foice etc. A planta está bonita, mas vem o machado e a corta, matando-a.

- 1ª Mas de que importa ser planta, ser rosa, nau vistosa, se penha aguarda a nau sem defesa, ferro a planta, tarde a rosa
- 2ª Mas de que importa ser planta se o ferro aguarda a planta sem defesa, Mas de que importa ser rosa se a tarde aguarda a rosa sem defesa, Mas de que importa ser nau vistosa, se a penha aguarda a nau sem defesa.
- 3ª De que importa a beleza ou a vaidade da rosa se ela murcha, da barca se naufraga, da planta se será cortada? Nau, rosa e planta são metáforas de vida, assim como penha, ferro e tarde simbolizam a morte. Interessante notar que nesse poema não encontramos antítese, mas a base do poema é a antítese vida X morte.

TEXTO 7

BUSCANDO A CRISTO

A vós correndo vou, braços sagrados,
Nessa cruz sacrossanta descobertos,
Que, para receber-me, estais abertos,
E, por não castigar-me, estais cravados.

A vós, divinos olhos, eclipsados
De tanto sangue e lágrimas cobertos,
Pois para perdoar-me, estais despertos,
E, por não condenar-me, estais fechados.

A vós, pregados pés, por não deixar-me,
A vós, sangue vertido, para ungir-me,
A vós, cabeça baixa, pra chamar-me.

A vós, lado patente, quero unir-me,
A vós, cravos preciosos, quero atar-me,
Para ficar unido, atado e firme.

Comentários:

1. Como todos os demais poemas vistos até agora, este também é um soneto, poema de forma fixa, composto de 14 versos, distribuídos em dois quartetos e dois tercetos. Quanto à métrica os versos são decassílabos. O esquema de rima utilizado foi ABBA, ABBA, CDC, DCD, recebendo a designação de " rimas interpoladas" as primeiras e as segundas de "rimas alternadas ou cruzadas".
2. A repetição sistemática de "A vós" no início de cada verso é uma figura de linguagem denominada anáfora.
3. Observem também que o autor emprega o paralelismo sintático: "pregados pés"/ "cravos preciosos" // "quero unir-me" / "quero atar-me".
4. Não se pode deixar de notar também o emprego de antíteses: "receber-me" ↔ "castigar-me", "estais abertos" ↔"estais cravados", "perdoar-me" ↔"condenar-me".
5. Essa postura do homem como figura insignificante, humilde, perante um Deus poderoso, ao mesmo tempo terrível e generoso, capaz de perdoar os pecados do homem e livrá-lo do fogo eterno, pode ser vista como o resultado das pregações contra-reformistas.

TEXTO 8

O REPOUSO DE SÍLVIA

À margem de uma fonte que corria,
Lira doce dos pássaros cantores,
A bela ocasião das minhas dores
Dormindo estava ao despertar do dia.

Mas como dorme Sílvia, não vestia
O céu seus horizontes de mil cores;
Dominava o silêncio sobre as flores,
Calava o mar e rio não se ouvia.

Não dão parabém à bela aurora
Flores canoras, pássaros fragrantes,
Nem seu âmbar respira a rica Flora.

Porém abrindo Sílvia os dois diamantes,
Tudo a Sílvia festeja e tudo a adora:
Aves cheirosas, flores ressonantes.

Comentários:

1. Paráfrase do poema: Amanhecia e a minha amada, Sílvia, dormia à margem de uma fonte. Porque ela dormia, o céu não apresentava suas cores, nem o mar ou rio faziam ruído e havia silêncio sobre as flores, mas foi só Sílvia abrir os olhos para o mundo se encher de sons e cheiros, comemorando-a.
2. Em "lira doce" encontramos sinestesia, que consiste numa interpenetração do campo sensorial, ou uma confusão de nossos sentidos, pois lira é um elemento visual e tátil, enquanto doce é gustativo, ligado ao paladar.
3. "A bela ocasião das minhas dores" é perífrase de amada.
4. É freqüente no Barroco o emprego de verso bimembre: "Aves cheirosas / flores ressonantes"; "Flores canoras / pássaros fragrantes"; "calava o mar / e o rio não se ouvia".
5. Notem que predomina a ordem inversa dos termos da oração: "dormindo estava" em vez de estava dormindo; "não vestia o céu", no lugar de o céu não vestia; "Dominava o silêncio"; etc.
6. "Os dois diamantes" é metáfora para os olhos da amada, em virtude de seu brilho. Essa é uma das mais desgastadas metáforas da estética barroca.
7. Observem que os adjetivos estão trocados em "Flores canoras, pássaros fragrantes" e em "Aves cheirosas, flores ressonantes", provocando um estranhamento no leitor, gerando uma espécie de quiasmo[20], Esse jogo (ludicidade) é um traço característico do Barroco, notadamente do cultismo neste poema, por prevalecer a sensorialidade.

"Flores **canoras**"

"pássaros **fragrantes**"

---

20. Consiste no cruzamento de grupos sintáticos paralelos, de forma que um termo do primeiro se repete no segundo, em posição invertida (A B x BA): exemplo: Melhor é merecê-los sem os ter, / Que possuí-los sem os merecer" (Camões).

TEXTO 9

ROMANCE DEDICADO A UMA CRIOULINHA CHAMADA CIPRIANA, POR ALCUNHA - SUPUPEMA

Crioula da minha vida,
Supupema da minha alma,
bonita como umas flores
e alegre como umas páscoas.
Não sei que feitiço é este
que tens nessa linda cara,
a gracinha com que ris,
a esperteza com que falas.
O garbo com que te moves,
o **donaire** com que andas,
o asseio com que te vestes
e o **pico** com que te **amanhas**.[21]
Tem-me tão enfeitiçado,
que a bom partido tomara
curar-me por tuas mãos,
sendo tu a que me matas.
Mas não te espante o remédio,
nunca meu pai me fizera
branco de **cagucho** e cara.
Mas não deixas de querer-me
porque na víbora se acha
o veneno na cabeça,
de que se faz a **triaga**.
A tua cara é veneno
que me traz enfeitiçada
esta alma que por ti morre,
por ti morre, e nunca acaba.
Não acaba porque é justo
que passe as amargas **ânsias**
de te ver zombar de mim,
que a ser morto não zombaras.
Tão infeliz sou contigo
que a fim de que te agradara
fora o Bagre e fora o Negro
que tinha as pernas inchadas.
Claro está que não sou negro,
que a sê-lo tu me buscaras;
porque sou branco de **casta**,
que se me tens cativado
sou teu negro e teu **canalha**.

Vocabulário:

Romance: Composição poética de origem popular espanhola, de temática lírica ou histórica, geralmente em versos redondilhos maiores, ou seja, de sete sílabas, como estes do poeta baiano.

Alcunha: É o mesmo que apelido, apodo.

Donaire: O mesmo que elegância, garbo, graça. Pode significar também adorno ou enfeite.

Pico: Chiste, graça, malícia, sabor picante ou ácido.

Amanhar: Cultivar, preparar, amaciar.

Triaga: O mesmo que teriaga, remédio de composição complicada, empregado pelos antigos contra mordida de qualquer animal venenoso.

Ânsias:Aflição, angústia, desejo ardente.

Cagucho: Termo não dicionarizado.

Casta: Subentende-se raça, camada social hereditária, cujos membros pertencem à mesma raça, profissão ou religião.

Canalha: Gente vil, reles, infame, ralé.

Comentário:

É de se notar que, em função do tipo de destinatário ou receptor da mensagem, o poeta se vale de uma linguagem mais descontraída, mais "brasileira", digamos. Mesmo assim, há uma elevação da mulher desejada à condição de musa, de beldade.

21. É como se ele dissesse: "Você se arruma no maior pique!"

VII - TEMÁTICA

- *Carpe diem*, ou seja, aproveite o momento, o instante que passa.
- Exaltação da beleza da mulher amada.
- A fragilidade da vida humana, o seu caráter mortal, efêmero.
- Pedido de perdão a Deus pelas faltas cometidas.
- A inutilidade da vaidade.
- O amor a Deus e o desejo de fundir-se com Cristo.

BIBLIOGRAFIA CONSULTADA

- **Moisés,** Massaud - *Dicionário de termos literários* - SP, 1995, Cultrix.
- **Teixeira,** Maria de Lourdes - *Gregório de Matos,* SP, 1977, Melhoramentos.
- **Cândido,** Antonio e J. Aderaldo Castello - *Presença da Lit. Brasileira,* vol I, SP, 1971. dif. Européia do Livro.

EXERCÍCIOS

1. Leia:

"O todo sem a parte não é todo;
A parte sem o todo não é parte;
Mas se a parte o faz todo, sendo parte,
Não se diga que é parte, sendo todo.

Em todo o Sacramento está Deus todo,
E todo assiste inteiro em qualquer parte,
E feito em partes todo em toda a parte,
Em qualquer parte sempre fica todo.

O braço de Jesus não seja parte,
Pois que feito Jesus em partes todo,
Assiste cada parte em sua parte.

Não se sabendo parte deste todo,
Um braço que lhe acharam, sendo parte,
Nos diz as partes todas deste todo."

Assinale a afirmação correta sobre o soneto acima.
a) É um poema trovadoresco, pois apresenta emoção, cristianismo e fuga da realidade.
b) Pode ser caracterizado como neoclássico pela simplicidade léxica e preferência pela ordem direta.
c) A temática religiosa, o gosto pelo jogo (ludicidade), a tentativa de fusão do aspecto racional (lógica) com o emocional (fé), indicam que se trata de obra da estética barroca.
d) Não há exploração sistemática das possibilidades fonéticas do idioma, como por exemplo a aliteração.
e) Pode ser considerado como um perfeito exemplo de soneto clássico pela recuperação da religiosidade medieval.

2. (FUVEST/93) A poesia lírica de Gregório de Matos subdivide-se em amorosa e religiosa.
a) Quais sãos os dois modos contrastantes de ver a mulher, em sua lírica amorosa?
b) Como aparecem em sua lírica religiosa a idéia de Deus e do pecado?
3. Verifique se a seguinte frase contém erro. Nesse caso, corrija-a e explique o erro.
"A obra de Gregório de Matos apresenta unicamente a sátira mordaz e a lírica amorosa."

SENHORA
de
José de Alencar

I - BIOGRAFIA

José Martiniano de Alencar nasce em Mecejana (CE) a 1º de março de 1829. Formou-se em Direito pelo Recife, tendo antes passado pela Faculdade de Direito de São Paulo, onde fundou uma revista semanal de *Ensaios Literários*. Ao terminar o curso, retornou ao Rio, colaborando diariamente com o jornal *O Correio Mercantil*.

Em 1856, Alencar iniciou famosa polêmica a respeito de *A Confederação dos Tamoios,* de Gonçalves de Magalhães, no *Diário do Rio de Janeiro*, sob o pseudônimo de Ig. Desentendeu-se com o próprio imperador D. Pedro II, que era amigo particular de Magalhães, que publicara o livro às custas do imperador. No mesmo ano publicou seu primeiro romance, *Cinco Minutos*, uma historinha do tipo "água com açúcar", para distrair burguesinhas adolescentes. Em 1857, escreveu e publicou na forma de folhetim o romance *O Guarani*, como resposta à polêmica sobre a obra de Gonçalves de Magalhães. Esse romance é uma atualização da epopéia, como se com ele estivesse dizendo que, no século XIX, na literatura romântica e burguesa, não havia mais espaço para a epopéia em versos. O tempo é para a prosa, mais condizente com a modernidade.

Alencar candidatou-se a deputado pelo Partido Conservador pelo Ceará e foi eleito. Em 1861, estreou na política. Em 1868, ocupou o cargo de Ministro da Justiça. No ano seguinte candidatou-se a senador pelo Ceará, tendo sido o mais votado, mas viu seu nome ser vetado pelo imperador. A partir de então, dedicou-se inteiramente à literatura.

Viajou para a Europa, em 1877, em busca de tratamento de saúde, pois havia contraído tuberculose, doença incurável naquele tempo. Retornou ao Rio no mesmo ano, onde faleceu. Estava com 48 anos, e, embora ainda jovem, deixou-nos uma obra ficcional importantíssima, tanto pela qualidade, quanto pela quantidade, e por oferecer um retrato do Brasil de Norte a Sul e do passado mais distante até o seu tempo. Além dos romances, legou-nos também algumas peças de teatro e uma série de polêmicas, ligadas à luta pela criação de uma literatura nacional. Sua obra e sua vida representaram um verdadeiro combate contra a invasão da cultura estrangeira, buscando sempre cunhar uma língua literária nacional, que realmente expressasse a alma de nossa terra e de nossa gente. Nessa luta, podemos dizer que são seus herdeiros o pré-modernista Lima Barreto e os modernistas da primeira fase.

II - BIBLIOGRAFIA

Destacaremos apenas os romances, segundo a ordem cronológica de publicação: *Cinco minutos* (1856), *O guarani* (1857), *A viuvinha* (1869), *Lucíola*

(1862), *Diva* (l864), *Iracema* (1865), *O gaúcho* (1870), *A pata da gazela* (1870), *O tronco do ipê* (1871), *Guerra dos Mascates* (1871-1873), *Sonhos d'ouro* (1872), *Alfarrábios* (1873), *Ubirajara* (1874), *Senhora* (1875), *O sertanejo* (1875) e *Encarnação* (1893).

III - INTRODUÇÃO

O romance *Senhora*, publicado em 1875, trouxe à luz uma das preciosidades da literatura brasileira, sendo, ao lado de *Iracema* e *Lucíola*, uma obra-prima de Alencar. Trata-se de romance mais profundo, analítico, psicológico, do que *A viuvinha* ou *Cinco minutos*. Nele, Alencar critica o problema do interesse econômico interferindo nas relações sentimentais e desenha um dos três perfis femininos mais fortes de sua obra: Aurélia, Lúcia, Diva. As três obras completam o ciclo subintitulado "Perfil de Mulher", tendo sido publicadas sob o pseudônimo de G.M.

Aurélia é uma personagem contraditória, marcada pelos sentimentos extremados, amor, desprezo, desejo, ódio, ressentimento, que a levam a, neuroticamente, prender e magoar, sem possuir, o homem desejado.

Ao mesmo tempo que desenvolve o conflito das personagens centrais, Alencar faz um verdadeiro painel histórico da sociedade burguesa do século passado. A ação gravita em torno do conflito entre o valor do dinheiro e do sentimento. O conflito amoroso entre os protagonistas nasce desse choque entre o sentimento e o interesse econômico. A situação abordada em *Senhora* não difere muito da do romance *Lucíola*, isto é, ambos os livros tratam da situação de pessoas que cedem o próprio corpo em troca de dinheiro, necessário aos seus interesses (Fernando) e à resolução de seus problemas (Lúcia).

Em *Senhora*, como nos demais romances urbanos, Alencar inventaria a sociedade burguesa do segundo reinado: seus hábitos, valores e costumes. O cenário dos salões e das residências compõe o painel de uma sociedade em nítida ascensão. Podemos dizer que tal painel é marcado por um certo realismo, não no sentido estético, pois é bastante idealizado, mas no sentido de fazer um levantamento criterioso dos móveis, do vestuário, dos movimentos e gestos típicos da burguesia de seu tempo. Se há algo que aproxima este livro da estética realista é apenas o seu caráter de denúncia social.

Foi utilizado para citação: **Alencar**, José de - *Senhora*, J.A. ed. Melhoramentos, 12ª ed. - SP. 1967.

IV - RESUMO DO ENREDO

PRIMEIRA PARTE - O PREÇO

Capítulo I

A protagonista Aurélia Camargo é apresentada pelo narrador como resposta à pergunta "*Quem se recorda da Aurélia Camargo?*" Comenta que era órfã, tinha dezoito anos e vivia com uma parenta, a viúva D. Firmina Mascarenhas. Acrescenta que a moça era linda e rica, por isso vivia "*assaltada por uma turba de pretendentes que a disputavam como o prêmio da vitória*". O narrador encerra o capítulo propondo-se, em vez de descrever a vida de Aurélia na corte, "*unicamente a referir o drama íntimo e estranho que decidiu do destino dessa mulher singular*".

Capítulo II

Nove horas de um dia quente de março, nas Laranjeiras, localidade do Rio de Janeiro. Aurélia acorda e decide resolver o seu futuro. D. Firmina e Aurélia conversam sobre o baile da noite anterior e a moça pede à viúva para se lembrar da Amaralzinha, jovem que foi também ao baile. Por fim, quer a sua opinião sobre qual era a mais bonita: "*a Amaralzinha ou eu?*" A viúva diz que Aurélia é mais bonita e a mais bem educada. Aurélia retruca que seu dote maior é o dinheiro, por isso tem muitos admiradores. Em seguida, a moça improvisa um número de canto, é um trecho de ópera. O narrador comenta que ela reproduz com a voz e o gesto a epopéia de um coração traído.

Comentário: Aqui está a primeira alusão ao desprezo de Seixas, que a abandonou por Adelaide (Amaralzinha) por um dote de trinta contos de réis.

Capítulo III

Chega a hora do almoço e Aurélia, contrariamente a seus costumes, "*quis experimentar quanto molho e condimento picante havia em casa; e para remate bebeu um cálice de xerez*". D. Firmina percebe que ela deve ter tomado alguma decisão, provavelmente sobre o homem que escolhera para marido. Questionada, a moça responde brincando: "*Resolvi ser freira*". Pouco depois escreve uma carta e chama um criado para levá-la ao Sr. Lemos. Chega o Sr. Lemos, tutor de Aurélia, indivíduo serelepe e gordo, que é controlado pela tutelada em função de uma carta, que só será mencionada mais tarde. Quando a Justiça atribuiu a ele a tutoria, Aurélia recusou-se a ir para a casa dele. Através da tal carta, conseguiu pressioná-lo e forçá-lo a admitir que ela morasse em sua própria casa com D. Firmina.

Comentário: Essa técnica de mostrar a ponta de um segredo e não revelá-lo logo e inteiramente é prática comum no Romantismo. Conta-se um pouco e deixa-se mais um pouco de informação para o futuro, criando o suspense e um jogo de interesse que prende o leitor. As novelas de TV ainda usam muito esse recurso.

Capítulo IV

A aparência de Aurélia demonstrava claramente seu interior. Assim como D. Firmina, Lemos logo pressentiu novidade. Assustava o Lemos a perspicácia da jovem e "*o perfeito conhecimento que mostrava dos negócios, e a facilidade com que fazia, muitas vezes de memória, qualquer operação aritmética por muito difícil e intrincada que fosse*". (p. 26)

Aurélia, sem rodeios, informa ao tio que decidiu casar-se. O gordo acha que pode influir na decisão da moça, mas sua primeira tentativa demonstra o contrário, pois ela ameaça: "*É minha vontade, o senhor não sabe o que ela vale, mas juro-lhe que para a levar a efeito não se me dará de sacrificar a herança de meu avô*". (p.28)

Quando Lemos se dispõe a atendê-la, Aurélia pergunta se ele conhece Amaral. Ela mesma complementa que se trata de Manuel Tavares Amaral, empregado da alfândega e, apesar de não ser rico, dono de algum dinheiro que conseguiu juntar. Acrescenta que ele "*ajustou o casamento da filha Adelaide com um moço que esteve ausente do Rio de Janeiro, e a quem ele ofereceu de dote trinta contos de réis* ". (p.30)

Comentário: Notem que ela evita citar o nome de Fernando Seixas. Mais tarde chegará a proibir o tutor de pronunciá-lo. Isso tem duas funções, a primeira é a do suspense gerador de interesse, a segunda (após o leitor descobrir de quem se trata) é de demonstrar a forte emoção, o grande ressentimento de Aurélia.

Aurélia pede ao tio que providencie cinqüenta contos de réis para oferecer ao pobre Dr.Torquato Ribeiro, de quem Adelaide gosta, para que o pai dela o aceite como genro. Assim, o atual comprometido ficará livre para se casar com Aurélia. Lemos deve procurar o rapaz e oferecer um casamento com dote de cem contos de réis, mas sem divulgar o nome da noiva. Só pode garantir ao rapaz que não se trata de velha ou feia. Com exceção dos cem contos, o rapaz não terá mais direitos, pois o casamento será com separação de bens. Aurélia diz ao tutor que isto representa a felicidade dela e promete que se ele proporcionar-lhe esse bem, dará a ele do que lhe sobra. "*O velhinho apertou a mão da moça, que lhe tocara o coração com a última promessa e retirou-se*"[1] . (p. 34)

Capítulo V

O narrador conduz o leitor à Rua do Hospício, próximo ao campo, e descreve uma casa que lá existe. Descreve-a por fora e por dentro, detendo-se principalmente num quarto e no vestuário do rapaz que aí mora. Roupas de sair muito elegantes e caras do lado de móveis simples, objetos pessoais, roupas pobres e gastas, mas limpas e asseadas. "*Um observador reconheceria nesse disparate a prova material de completa divergência entre a vida exterior e a vida doméstica da pessoa que ocupava esta parte da casa*". (p.36)

Comentário: Aqui já encontramos um índice de contradição em Seixas, ao qual podemos metaforicamente chamar de esquizofrenia. É um homem de duas caras, de duas aparências.

O moço acaba de se levantar e vai buscar jornais do dia. Sua irmã Mariquinhas traz-lhe um café e acende-lhe um charuto. Falam do baile da noite passada. Ele diz à irmã que Aurélia foi a rainha do baile. A moça procura lembrar-se de quem era Aurélia. Consegue finalmente:

"- *Ah! Já sei, exclamou a moça vivamente. Aquela que morava na Lapa?*

- *Justamente.*

- *Você gostava bem dela, mano.*

---

1. Embora o narrador seja sempre mais propenso à seriedade, algumas vezes, vale-se de um tom irônico, como aqui ao explorar um traço psíquico de Lemos, que só pensa no seu interesse. Há, no entanto, ironia freqüente entre Fernando e Aurélia. A presença da ironia na fala do narrador foi mais explorada por Alencar em *O Garatuja*, obra que apresenta significativa influência da novela picaresca e de costumes.

- Foi a maior paixão da minha vida, Mariquinhas!
- Mas você esqueceu-a pela Amaralzinha, observou a irmã com um sorriso". (p.38)

A moça arrepende-se porque Seixas fica um pouco triste, mas sem parecer muito perturbado. Comenta o rapaz que Aurélia está milionária e, quando a irmã, insinuante, lembra que Aurélia também gostava muito dele, contesta: "*Aurélia está perdida para mim. Quantos a admiravam ontem no Cassino, podem pretendê-la, embora se arrisquem a ser repelidos; eu não tenho esse direito, sou o único*". (p.39)

Entra outra irmã, Nicota e ficamos sabendo então, pela primeira vez, que o nome do rapaz é Fernando. As irmãs brigam enciumadas uma da outra pelo carinho do irmão.

Capítulo VI

"*Filho de um empregado público e órfão aos dezoito anos, Seixas foi obrigado a abandonar seus estudos na Faculdade de São Paulo, pela impossibilidade em que se achou sua mãe de continuar-lhe a mesada*". (p.41) A renda familiar provém de algum dinheiro do pai que sua mãe pôs na Caixa Econômica, só retirando os juros; do aluguel de dois escravos e das costuras das três mulheres. As três não aceitam o dinheiro do trabalho de Fernando. Fazem ainda questão que ele se vista bem e se divirta. Vivem por ele e para ele. Enquanto o rapaz brilha nos salões, elas ficam em casa, solitárias, ou com alguma rara visita que por lá aparece de vez em quando.

Chegando uma noite mais cedo, ouviu uma visita falando de uma "*ópera que se dera no Teatro Lírico*", a que tinha assistido. Como as moças não tinham visto, a visita aconselhou-as a não perder tal espetáculo. Fernando, envergonhado, toma consciência do isolamento em que vivem essas três mulheres que o adoram. Decide levá-las ao teatro. Mas, quando as leva, sofre uma decepção, pois um de seus camaradas o interpela: "*Ó Seixas, não me dirás onde foste desencovar aquele terno de* ***roceiras****?*"[2] Só então tomou consciência da pobreza *do "vestuário das três senhoras, tão alheias às modas e usos da sociedade*".

Sonha então com uma vida materialmente bem sucedida, em que daria tudo a elas. "*Poderia de um momento para outro arranjar um casamento vantajoso, como tinham conseguido muitos que não estavam em tão favoráveis condições*"[3] . (p.47)

Na época em que isso acontece, Seixas acabava de voltar de Pernambuco, onde ficara oito meses.

Comentário: Não é difícil notar o comportamento psicológico de Seixas na fantasia acima, vendo-se a casar com uma jovem rica. Esse artifício serve para justificar (perante sua consciência) seu luxo e elegância, pois se ficar na pobreza como a mãe e as irmãs, não conseguirá melhorar de vida. Logo, elas também ficariam eternamente pobres. A política ou um bom casamento dependiam da sua boa aparência.

---

2. O mesmo que caipiras, mulheres da roça, porque não tinham as roupas e os modos das moças burguesas da Corte.
3. Manifesta-se aqui explicitamente o tema central da obra e o único traço característico negativo do protagonista, ou seja, casar-se por interesse e não por amor.

Capítulo VII

Lemos vai à casa de Fernando e lhe propõe o casamento com uma moça rica e bonita, cuja família procura um rapaz sisudo, de boa posição, embora pobre. Fernando alega que está comprometido, não podendo dispor de si. Além disso, acrescenta que compreende que um homem se sacrifique por motivo nobre, para fazer a felicidade de uma mulher, mas não apenas pelo dinheiro. O gordo parte, mas deixa antes seu endereço para Fernando procurá-lo se mudar de idéia. Fernando vai ao teatro, encontra seu conhecido Alfredo Moreira, que fala da beleza e fortuna de Aurélia. Esta chega e passa por Fernando como se não o conhecesse, como se nem mesmo o tivesse visto.

Comentário: Vejam quantos elementos o autor dispõe no enredo para mostrar que Fernando não é assim tão mau elemento e que foram muitos os motivos que se reuniram para levá-lo a uma nova situação de venda. Outros motivos logo virão.

Capítulo VIII

Ao sair da casa de Seixas, o gordo Lemos estava otimista e esperançoso. A negativa não arrefeceu seu entusiasmo. Foi logo depois à casa de Adelaide, cumprir a segunda parte do plano. "*Desenganado o moço da Adelaide e dos trinta contos, não tinha remédio senão aceitar a consolação dos cem; consolação que levaria o pico de uma vingançazinha*". (p.54)

Comentário: Alencar emprega, durante toda a narrativa, esses cortes cinematográficos, retomando, numa retrospectiva (*flash-back*), o fio da história, até fundir-se num mesmo momento com a narrativa de outra personagem. Assim, levou o Seixas à vida noturna, deixando de lado o gordo. Agora retornou ao Lemos, revelando o que aconteceu e o leitor não pôde acompanhar, para de novo introduzir o Seixas, como o faz a seguir.

Por isso, dias depois, o gordo não se espanta quando o Seixas o procura para dizer que aceita o negócio, mas apresenta duas condições. Conhecer a pequena e um adiantamento de vinte contos. Lemos insiste que não pode revelar o nome da moça, mas lhe fornece todas as informações sobre idade, educação e nascimento. Quanto aos vinte contos, após alguma hesitação, promete levá-los à casa de Fernando no dia seguinte. O moço parte e o serelepe tio de Aurélia vai a ela com as novidades. Encontra-a lendo um livro de **George Sand**[4]. Fala do adiantamento, que ela aprova, assinando uma ordem de pagamento. Interessa-se pelo motivo que levaria o noivo a precisar de tal importância. O tio levanta a hipótese de que pode ser alguma aventura com essas francesinhas que vieram trabalhar no Alcazar. No dia seguinte, Lemos vai à casa de Fernando com o dinheiro e um recibo, que o rapaz é constrangido a assinar.

Capítulo IX

O narrador inicia este capítulo justificando, dogmaticamente, que o "*Seixas era homem honesto*", no entanto, "*professava a moral fácil e cômoda, tão cultivada em nossa sociedade*". Para justificar isso, o narrador faz uma

4. George Sand é pseudônimo literário de uma famosa escritora francesa do Romantismo.

retrospectiva, revelando ao leitor o que aconteceu com Fernando, após o primeiro encontro com o Lemos. Na manhã seguinte à primeira visita do gordo, D. Camila procurou o filho e disse-lhe que havia um rapaz apaixonado pela Nicota. Pediu-lhe para tirar o dinheiro da Caixa Econômica para que ela pudesse preparar o enxoval da filha. Aí estava o problema. Ele já usara o dinheiro para as suas necessidades sociais e os fingidos "juros" que entregava regularmente à mãe eram, na verdade, provenientes do seu salário. Além disso, na correspondência daquele dia viera uma carta de cobrança de dívida que ele já tinha esquecido e outra do pai de Adelaide, indicando rompimento de noivado.

Comentário: Aqui, Alencar retoma um tema que virá mais explícito na própria voz do Seixas, a idéia de que o homem é naturalmente bom, como pregava Rousseau, mas a sociedade o corrompe.

Para culminar com essa série de desgraças, Fernando não conseguiu melhorar sua posição no emprego conforme esperava e lhe tinha sido prometido. Na reunião a que vai, à noite, encontra Adelaide pelo braço de Alfredo Moreira e Aurélia pelo braço de Torquato Ribeiro. Aurélia, na frente de Fernando, propõe a Adelaide a troca de pares, dizendo, após a troca, bem alto: "*Esta troca é paga de outra que fizemos, ou que fizeram por nós; ouviu D. Adelaide?* " (p.64) Fernando, que não podia alcançar toda a significação dessa frase, interpreta como sendo uma ironia pelo rompimento das relações Seixas/Amaral. Magoado, Seixas pensa na proposta que aceitou e chega à conclusão que casar-se com a tal moça rica, mesmo que fosse roceira, seria uma boa vingança contra essa moça metida, enfatuada.

Comentário: Notem que fica muito claro o preconceito da elite burguesa e urbana contra as pessoas do interior. Parece que isso não mudou muito.

Três dias após receber o adiantamento de vinte contos de réis, Fernando foi levado pelo Lemos à casa da prometida. Antes de entrar o velho avisou o rapaz:

"- *Escuso preveni-lo, observou Lemos, de que a pequena nada sabe, nem suspeita. Por enquanto não dê a perceber*". (p.66)

Capítulo X

Fernando é introduzido em uma propriedade com trinta metros de jardim inglês e uma grande casa. "*As visitas foram conduzidas pelo criado de salão, onde apenas se achava D. Firmina Mascarenhas, e o Torquato Ribeiro*".

Aurélia entra, linda e radiante, mas Fernando está tão constrangido que não a reconhece inicialmente. Nem mesmo a vê. Aurélia se põe a conversar com o tio e sua voz vai aos poucos colocando Fernando em contato com a realidade. "*Pela primeira vez pôs os olhos no semblante da moça e imagine-se qual seria o seu pasmo reconhecendo Aurélia Camargo*". (p.68)

Vencendo as emoções iniciais, tanto Aurélia quanto Fernando, falam de amenidades como a viagem dele, a beleza de Recife. Chegam outras visitas e Aurélia vai recebê-las. Lemos aproveita para confessar a Fernando que é o tutor de Aurélia. Algum tempo depois, Aurélia volta e vê Fernando afastado de todos, meditabundo, provoca-o numa conversa sobre felicidade, casamento, sorte. Toda a conversa é preenchida de alusões e ironias sobre a realidade do casamento contratado, mas nenhum dos dois abre o jogo, evitando falar com sinceridade absoluta.

Comentário: Observem que o jogo de insinuações, aliado a uma falta de sinceridade absoluta, são recursos técnicos do Romantismo para criar um interesse no leitor. Insistimos no fato de que ainda hoje, nas novelas, esse recurso é largamente empregado.

Aurélia revela, mentindo, que deixou a escolha de seu marido por conta do tutor. Fernando pergunta a ela se "*não lhe acode alguma recordação de outros tempos*". (p.73) Ela, rispidamente, pede para não falarem do passado.

Capítulo XI

A partir de então, encontram-se todas as noites. Fernando espera redimir-se do seu gesto interesseiro pelo amor que pretende dedicar à sua futura esposa. Mais uma vez Fernando tentou recordar o passado, mas Aurélia o interrompeu, dizendo que ela nasceu há um ano.

Comentário: Ela está se referindo ao tempo de riqueza, após receber a herança do avô.

Seixas procura o Lemos e pergunta por que ele foi escolhido para noivo de Aurélia. O velho tem uma explicação boa: "*... soube que ela outrora gostara do senhor; e como pelas informações que tinha me quadrava, fui procurá-lo*". (p.74)

Certo dia, Lemos procura Fernando e pede para oficializar o noivado. Ambos vão à casa de Aurélia e o tutor o apresenta oficialmente como noivo. Aurélia pergunta se ele não teme seus caprichos e sua excentricidade. Ele afirma que tem fé no seu amor e julga-se em condições de vencer até o impossível.

Comentário: Sabemos que ele está sendo sincero, mas ela tem o direito de duvidar.

A notícia do noivado produz na alta sociedade um grande assombro. Gradativamente Aurélia vai se afastando das festas da Corte, "*limitando-se ao pequeno círculo que freqüentava sua casa*". (p.77) Marcou-se a data. Aurélia escolheu Torquato Ribeiro para ser um dos padrinhos, apesar de Fernando não ter gostado da escolha. Lemos levou Seixas ao Cartório do Fialho, onde foi assinada a escritura nupcial de separação de bens. "*Só mais tarde assinou Aurélia para o que levou-lhe o tabelião o livro à casa*". (p.78) Noivo e noiva não trocaram sequer uma palavra sobre o assunto.

Capítulo XII

O casamento foi realizado com simplicidade na sua própria casa, presenciado apenas por um grupo de amigos mais íntimos. Após a recepção, Lemos conduz Seixas aos seus luxuosos aposentos. As gavetas e prateleiras estão repletas de excelentes roupas, todas escolhidas ou providenciadas pela própria Aurélia. Além disso, providenciara também todo tipo de perfume e de jóias necessárias a um homem da alta sociedade. No mesmo dia, na presença da autoridade e testemunhas, Aurélia fez registrar o seu testamento.

Aurélia despede-se de todos e fecha "*à chave a porta da saleta*", ficando apenas ela e o marido "*em todo aquele lado da casa*". (p.84)

Capítulo XIII

"*Afastemos indiscretamente uma dobra do reposteiro que recata a câmara nupcial*". (p.84) Assim o narrador-intruso convida o leitor a invadir com o olhar o aposento do casal. Num ato de *voyeurismo*, o narrador (com o leitor incluso) descreve o espaço e a seguinte cena: Aurélia chega-se ao jovem esposo, que a censura pela demora. Sem mencionar o testamento, ela afirma que tinha ido cumprir um voto, emancipando-se definitivamente para pertencer só a ele. Ele proclama: "*Não me mates de felicidade, Aurélia! que posso eu mais desejar nesse mundo do que viver a teus pés, adorando-te, pois que és a minha divindade na terra*". (p.86) À declaração de amor, sincera no íntimo, Aurélia responde pela primeira vez com a verdade, retirando o véu da representação: "*Entremos na realidade por mais triste que ela seja; e resigne-se cada um ao que é, eu, uma mulher traída; o senhor, um homem vendido*". (p.87) E para confirmação de suas palavras, desdobra "*um papel no qual Seixas reconhece a obrigação por ele passada ao Lemos*".

Comentário: Esse gesto é a destruição de qualquer união feliz possível. Representa um retardamento da ação. Agora, o casal vai viver separado, mas disfarçando para os outros. Durante quase um ano, vão magoar-se e ofender-se mutuamente com indiretas, revelando, da parte do autor, um grande domínio técnico na criação dos diálogos.

SEGUNDA PARTE - QUITAÇÃO

Capítulo I

O narrador nos leva ao passado, dois anos antes do casamento, a uma casa na rua Santa Teresa, onde reside uma senhora pobre e enferma: D. Emília Camargo, mãe de Aurélia. Antes desse tempo, ela tinha se casado às ocultas com um estudante, Pedro de Sousa Camargo. Lemos, irmão dela, era contra o casamento, ou melhor, só admitia esse casamento se o rapaz aparecesse com uma autorização do pai.

O pai do rapaz, fazendeiro rico de Minas, não acredita que o casamento tivesse sido verdadeiramente realizado. Por isso, manda buscar o filho antes que ele acabe cometendo mesmo essa tolice. Pedro, covardemente, vai para casa e nada confessa ao pai. Escreve à esposa "*longas cartas cheias de ternura e protestos, nas quais prometia-lhe partir dentro em poucos dias para levá-la à fazenda*". (p.93)

Esporadicamente, vai Pedro ao Rio e fica algum tempo com a família. Ainda não encontrara forças para dizer tudo ao pai. Agrava seu medo o fato de ser um filho bastardo. Desse casamento nascem Emílio e Aurélia. "*Cresceram os dois filhos de Camargo; ambos eles receberam excelente educação*". (p.95) Nada falta à família, pois o pai de Pedro não lhe recusa dinheiro.

Doze anos depois, Pedro está com trinta e seis anos e é intimado pelo pai a casar-se com moça rica da região. Para escapar ao pai e esperar melhor condição para decidir sua vida, Pedro retira-se para um rancho isolado, onde adoece e morre, sem poder tomar qualquer providência que regularize a situação de sua família no Rio. Trazia consigo três contos de réis, que foram entregues a Emília por um tropeiro. Emília vestiu luto fechado até morrer.

Capítulo II

A mãe de Aurélia perde o interesse pela vida. Preocupa-se apenas com os filhos, principalmente com Aurélia, quando esta chega aos dezesseis anos. Chega a enviar uma carta ao fazendeiro, pai de Pedro, mas não o sensibiliza. Para evitar mais amolações, o fazendeiro manda-lhe dinheiro, um conto de réis, com um pedido para não mais o incomodar. Infelizmente, Emília não pode esperar ajuda do filho. Embora esteja com dezoito anos, sua inteligência e habilidade perdem para um garoto de doze anos. É Aurélia que o ajuda nos cálculos matemáticos necessários à sua atividade mercantil. A mãe sonha casar a filha para não ter mais preocupações. Um dia, Emílio, por causa do cansaço e do calor, "*cometeu a imprudência de tomar um banho frio. A conseqüência foi uma febre de mau caráter que o levou em poucos dias*". (p.100) Atendendo às insistências da mãe, Aurélia põe-se à janela para conseguir marido.

Capítulo III

Logo se espalha a notícia da moça bonita de Santa Teresa. Os rapazes fazem "*rondas pela calçada, cortejos de chapéus, suspiros ao passar*", mas nenhum se atreve a algo mais sério, ou seja, propor casamento.

Lemos ficou sabendo do fato e meteu-se entre os investidores. Identificou-se e a sobrinha ficou contente por não se sentir mais tão só no mundo. Acreditava que o Lemos iria ajudá-la. No entanto, após várias visitas e muita conversa, o Lemos atacou mais abertamente com uma carta, declarando a Aurélia seus desejos, que não eram mais dignos que os dos outros rapazes.

> **Comentário**: O narrador não fala isso abertamente, mas através das ações da protagonista. Por exemplo, após ler a carta de Lemos, Aurélia se põe a rezar, como se tivesse sido atingida por alguma mancha, algum pecado sujo. Logo, a carta continha uma "cantada".

iniciam todo tipo de investidas. Certa noite, um deles insistiu em declarações à janela. Corajosamente, Aurélia abriu e o convidou a entrar. Em seguida, chamou sua mãe e ficaram os três conversando na sala. Isso funcionou como uma ducha de água fria nesse e em todos os outros pretendentes. Viram que ali só daria certo um pedido de casamento. "*Toda aquela turba de namorados debandou em rota batida, desde que pressentiu os perigos e escândalos de uma paixão matrimonial*". (p.106) Agora, Aurélia podia ficar tranqüila à janela sem ser incomodada pelos pretendentes.

Capítulo IV

Seixas ouve falar na moça de Santa Teresa, mas não se preocupa em conhecer logo a nova beldade fluminense, pois está preocupado "*com uns galanteios aristocráticos*". Ocasionalmente, porém, é levado por alguns amigos a ver a moça. Apesar de não admitir beleza na classe pobre, Seixas fica surpreso com Aurélia. Ela, apesar de tê-lo visto apenas por um segundo, pensa nele profundamente. No dia seguinte, Fernando volta só. Uma semana depois declarou seu amor. Um moço rico, Eduardo Abreu, também fez seu pedido, mas diretamente à mãe da moça. Quando consultada, Aurélia recusa com a alegação de que ama Seixas. Preocupada com o futuro da filha, D. Emília pergunta a Seixas quais são suas intenções. Fernando sente-se mal com a pressão de D. Emília, mas ao saber no dia seguinte que Aurélia *recusara "um partido por que suspiravam muitas das mais fidalgas da corte*" por sua causa, pediu a mão da moça, que lhe foi concedida.

Capítulo V

Seixas, a caminho da casa da noiva, flerta socialmente com uma jovem. Lemos observa isso e se torna íntimo do pai, Tavares do Amaral, recomendando-lhe Seixas como bom partido para sua filha.

Passado o entusiasmo inicial, Seixas começa a considerar sua situação com realismo. Não pode abandonar a vida social, que custa caro, não tem dinheiro para constituir um lar no nível que deseja e acha indigno terminar o compromisso com Aurélia. Esta, percebendo a situação, diz-lhe que para ela basta o amor, não precisando de casamento. Assim, libera-o. "*Foi nessas circunstâncias que Seixas recebeu o oferecimento do Amaral, e, cedendo às suas instâncias amáveis, começou a freqüentar-lhe a casa*". (p.116) Percebendo o jogo, Torquato Ribeiro (que amava Adelaide, mas não atraía a simpatia do pai) retirou-se da casa, deixando o caminho livre para o rival. Com a sua retirada, Amaral oferece a filha e trinta contos de réis a Fernando Seixas, que aceita.

Capítulo VI

"*Aurélia passava agora as noites solitárias*". Acreditava que não tinha direito ao amor de Seixas. Ele ausentava-se cada vez mais. Por fim, Fernando diz a Aurélia que prefere vê-la livre, para que possa receber algum bom partido e livrar-se da pobreza. Torquato Ribeiro passa a freqüentar a casa de Aurélia. Falam da infelicidade amorosa de ambos. Por carta anônima, Aurélia vê confirmada a hipótese, até então inaceitável para ela, de que Fernando se vendeu por trinta contos e não pelo amor de Adelaide. Ela não se conforma com isso. O antigo pretendente, Eduardo Abreu volta tão logo fica sabendo da retirada de Seixas. Aurélia explica-lhe que fica agradecida, mas não se pertence. Três dias depois Abreu parte para Paris.

Por essa época, ocorre a Fernando partir para Pernambuco numa excursão política, esperando com isso esgotar a paciência de Adelaide.

Comentário: Seixas já está consciente que só trinta contos de réis não são suficientes para resolver seu problema. Como não tem coragem de terminar, e acha que isso seria indigno, procura um meio de levar a moça a romper com ele.

Capítulo VII

Um dia, pela manhã, chega à casa de D. Emília um velho alto e robusto com aspecto de gente do interior. Observa bem as duas e, repentinamente, abraça e suspende Aurélia. É o seu avô. Depois dos esclarecimentos e abraços, o velho conta a razão por que veio. Explica que, após a morte do filho, ficara no rancho, durante anos, uma maleta com objetos pessoais. Um viajante levou-a a ele e nela encontrou fotos de Pedro com a mulher e os dois filhos. Além das fotos, havia ainda certidões de batismo e de casamento. Então não tinha sido como ele sempre imaginara. O filho tinha mesmo se casado. Encontrou ainda uma carta em que Pedro lhe pedia para cuidar de sua família. "*Lendo essa carta, Lourenço Camargo afigurou-se receber as últimas palavras do filho; e lembrou-se quanto fora injusto duvidando da realidade desse casamento de que ali tinha a prova irrecusável*". (p.124) Enche as mulheres de presentes e lhes diz que quando precisarem de dinheiro, bastava-lhes comunicar. Ao partir, deixa aos cuidados de Aurélia um maço de papéis, muito bem lacrado.

Pouco tempo depois, adoece a mãe de Aurélia e todo dinheiro deixado pelo avô é gasto com despesas forçadas. Foi preciso ainda aceitar um empréstimo do Dr. Torquato Ribeiro.

Aurélia escreve ao avô, mas não recebe qualquer resposta. O narrador transporta-nos ao passado e ao interior, numa retrospectiva paralela a esse período de doença de D. Emília.

O velho Lourenço, quando voltara à sua casa, encontrara uma grande parentada que se instalara em sua fazenda e alegava pretender anular um possível testamento que o velho teria feito em benefício da "*filha de certa mulher perdida*". Lourenço tocou-os como cães, mas foi fulminado pela emoção. Caiu doente e ficou dois meses paralisado até morrer. As cartas ficaram na gaveta. "*Com diferença de dias, veio a falecer também D. Emília, deixando Aurélia em completa orfandade*". (p.127) Durante essa crise, comenta o narrador: "*o Lemos e sua gente não deram sinal de si*".

Capítulo VIII

Um senhor, correspondente do avô, aparece e diz a Aurélia para abrir os papéis. Eles continham o testamento que instituía a moça sua herdeira universal. Bastou circular essa notícia para surgir em casa todos os parentes e à frente deles o Lemos. Aurélia, inteligentemente, resolve aproveitar o Lemos (por causa da carta infame), pois assim teria um tutor a quem poderia controlar. Ao tentar pagar Torquato Ribeiro as despesas com o enterro de sua mãe, ficou sabendo que tudo tinha sido pago por pessoa anônima. Descobre depois que isso era obra de Eduardo Abreu. Por isso, quando ele fica pobre, ela paga as suas dívidas "*em várias casas da rua do Ouvidor, que já não queriam fiar*". (p.133)

O Dr. Torquato, aproveitando-se da ausência de Fernando que foi para Pernambuco, tenta a reconciliação. Foi então que Aurélia pensou em favorecê-lo e, ao mesmo tempo, resolver a sua própria situação. O narrador termina esse capítulo dizendo: "*estes foram os acontecimentos que ocorreram antes de encontrarmos pela primeira vez nos salões Aurélia Camargo*". (p.134)

Comentário: No próximo capítulo vamos encontrar Seixas e Aurélia ainda no mesmo local e tempo como se a cena tivesse sido paralisada. O relato dos fatos foi feito em foco narrativo de terceira pessoa, mas ao voltar ao presente sentimos que também Aurélia ficou narrando as mesmas coisas a Fernando.

Capítulo IX

"*Tornemos à câmara nupcial, onde se representa a primeira cena do drama original, de que apenas conhecemos o prólogo*". (p.134)

Aurélia diz que perdoa o abandono, mas não pode perdoar que Fernando tenha feito isso pelo dinheiro. Por isso comprou-o. Mas crê que logo morrerá e, assim ele ficará livre e rico. Por fim, entrega-lhe os oitenta contos de réis que faltam. Fernando pega o cheque, examina-o e, ferido em seus sentimentos, adota uma atitude contida, controlada. É assim que diz a ela: "*Quer que lhe passe um recibo?... Não; confia na minha palavra. Não é seguro. Enfim estou pago. O escravo entra em serviço*". (p.139) Retira-se depois para seus aposentos e ela tranca a porta de seu quarto.

TERCEIRA PARTE - POSSE

Capítulo I

No seu aposento, Seixas abandona-se aos seus mais profundos sentimentos. Debruça-se à janela e chora, desejando a morte. Após o pranto, toma uma resolução. Guarda tudo que fora comprado pela esposa e põe em uso os seus objetos e roupas, que trouxera de casa. Na manhã seguinte, ocultando-se nas ramagens do jardim, compra de um mascate ambulante um pente e uma escova de dentes. O criado o procura para saber o que deve fazer, mas Fernando lhe diz que nada deverá ser alterado. Por isso, deve fazer tudo como era costume na casa antes de sua chegada.

Capítulo II

Fernando é conduzido pelo criado ao seu primeiro almoço. Um verdadeiro banquete pela variedade e delicadeza das iguarias. O diálogo entre Fernando e Aurélia é repassado de insinuações irônicas. Ele come pouco e diz que perde o apetite com a felicidade. Ela aconselha a provar a lagosta. Ele pergunta: "*Ordena*?", indicando sua condição de escravo. Após o almoço, Aurélia distrai-se um pouco ao piano, enquanto Fernando vê jornais e examina um álbum de fotografias de celebridades. Aparece o criado e avisa: "*o lanche está pronto*".

Capítulo III

A mesa está enfeitada por belas frutas nacionais que rivalizam com as importadas. Proliferam ainda salgadinhos como empadas, camarões e ostras recheadas. Após o lanche, Aurélia convida o marido para dar uma volta pelo jardim. Ele obedece. Voltam a olhar um álbum de fotografias de familiares de Aurélia. O tempo de espera até o jantar, assim como o próprio jantar, transcorre da mesma forma. Antes de recolher-se a seus aposentos, Aurélia, que tem nas mãos dois objetos semelhantes, entrega o envolvido em papel branco a Seixas, guardando para si o outro, em papel de cor. Ambos se retiram para seus aposentos.

Capítulo IV

Chegando aos seus aposentos, Seixas abre o papel e encontra uma chave e esta frase: *chave de seu quarto de dormir.*

No quinto dia, Seixas apresenta-se ao emprego e volta às suas atividades com freqüência e pontualidade surpreendente a todos. Após cada jantar, sai sempre com a esposa num passeio pelo jardim. Assim a sós, trocam ironias cortantes e constantes. Aurélia começa a notar a sisudez e economia do marido que já chega a chamar a atenção e provocar comentários até dos criados.

Capítulo V

Aurélia abre a porta de comunicação com o seu quarto e entra no de Fernando, aproveitando-se de sua ausência, quando está no trabalho. Abre os móveis e constata que ele não usara nada que ela lhe dera, trazendo tudo trancado. Foi por isso que ganhou fama de avarento entre a criadagem.

Durante o passeio pelo jardim, naquela noite, Aurélia censura o marido por essa atitude e também por ir a pé para a repartição, já que dispõe de condução própria. Fernando alega que esse é um direito que ele tem, pois vendeu-lhe um marido, mas não vendeu a alma, nem o caráter ou a dignidade. Pela primeira vez Aurélia volta só do passeio.

Capítulo VI

Estão casados há um mês. A agressividade irônica diminui. Um dia, após o jantar, Aurélia fica distraída a ouvir Fernando explicando a poesia de Byron a D. Firmina. Quando Seixas afirma que o mais belo poema de Byron é *O Corsário*, Aurélia, sedutoramente, reclinando-se sobre ele, pede-lhe para declamá-lo. Quando Fernando termina, D. Firmina o elogia e diz que ele deveria traduzi-lo. Seixas alega não ter tempo, pois precisa trabalhar. Basta isso para fazer de Aurélia uma mulher áspera, provocativa e irônica como no começo. Convida-o para um jogo de baralho, mas ele alega que não dispõe de dinheiro para isso. Quando ela oferece um empréstimo, ele afirma que aprendeu a não dispor mais do dinheiro dos outros.

Aurélia insiste que precisam fazer visitas de cortesia, e, só para contrariar o marido, determina que sejam feitas no horário de trabalho dele, para obrigá-lo a faltar à repartição.

Capítulo VII

Para mais irritá-lo ainda, Aurélia vai adiando a visita, até deixar para fazê-la à tarde. Ele procura controlar-se. Numa das visitas, Lísia, amiga maliciosa, provoca Aurélia, lembrando-lhe que dissera uma vez não se interessar por Alfredo Moreira, porque ele não valia mais do que cem contos de réis e ela bem podia pagar mais do que isso. Para culminar, pergunta quanto Aurélia pagara pelo Seixas. Aurélia ordena-lhe que pergunte ao marido. Controlado, Seixas diz que não recebeu mais do que isso, cem contos. Aurélia, rindo, como se fosse mera brincadeira, afirma que deu muito mais do que isso: "*Custou-me o coração*". (p.187)

Nessa noite, Fernando espiona Aurélia pelo buraco da fechadura.

Capítulo VIII

"*Sucedem-se no procedimento de Aurélia atos inexplicáveis e tão contraditórios, que derrotam a perspicácia do mais profundo fisiologista*". (p.190) Assim o narrador parte do momento atual e, para entender Aurélia, retoma a noite do casamento, em que ela dormira no tapete, tendo visto, ao acordar de manhã, o marido voltando do jardim. Julgou-o covarde, pois achava que para ele só restava, após a humilhação, o suicídio ou o homicídio. O narrador examina o complicado novelo de emoções e situações em que se complicara Aurélia. Ela ansiava pela exaltação de seu amor e não pela humilhação do marido. Sempre atacava o marido, mas quando sozinha desafogava em pranto.

Voltando ao presente, num dos passeios pelo jardim, Aurélia diz: "*Este passeio todas as tardes já deve aborrecê-lo. Por que não sai a cavalo? Deve distrair-se*". (p.195) Acaba por sugerir-lhe o divórcio.

Capítulo IX

Fernando não aceita a oferta, pois, alega não dispor do dinheiro para devolver. Sem isso seria como se fosse uma esmola. Aurélia lhe diz: "... *pode ficar; não era para mim, mas para si mesmo que oferecia-lhe a separação. Rejeita-a? melhor; não poderá queixar-se pelo que venha a acontecer*". (p.199)

A partir desse instante, ficam arredios, esquivos, vendo-se muito pouco. Seixas aproveita esses dias para fazer visitas à mãe e às irmãs. Os vizinhos acham esquisito que ele não tenha melhorado as condições de sua família. A mãe não se queixa, embora não entenda por que Fernando não convida suas irmãs a visitá-lo em seu novo lar. Aurélia também manifesta seu espanto por isso e Fernando alega que não quer que sua família descubra que ele não é feliz.

Nicota casa-se. Fernando vai só e a pé, o que provoca comentários. Nesse mesmo período, casam-se Adelaide Amaral e o Dr. Torquato Ribeiro. Fernando pensa em multiplicar seu capital, recebendo orientação de Lemos (especulação) e do Abreu (jogo), mas resiste à tentação porque ambas as saídas continham riscos e ofendiam a sua ética.

Capítulo X

Aurélia contrata um pintor para fazer um retrato dela e outro do marido. Quando vê que o retrato do marido está ficando com "*expressão fria e seca*", pede ao artista que interrompa o trabalho. Nos dias seguintes, ela se transforma totalmente até criar um clima de felicidade em torno de Fernando. Assim consegue que o pintor volte a trabalhar e faça um retrato sorridente. Terminado o trabalho, Aurélia pede ao pintor para fazer uma cópia do retrato do marido, além do original. A cópia deverá ter o vestuário de quando ele ainda era solteiro. Ela orienta o pintor. Meses depois, Aurélia sofre nova transformação.

Ao contrário do isolamento anterior, dedica-se agora às festas. Justifica-se perante o marido: "*Quero que o mundo me julgue feliz. O orgulho de ser invejada, talvez me console da humilhação de nunca ter sido amada*". (p.208)

QUARTA PARTE - RESGATE

Capítulo I

Num baile em São Clemente, Aurélia revela-se doce e romântica. Ao voltar para casa, reclama sono e reclina-se no braço do marido. Seixas emociona-se e fica sem saber o que fazer. Essa situação se prolonga durante toda a viagem. Em casa, ela pede ajuda para reclinar-se e cria novo clima amoroso. Aurélia pergunta a Fernando se ele a ama. Perante a resposta afirmativa, ela puxa uma cortina e descobre o retrato, a cópia que ela pedira ao pintor. Seixas estava ali representado como quando era solteiro. Aurélia diz que não pode amar ao marido, pois ainda está apaixonada por aquele homem que está na pintura. "*Seixas retirou-se levando n'alma a mais cruel humilhação que podia infligir-lhe o desprezo dessa mulher*". (p.219)

Comentário: Aqui nós temos o maior sinal da divisão, da contradição ou da esquizofrenia dessa personagem.

Capítulo II

"*Aconteceu uma noite cair a conversa em assunto de literatura nacional*". (p.219)
A conversa acaba abordando o romance *Diva*, de José de Alencar. Aurélia comenta que conhece uma mulher (ela mesma na verdade) que, assim como a protagonista do romance, não seria tida como verossímil. O narrador comenta: "*Mal pensava Aurélia que o autor de Diva teria mais tarde a honra de receber indiretamente suas confidências, e escrever também o romance de sua vida, a que ela fazia alusão*". (p.220)

Aurélia convida Adelaide e o marido para irem com eles ao teatro. No intervalo, confidencia a Torquato que precisa de sua ajuda. Ficara sabendo que Eduardo Abreu tentara o suicídio e tem medo que o faça de novo. Pede a Torquato que leve o rapaz às suas reuniões. Espera demonstrar-lhe que ainda é considerado e melhorar sua auto-estima. Um gesto de Adelaide provoca ciúme em Aurélia, que volta para casa antes de terminar o espetáculo.

Capítulo III e IV

Nas reuniões festivas de sua casa, Aurélia instituiu a "*valsa dos casados*", momento em que obriga os maridos a dançarem com suas mulheres. Lísia, para provocá-la, pois crê que ela não sabe valsar, obriga-a também a dançar com seu marido. Primeiro, Aurélia tenta recusar, mas acaba concordando. Leva o marido para o meio do salão e coloca-se diante dele, entregando-lhe a cintura mimosa. "*Era a primeira vez, e já tinham mais de seis meses de casados; era a primeira vez que o braço de Seixas enlaçava a cintura de Aurélia. Explica-se pois o estremecimento que ambos sofreram ao mútuo contato, quando essa cadeia viva os prendeu*". (p.235) A emoção os envolve. Dançam como tomados de uma louca vertigem. E, afinal é a vertigem que leva os sentidos de Aurélia. "*Seixas ergueu a mulher nos braços e levou-a da sala*". (p.302)

Capítulo V

Tomada de sentimentos carinhosos, Aurélia pede que saiam todos e fica só com o marido a quem prende pela mão. Alguém bate à porta, mas ela não deixa que ele se levante e atenda. Continua prendendo-o pela mão. Está tomada por um carinho novo e explode: "*Que me importa a mim a opinião dessa gente? Que me importa esse mundo, que separou-nos! Eu o desprezo. Mas não consentirei que me roube o meu marido, não? Tu me pertences, Fernando: és meu, meu só, comprei-te, oh! sim, comprei-te muito caro...*" Bastou essa palavra para semear sentimentos horríveis em Fernando. Ela não estava se referindo ao dinheiro, mas aos sofrimentos. Criada a barreira, tudo volta a funcionar como antigamente. Ferem-se com indiretas e voltam ao salão, dançando novamente, só que agora se comportam já como indiferentes ou estranhos.

Capítulo VI

Terminado o baile, Aurélia retira-se para seus aposentos sem querer ouvir explicações do marido, que deseja desculpar-se. Ao ficar a sós, Aurélia puxa a cortina que cobre o retrato de Fernando e conversa com ele "*como se tivesse diante de si o homem, de que via a imagem*". (p.250) Sente depois um forte desejo de ir até o marido, e chega a procurar a chave que tranca a porta de comunicação dos seus aposentos. Arrepende-se e diz para si mesma que ainda não é hora. É preciso que ele a ame bastante para vencê-la. Faz uma oração, pedindo a Deus que isso aconteça logo.

Um conhecido de Seixas, o Fróis, procura-o na repartição para informar que um antigo negócio deles, de que o Seixas nem mais se lembrava, tinha sido concluído, com um saldo que ele pode ir receber desde que apresente a cautela.

Capítulo VII

Sai do serviço e vai correndo para casa, procurar a cautela. Entra sorrateiramente em casa e encontra a esposa com Eduardo Abreu. Fernando fica pálido. Eduardo levanta-se por um impulso irresistível. "*Não foi hoje à repartição? perguntou Aurélia para disfarçar a confusão dos dois, o marido e o hóspede*". (p.256) Fernando alega que veio procurar uns papéis que tinha esquecido. Entra no seu quarto, encontra a cautela, sai por outra porta sem que a mulher o veja. Ela termina a conversa com Abreu e vai procurar o marido, mas já não o encontra no quarto. Encontra papéis esparsos e acaba dando com os olhos em uma fita de marcar folha de livro, onde havia a palavra amor e um monograma composto de um F e um A entrelaçados. Logo atribuiu ao A o nome de Adelaide, vindo isso sangrar-lhe de novo o coração. Posteriormente acabam discutindo por causa desses ciúmes, mas não abrem o jogo e só se machucam cada vez mais.

Capítulo VIII

Vem o criado que avisa estar o Sr. Abreu. Fernando proíbe Aurélia de recebê-lo. Ela diz que era essa sua intenção, mas agora de pirraça vai recebê-lo.

Aurélia recebe Abreu, que veio justamente porque percebera a suspeita em Fernando e quer esclarecer que Aurélia o estava auxiliando em suas dificuldades, mas ela não admite: "*essa confissão o senhor não a fará, seria uma ofensa grave à minha dignidade (...) Esteja tranqüilo pois; seu segredo não lançou a menor sombra em minha felicidade*". (p.264)

À noite houve mais uma reunião festiva. No dia seguinte Fernando foi para o trabalho e Aurélia saiu para disfarçar seu estado nervoso. Ao voltar, espantou-se de não encontrar o marido. Nem no jantar apareceu e ela ficou surpresa de ser informada através de criados que ele não viria jantar ou talvez se atrasasse. Quando estava jantando, ele chegou, explicando que tivera negócios a concluir. Após o jantar, Fernando pede uma conversa particular com a esposa.

Capítulo IX

"*Eram dez horas da noite*". Estavam no décimo primeiro mês de casamento. Ela aparece com o mesmo roupão da noite de núpcias. Fernando pergunta-lhe se ainda conserva o título de compra. "*É a minha maior riqueza, disse a moça com um tom, que não se podia distinguir se era de ironia ou de afeição*"'. (p.269) Fernando explica como conseguiu o dinheiro, fala de suas humilhações e entrega a ela o dote, ou seja, o valor dele, pedindo que restitua o papel da venda. Explicam-se. Fernando vai sair, mas ela o chama e diz: "*O passado está extinto. Estes onze meses, não fomos nós que os vivemos, mas aqueles que se acabam de separar, e para sempre. Não sou mais sua mulher; o senhor já não é meu marido. Somos dois estranhos. Não é verdade?*" (p.274) Dizendo isto, atira-se de joelhos a seus pés e declara todo seu amor, que não diminuiu nem ao menos quando ele a insultava.

"*Seixas ergueu nos braços a formosa mulher, que ajoelhara a seus pés; os lábios de ambos se uniam já em férvido beijo, quando um pensamento funesto perpassou no espírito do marido. Ele afastou de si com gesto grave a linda cabeça de Aurélia, iluminada por uma aurora de amor, e fitou nela o olhar repassado de profunda tristeza.*

- Não, Aurélia! Tua riqueza afastou-nos para sempre. A moça desprendeu-se dos braços do marido, correu ao toucador, e trouxe um papel lacrado que entregou a Seixas.

- O que é isto, Aurélia?

- Meu testamento.

Ela despedaçou o lacre e deu a ler a Seixas o papel. Era efetivamente um testamento em que ela confessava o imenso amor que tinha ao marido e o instituía seu universal herdeiro.

- Eu o escrevi logo depois do nosso casamento; pensei que morresse naquela noite, disse Aurélia com gesto sublime. Seixas contemplava-a com os olhos rasos de lágrimas.

- Esta riqueza causa-te horror? Pois faz-me viver, meu Fernando. É o meio de a repelires. Se não for bastante, eu a dissiparei.

***

"*As cortinas cerraram-se, e as auras da noite, acariciando o seio das flores, cantavam o hino misterioso do santo amor conjugal*". (p.275)

V - SÍNTESE DO RESUMO

Aurélia Camargo, jovem pobre e órfã de pai, namora Fernando Seixas, rapaz de classe média, de boa índole, mas que desejava subir na vida. Enfraquecido pelo desejo de carreira fácil, através do casamento por interesse, ele acaba abandonando a moça por outra, Adelaide, cujo pai oferece um dote de trinta contos de réis. Acontece, porém, que o avô de Aurélia morre, fazendo-a herdeira universal. Da noite para o dia ela fica milionária. Manda seu tutor propor a Fernando um casamento com moça desconhecida em troca de um dote de cem contos. Fernando, constrangido por uma série de dificuldades, acaba aceitando e assinando recibo.

Após o casamento, ele diz palavras de amor, mas ela o interrompe com a verdade e o recibo. A partir disso, vivem separados na mesma casa durante onze meses, felizes para a sociedade, mas na intimidade infelizes, confundidos, em constantes ironias maldosas e ferinas. Após onze meses Fernando consegue a soma necessária para devolver o que tinha recebido. Devolve-a e pede a separação. Aurélia, sentindo que ele recuperara a dignidade perdida, toma atitude típica do Romantismo, arrojando-se aos seus pés e pedindo-lhe seu amor. Tudo termina com um beijo.

VI - ESTRUTURA DA OBRA

O romance está organizado em quatro partes que recebem a seguinte titulação: O Preço, Quitação, Posse, Resgate, parecendo mais termos de um livro de contabilidade que qualquer outra coisa. É claro que isto quadra bem a uma narrativa que tem como tema o casamento por interesse, prática essa que o autor pretende criticar.

Os relatos são colocados como se alguém transmitisse ao escritor as confidências dessa mulher extraordinária. No prólogo "Ao leitor" afirma "*Este livro, como os dois que o precederam, não são da própria lavra do escritor a quem geralmente os atribuem*". (p.7)

Emprega o **foco narrativo** de terceira pessoa, sendo onisciente e intruso, revelando-se mesmo textualmente, quando se discute o livro *Diva* (1864) do próprio Alencar: "*Mal pensava Aurélia que o autor de Diva teria mais tarde a honra de receber indiretamente suas confidências, e escrever também o romance de sua vida...*" (p.220)

A **ação** se passa no Rio de Janeiro no **tempo** do Segundo Império, com alusões à Guerra do Paraguai e reconstituições primorosas do vestuário e mobiliário da época.

O narrador vale-se do tempo cronológico, dinamizando o relato com freqüentes retrospectivas (*flash-back)* que vão descobrindo gradativamente informações sobre a vida e os sentimentos das personagens.

É habilidoso na criação dos diálogos. Este livro, ao lado de *Lucíola*, é tido como um dos mais interessantes pela beleza, pelo vigor e pela agilidade das discussões. Essa técnica foi aprimorada pelos trabalhos dramáticos realizados por Alencar nos anos anteriores.

Personagens principais:

Fernando Seixas, "*Moço que ainda não chegou aos trinta anos. Tem uma fisionomia tão nobre, quanto sedutora; belos traços, tez finíssima, cuja alvura realça a macia barba castanha. Os olhos rasgados e luminosos às vezes coalham-se em um enlevo de ternura, mas natural e extreme de afetação, que há de torná-los irresistíveis quando o amor os acende. A boca vestida por um bigode elegante*". Pessoa de boa índole, naturalmente bom, mas que se deixou levar pelo desejo de subir fácil, como ele mesmo diz: "*A sociedade no seio da qual me eduquei, fez de mim um homem à sua feição; o luxo dourava-me os vícios...*"

Lemos, "*um velho de pequena estatura, não muito gordo, mas roliço e bojudo como um vaso chinês. Apesar de seu corpo rechonchudo tinha certa vivacidade buliçosa e saltitante que lhe dava petulância de rapaz, e casava-se perfeitamente com os olhinhos de azougue*", é um tipo interesseiro, canalha e hipócrita, a quem a sobrinha e tutelada controla porque tem em seu poder uma carta que pode comprometê-lo.

Aurélia Camargo, moça pobre, neta de um fazendeiro rico que não acreditava no casamento do filho. Só muito tempo após a morte dele, procurou e reconheceu a neta. Quando morre deixa-a milionária. Moça linda e inteligente, dotada de grande sagacidade, mas confundida pelos seus sentimentos de amor e ressentimento pelo abandono, enovela-se numa seqüência de ações que quase a conduz à infelicidade e perda do homem amado.

VII - ESTILO DE ÉPOCA E ESTILO INDIVIDUAL

Alencar não destoa do Romantismo em voga, como o faz Manuel Antônio de Almeida. A sua visão de mundo é baseada no coração e o mundo urbano com seus problemas políticos e econômicos o aborrecem, por isso foge para o passado; escapa para os lugares selvagens. Suas obras procuram retratar um Brasil e personagens mais ideais do que reais, mais como ele gostaria que moralmente fossem (romântico) do que objetivamente eram (realista). *Senhora* é uma crítica ao que ele reprova na sua sociedade. Seu estilo é uma reação contra a invasão estrangeira, buscando o espírito conterrâneo não só no assunto, mas também na seleção vocabular e na escolha de torneios sintáticos mais brasileiros que lusitanos. Sua obra, como a quase totalidade das criações românticas, tem duas finalidades fundamentais, divertir e moralizar.

O estilo romântico de Alencar supervaloriza o sentimento, o individualismo, o nacionalismo, e idealiza a mulher e a natureza, procurando sempre o que ambas têm de belo e grandioso. O amor prevalece sobre tudo mais, sendo o elemento propulsor de toda a narrativa.

A linguagem de Alencar é rica, colorida, exuberante, recheada de termos bonitos, de imagens e metáforas atraentes, e generosa no emprego da adjetivação, desagradando alguns leitores que preferem um estilo mais singelo e realista. Em alguns momentos, sua linguagem torna-se tão plástica e musical que se aproxima da poesia.

VIII - TEMÁTICA

Entre os principais temas da obra encontramos: a crítica ao casamento por interesse e ao dinheiro como agente prejudicial aos bons sentimentos; crítica aos falsos valores sobre os quais se organiza a sociedade de seu tempo. Encontramos também a idealização do amor e das personagens, assim como a crença de que o homem é bom, mas a sociedade o corrompe.

Senhora antecipa, ainda que superficialmente, algumas conquistas que só viriam fixar-se a partir do Realismo. Embora não fuja aos padrões românticos esse romance envereda por uma linha evidentemente crítica, o que seria marca do Realismo e do Naturalismo. Alencar ataca determinados valores burgueses, especificamente o casamento marcado por interesse e por conveniência social. Outro aspecto que devemos destacar é a preocupação com a análise psicológica das personagens centrais, praticamente inexistente ou inconsistente em romances como *A viuvinha*, *Cinco minutos* e outros do mesmo autor, ou em obras de Joaquim M. de Macedo, como *A moreninha*.

Em *Senhora*, obedecendo a esse seu impulso romântico, procura mostrar o dinheiro como elemento corruptor do homem. No entanto, Alencar em vez de arrancar as raízes (como o fez mais tarde Machado de Assis) apenas sacode as folhas da árvore do mal. Leia o que diz o crítico Alfredo Bosi em *História concisa da Literatura Brasileira*, 2ª. ed., à página 154:

"*Tome-se o exemplo de Senhora, sua última obra de valor. Qual a mola do enredo? Se admitimos que é o fato de o jovem Seixas casar-se pelo dote, em virtude da educação que recebera, damos a Alencar o crédito de narrador realista, capaz de pôr no centro do romance não mais os heróis Peri e Ubirajara, Arnaldo e Canho, mas um ser venal, inferior. O que seria falso, pois o fato não passava de um recurso: o equilíbrio, perdido em termos de visão romântica do mundo, vai-se restabelecendo porque Alencar arranjará uma solene redenção fazendo Seixas resgatar-se na segunda parte da história. O passo dado em direção ao romance de análise social fora uma concessão - logo mudada em crítica - à mentalidade mercantil que repontava no fim do Império.*

Mentalidade que o escritor rejeita quando vem à tona a vileza crua do interesse, mas não quando enevoada pelos fumos de requinte aristocrático: a glória dos salões, o luxo das alcovas, a pompa dos vestuários".

BIBLIOGRAFIA CONSULTADA

Alencar, José de - *Senhora*, SP, 1967, Edições Melhoramentos.

EXERCÍCIOS:

Leia com atenção:

"Ah! Já sei, exclamou a moça vivamente. Aquela que morava na Lapa?

- Justamente.

- Você gostava bem dela, mano.

- Foi a maior paixão da minha vida, Mariquinhas!

- Mas você esqueceu-a pela Amaralzinha, observou a irmã com um sorriso". (*Senhora,* José de Alencar)

4)Assinale a única alternativa que contenha afirmação **INCORRETA**.

a) O irmão com que Mariquinhas conversa chama-se Fernando Seixas.

b) A moça esquecida, segundo a Mariquinhas, é Aurélia Camargo, a protagonista do romance.

c) Amaralzinha é o diminutivo do sobrenome de Adelaide.

d) Fernando, na verdade não esqueceu a moça de quem falam, mas deixou-a pela Amaralzinha, porque o pai desta ofereceu-lhe um dote de cem contos de réis.

e) Esse fragmento está no começo da narrativa, logo após o primeiro encontro de Fernando com Aurélia depois que esta ficou milionária.

5) Assinale a única afirmativa correta sobre o romance *Senhora.*

a) O casamento religioso de Aurélia e Fernando só se concretiza no final da narrativa.

b) Aurélia ficou milionária com a herança que recebeu do seu pai.

c) Fernando abandonou o curso de medicina porque com a morte do pai faltou-lhe recursos para pagar a escola.

d) Fernando devolveu o dote porque tinha aplicado todo o dinheiro em ações e o resultado da aplicação foi positivo.

e) Fernando só aceitou as condições o dote oferecido pelo tio de Aurélia porque estava em dificuldades e o pai de Adelaide tinha rompido o compromisso, exatamente quando sua mãe lhe pedira trinta contos de réis.

6) O tema central de *Senhora* é:

a) a redenção do homem pelo amor;

b) o casamento por interesse;

c) o homem é naturalmente bom, mas não resiste à ifluência social;

d) a mulher rica só é procurada pelo seu dinheiro;

e) a mulher paciente e humilde pode converter um homem corrupto.

O PRIMO BASÍLIO
de
Eça de Queirós

Volume usado para citação: **Queirós,** Eça de - *O Primo Basílio*, SP, 1973, 2a edição, Ed. Brasiliense.

I - BIOGRAFIA

O nome completo do grande prosador lusitano é José Maria Eça de Queirós. Nasceu em 1845, em Póvoa de Varzim, tendo estudado Direito em Coimbra, onde se ligou aos jovens acadêmicos agitados, mas não participou da famosa polêmica intitulada Questão Coimbrã. Já nas conturbadas conferências do Cassino Lisbonense, em 1871, teve papel importante ao lado do poeta Antero de Quental.

Profissionalmente, podemos encontrá-lo no Egito, em 1869, fazendo uma reportagem sobre a inauguração do Canal de Suez. Mais tarde, por volta de 1871/2, podemos vê-lo no cenário que mais tarde vai utilizar na composição do seu romance O Crime do Padre Amaro, Leiria, onde exerce o cargo de administrador do Concelho[1] . No ano de 1873, ingressa na carreira diplomática e é nomeado cônsul em Havana . No ano seguinte, vai para Bristol (Inglaterra), onde serve até 1878. Consegue finalmente realizar um grande sonho seu, transfere-se para Paris, ficando aí até o final de sua vida. Em 1900, o brilho de sua ironia apagou-se.

Produziu uma novela, contos, hagiografia (biografias de santos), artigos para jornal, literatura de viagens e romances.

II - BIBLIOGRAFIA

- **Romances**: *O Crime do Padre Amaro* (1875), *O Primo Basílio* (1878), *A Relíquia* (1887), *Os Maias* (1888), *A Ilustre Casa de Ramires* (1900), *A Correspondência de Fradique Mendes* (1900), *A Cidade e as Serras* (1901), *A Capital* (1925), *O Conde d'Abranhos* (1925).
- **Novela**: *O Mandarim* (1879).

III - INTRODUÇÃO

Diversos e inúmeros trabalhos publicados sobre Eça de Queirós e suas obras demonstram de modo irrefutável a sedução que seu estilo exerce sobre os estudiosos. Sobre os leitores de nível médio, desinteressados pelas análises estilísticas, esse mesmo encantamento pode ser percebido na constância de

1. Circunscrição administrativa de categoria imediatamente inferior ao distrito, do qual é divisão. Não confundir com o homófono e heterógrafo "conselho".

suas obras sobre os criados-mudos, levando um crítico a denominá-las "fantasmas de cabeceira".

Além do retrato plástico do cenário e das personagens, com boa dose de caricatura quase sempre, Eça prende seus leitores pelo seu fino senso de humor e pela sua ironia inconfundível. Essa ironia, corrosiva na segunda fase de sua obra, ganha tons mais requintados, cores mais delicadas, na terceira fase, extasiando-nos com as confusões do ricaço Jacinto, em *A Cidade e as Serras*, ou com a ironia ao mesmo tempo simpática e amorosa com que contrapõe, na *Ilustre Casa de Ramires*, Gonçalo a seu valente antepassado Tructesindo.

O romance *O Primo Basílio* pertence à segunda fase, caracterizada por uma ironia corrosiva, crítica, por uma mordacidade penetrante. O olhar devastador que ele lança sobre um "Episódio Doméstico" é impiedoso. Critica, não a família em si, como explica ele mesmo em uma carta, mas a família lisboeta, de que são exemplos Jorge e Luísa. A culpa do adultério de Luísa é da sua educação romântica e da sua vida ociosa.

Aproveitando essa mirada aquilina sobre o lar de Jorge e Luísa, devasta também aqueles que freqüentam essa casa: Conselheiro Acácio, exemplo perfeito de hipocrisia e superficialidade; Julião, tipo acabado de revolucionário de fachada que larga todos os ideais por um bom emprego público; Ernestinho Ledesma, literatice romanticóide para o consumo da burguesia insípida.

IV - RESUMO DO ENREDO

Capítulo I

São onze horas. O engenheiro de minas, Jorge, fuma um cigarro enquanto sua esposa, Luísa, lê o jornal. Jorge está pensando no aborrecimento de sua viagem. Precisa partir no dia seguinte para Beja, o que lhe parece uma injustiça. Logo em julho, no verão. Luísa lê no jornal a notícia de que deve chegar a Lisboa o seu primo Basílio, ex-namorado, e vem rico. Entra a criada Juliana, e Luísa briga com ela por não ter passado ainda os coletes do marido. Jorge defende a criada.

Num *flash back* (retrospectiva), Luísa lembra-se do seu namoro com Basílio, da crise econômica pela qual ele passou, da ida dele para o Brasil e, afinal, do rompimento. Três anos depois disso, ela conheceu Jorge, que gostou de seus cabelos loiros e pediu-a em casamento. "*Jorge tinha-lhe tomado a mão; ela sentia o calor daquela palma larga penetrá-la, tomar posse dela; disse que SIM; ficou como idiota, e sentia debaixo do vestido de merino dilatarem-se docemente os seus seios. Estava noiva, enfim! Que alegria, que descanso para a mamã!*" (p.9) Não se desiludiu com o casamento. Há três anos vivia bem com o marido. Ele era novo, forte. Ela "*olhava muito para os maridos das outras, comparava, tinha orgulho nele.*"

Jorge sai e Juliana anuncia que chegou de visita D. Leopoldina, antiga amiga de escola de Luísa. Trata-se de uma mulher de vícios e de amantes, não tolerada por Jorge. Luísa a recebe e fica sabendo que ela está de amante novo: um rapaz alto, louro, lindo, poeta e pobre.

Ao voltar, Jorge fica sabendo dessa visita através de Juliana. Aborrecido, adverte a esposa para que não receba mais a "Pão-e-queijo", apelido de Leopoldina, porque, segundo ele, essa mulher não é companhia conveniente para ela. Luísa vai ao quarto de engomar e discute com a criada.

Capítulo II

Jorge, no domingo, como sempre faz, realiza uma cavaqueira, isto é, uma reunião de amigos para comer, beber, conversar e cantar. Vem o Julião Zuzarte, parente afastado dele, pobre e amargo; vem D. Felicidade de Noronha com seus cinqüenta anos de gordura e sua paixão mórbida pelo conselheiro Acácio, que também comparece todo vestido de preto, indiferente a ela. Acácio é um tipo alto, magro, com o pescoço entalado num colarinho direito e uma calva vasta e polida, que tanto excita D. Felicidade a ponto de fazê-la transpirar e ficar molhada.

Vem ainda o primo de Jorge, Ernestinho Ledesma, metido a escritor, que está produzindo um drama para teatro, intitulado HONRA E PAIXÃO. Eis o enredo da peça:

"Era uma mulher casada. Em Sintra tinha-se encontrado com um homem fatal, o Conde de Monte-Redondo. O marido, arruinado, devia cem contos de réis ao jogo. Estava desonrado, ia ser preso. A mulher, louca, corre a umas ruínas acasteladas, onde habita o conde, deixa cair o véu, conta-lhe a catástrofe. O conde lança o seu manto aos ombros, parte, chega no momento em que beleguins (soldados) vão levar o homem. O conde desembuça-se, atira uma bolsa de ouro aos pés dos beleguins, gritando-lhes: saciai-vos, abutres!..." (p.24)
"...o Conde de Monte-Redondo e a mulher amam-se, o marido descobre, arremessa todo o seu ouro aos pés do Conde, e mata a esposa." (p.25)

Todos discutem esse final que, segundo Ernestinho, não está sendo aceito pelo empresário. Jorge se posiciona favorável à morte da mulher adúltera. Insiste que a traidora deve ser punida com a morte.

O último a chegar à reunião é Sebastião, amigo inseparável de Jorge. Sebastião é um homem de baixa estatura, grosso de corpo, mas de expressão honesta, simples e aberta.[2] Jorge leva Sebastião ao escritório e fala da visita de Leopoldina. Confessa ao amigo que teme os comentários da vizinhança. Pede então a ele para não deixar Luísa se esquecer de suas recomendações: "É necessário alguém que a advirta, que lhe diga; alto lá, isso não pode ser!" Encerra-se a reunião, Sebastião canta, acompanhando-se ao piano.[3]

Capítulo III

Doze dias após a partida do marido, Luísa resolve visitar Leopoldina, apesar do calor e da poeira. Estava aborrecida com a solidão. A criada Juliana

2. Sebastião parece-nos a única pessoa viva com quem o leitor pode simpatizar-se sem escrúpulos. Todos os demais são figuras ridículas, de quem queremos distância e com quem evitamos qualquer identificação.
3. Vejam como a maneira de Jorge ver e descrever a esposa já a revela como figura sem condição de traçar seu próprio caminho, sem capacidade para estabelecer o que fazer da sua vida. Ela é um joguete ou um marionete, como se verá mais tarde.

pede para ir ao médico alegando estar com enjôo e um peso no coração[4]. Recebida a permissão para sair, Juliana avisa à cozinheira Joana que esta ficará só na casa.[5]

Quando Juliana se prepara para sair, chega um sujeito "*estrangeirado*", trigueiro, alto, com um pequeno bigode levantado. Pede para ver Luísa. Esta chega e reconhece Basílio. Ele elogia sua beleza. Ela pede-lhe o relato de seus feitos. Ele, vaidosamente, vai desfiando a narrativa de suas viagens, pontuando sua conversa com críticas aos costumes e às roupas dos portugueses, atrasados demais, segundo ele.

Após a visita, Basílio vai pensando: "*Que bonita que está*! (...) *E eu, pedaço de asno, que estava quase decidido a não vir ver! Está de apetite! Está muito melhor! E sozinha em casa; aborrecidinha talvez*!..." (p.43)

As criadas conversam sobre seus problemas. O narrador faz uma retrospectiva da vida de Juliana Couceiro Tavira. Servindo de criada, casa em casa, nunca tivera boa vida. Quando servira na casa da tia de Jorge (velha doente para morrer), alimentara a ilusão de ganhar pelo menos uma herança de conto de réis. "*A velha, enfim, morreu. Nem a mencionava no testamento.*" (p.53) Jorge, com pena dela, admitiu-a como criada de dentro. Juliana vive adoentada e amargurada. Odeia a vida fácil das patroas. Detesta ser criada. Só tem um orgulho e uma satisfação na vida: seus pés. Gasta o que pode com calçados. Vive exibindo o pé pequenino.

Capítulo IV

Uma tarde, Juliana está tomando o caldo que Joana lhe dera, quando toca a campainha. Ela nem se move. Várias vezes a campainha toca e ela, em vez de atender, xinga. Só se levanta quando ouve a voz irritada de Luísa, mandando-a atender. Ela vai e encontra Luísa "*com o roupão novo de Foulard cor de castanho, com pintinhas amarelas*". Quando abre a porta e vê o mesmo homem do dia anterior "*com uma rosa ao peito*" e "*um embrulho embaixo do braço*", logo deduz que algo incomum está acontecendo. Imagina logo um romance. Por isso, fica às escutas atrás da porta e nota que se tratam por "tu", o que demonstra (em Portugal) grande intimidade. Planeja então ficar atenta para pegar Luísa em adultério.

Sebastião vem visitar Luísa, mas não entra, porque a criada comunica-lhe que a senhora está com visita. No outro dia, um domingo, Sebastião tenta nova visita, mas não tem a sorte de encontrá-la, porque havia saído com D. Felicidade para um passeio. Nesse passeio, as duas se encontram "*acidentalmente*" com Basílio que, para variar, critica Portugal e os portugueses.

No dia seguinte, às três da tarde, Basílio vai visitar Luísa. Esta diz à criada que o homem é seu primo, portanto, se vier qualquer pessoa, pode receber.

---

4. Desde o início da história o narrador preocupa-se em demonstrar os diversos sinais da doença de Juliana. Essa revelação de sinais sintomáticos (como se o narrador fosse um médico) é um traço característico da estética realista-naturalista e cria verossimilhança (semelhança com a verdade) quando a criada morre repentinamente. Tudo está perfeitamente colocado, tudo é funcional dentro do enredo.

5. Essa informação é para que Joana possa avisar o amante dela de que o caminho estará livre para ele entrar.

Isso decepciona bastante a criada: "as visitas perderam de repente para ela todo o interesse picante". (p.67)

O revoltado Julião visita Luísa e sente-se mal na presença do elegante Basílio. Este, quando Julião parte, critica-lhe as roupas e os modos. A conversa é interrompida por outra visita, o Conselheiro Acácio. Instado por Luísa e pelo Conselheiro, Basílio vê-se obrigado a cantar ao piano. Revela-se um excelente intérprete. Após a saída do Conselheiro, Basílio pede a ela que também cante. Ela se emociona, fica trêmula. Nisso, tocam a campainha de novo, mas ninguém entra. Ele ameaça ir-se, alegando que está aborrecido porque não consegue ficar a sós com ela. Luísa pergunta para que ele quer ficar sozinho com ela. Ele, "*com um movimento brusco, passou-lhe o braço sobre os ombros, prendeu-lhe a cabeça, e beijou-a na testa, nos olhos, nos cabelos, vorazmente.*" (p.75) Ela resiste, ele confessa que a ama. Voltam a conversar, e ele volta a atacar, beijando-lhe as pálpebras devagar, a face, os lábios depois muito profundamente; os lábios dela se entreabrem; os seus joelhos dobram-se. Vem-lhe nova onda de pudor e pede ao primo para deixá-la. Basílio parte, prometendo voltar no dia seguinte. Luísa procura a criada e fica sabendo que foi de novo o Sebastião que tocou a campainha, mas não quis entrar por causa da visita.

Sebastião fica aborrecido, mesmo tendo descoberto que a visita é de um parente, porque já murmuram suspeitas na vizinhança.

Luísa recebe uma carta de Jorge e sente vergonha por ter deixado o primo abraçá-la, apertá-la. Decide escrever ao primo, pedindo-lhe para não aparecer mais em sua casa. Passa o dia aos suspiros e, à noite, entediada pela chuva, abraça o travesseiro e chega-lhe os lábios "*para beijar uns cabelos negros onde reluziam fios brancos*".

No dia seguinte, Luísa recebe Basílio, que diz a ela ter deixado o luxo de Paris só para vê-la. Convida-a para um passeio no campo[6]. Sebastião, preocupado com os comentários dos vizinhos, consulta Julião. Este acha que Basílio está desfrutando a prima.

Capítulo V

Uma manhã, Juliana está furiosa com o excesso de serviço. Diz a Joana que após a chegada de Basílio aumentou muito o serviço de lavagem de roupa. Com o nervosismo, passa mal, sente pontadas no peito. Pede licença a Luísa para ir ao médico. Depois dela, sai também Luísa. Logo, o vizinho Sr. Paula, que conversava com D. Helena, vê numa das janelas o carpinteiro Pedro, amante de Joana, e comenta: "*Aquela casa vai-se tornando um prostíbulo*!" (p.99)

6. Se o leitor não se esqueceu dos pensamentos de Basílio logo após a primeira visita, percebe logo o modo frio e absolutamente cínico com que mente, alegando amor, afirmando que deixou Paris só para vê-la, quando na realidade nem tinha pensado em visitá-la. O narrador onisciente procura colocar sob os olhos do leitor uma cena de sedução que parece um clichê, de tão igual a muitas outras, porque os sedutores e suas vítimas não variam muito os movimentos do jogo.

Luísa encontra-se com Basílio e vão ao prometido passeio no campo, ocultos pelas cortinas de uma carruagem. Durante o passeio, Basílio volta à carga, cobrindo-a de beijos. Ela, como sempre, deixa um pouco, quer também, mas acaba se arrependendo. Após o passeio, ela parte, alegando estar com enxaqueca, enquanto ele vai satisfeito contar ao seu amigo Reinaldo os progressos de sua conquista. Reinaldo pede a ele que apresse essa sedução, pois quer partir para a Escócia.

Ao entrar em casa, Luísa encontra Sebastião que espera por ela há tempo. Veio para tentar cumprir o que prometera a Jorge, alertar Luísa para os perigos da maledicência alheia. No entanto, nem chega a conversar sobre a falação da vizinhança por causa da enxaqueca de Luísa.

Basílio deixa de aparecer no dia seguinte, levando-a escrever-lhe "*Por que não vens? Estás doente? Se soubesses os tormentos por que me fazes passar...*"

Sebastião volta a visitá-la e consegue contar que todos estão comentando as visitas constantes do primo. Sai, porém, chateado porque ela irritou-se e, inflamada, defendeu-se como se tudo fosse muito inocente. Depois, veio Leopoldina, que ficou para o jantar. Ambas bebem vinho e champanhe. Leopoldina se vai acompanhada pela criada Juliana. Às nove horas, chega Basílio, dizendo que veio se despedir. Essa partida era desculpa para que fosse recebido tão tarde. Veja um fragmento, repleto de discurso direto, e verifique os artifícios do processo de sedução:

"*- Tu partes! - exclamou ela surdamente, precipitando-se para ele.*

- Não! - E prendeu-a nos braços. - Não! Imaginei que me não recebias a esta hora, e tomei este pretexto.

Apertou-a contra si, beijou-a; ela deixava, toda abandonada; os seus lábios prendiam-se aos dele. Basílio deitou um olhar rápido, em redor, pela sala[7] *, e foi-a levando abraçado, murmurando: Meu amor! Minha filha! Mesmo tropeçou na pele de tigre, estendida ao pé do divã.*

- Adoro-te!

- Que susto que tive! - suspirou Luísa.

- Tiveste?

Ela não respondeu; ia perdendo a percepção nítida das cousas; sentia-se como adormecida, balbuciou: Jesus! Não! Não! Os seus olhos cerraram-se." (p.121)

São interrompidos por um toque de campainha. Era Juliana que chegava da rua. Basílio se despede, dizendo que pretende conseguir uma casa para que se encontrem. Assim evitariam os comentários.

Juliana vasculha a sala à procura de pistas, sinais do que possa ter acontecido. "*Foi à sala, fechou o piano. Havia um forte cheiro de charuto. Pôs-se a olhar em redor, devagar, andando com um passo sutil... De repente agachou-se, ansiosamente: ao pé do divã uma cousa reluzia. Era uma travessa de Luísa, de tartaruga, com o aro dourado. Tornou a entrar no quarto em pontas de pés, pousou-a no toucador, entre os rolos de cabelo.*" (p.123)

Basílio vai correndo para contar a novidade ao amigo Reinaldo.

---

7. Vejam como ele mantém o domínio da razão, enquanto finge-se emocionado, procura friamente um melhor local para derrubá-la e desfrutá-la como diria o médico Julião.

Capítulo VI

Juliana amanhece prestativa e educada. Desde pela manhã Joana acha-a um tanto esquisita. Sentira-a desde as sete horas varrer, espanejar, sacudir, lavar as vidraças da sala de jantar, arrumar as louças no aparador. E com uma azáfama![8] Quando Joana pergunta-lhe o que aconteceu, ela só diz que está a "*malucar*" por dentro. Nessas atividades, vai até o quarto e, ao sacudir a roupa que a patroa usara na noite anterior, fica com os olhos brilhando por sentir um papel amarrotado. Era um bilhete que Luísa tinha escrito ao primo, em que se encontravam essas palavras: "*Por que não vens?... Se soubesses o que me fazes sofrer!...*"

Juliana acorda a patroa e trata-a com muitas mesuras e delicadezas, sempre prestativa, com um sorriso servil, mas por dentro pensa: "*Grande cabra! Grande bêbeda!*" Basílio e Luísa trocam cartas e bilhetes repletos de declarações melosas e românticas. Luísa sente falta de uma dessas cartas e quase enlouquece.

"*Chamou logo Juliana, aterrada.*

- Você despejou o caixão dos papéis?

- Despejei, sim, minha senhora - respondeu muito tranqüilamente.

E com interesse:

- Por que? Perdeu-se algum papel?[9]

Luísa fazia-se pálida.

- Foi um papel que eu atirei para o caixão. Onde o despejou você?

- No barril do lixo, como é de costume, minha senhora; imaginei que nada servia..." (p.130)

Luísa comparece ao primeiro encontro no Paraíso com o amante. Já sente interiormente que está envolvida. O lugar é feio e desagradável.[10]

Juliana, ao perceber as saídas diárias da patroa, conclui que ela vai se encontrar com o gajo[11]. Torna-se mais servil, mais gentil. Sebastião vem avisar Luísa que D. Felicidade torceu o pé e está no hospital. Aproveita para dizer isso à vizinhança, desculpando desse modo as saídas de Luísa. Seriam, segundo ele, para visitar a amiga. Em pouco tempo todos comentam a sua caridade. Com efeito, Luísa passa a visitá-la, mas sai logo de lá e vai para a cama com Basílio, no quartinho do Paraíso.

Após a conquista, Basílio já não é o mesmo, não apresentando a mesma dedicação e gentileza. Um dia, manda bilhete, dizendo que não pode

---

8. O mesmo que pressa, afobação, urgência.

9. É importante ressaltar aqui o trabalho inteligente do escritor, que evita fornecer todas as explicações através do narrador, mas apresenta diversos elementos por meio da ação, permitindo que o leitor interprete esses dados e conclua. Nesse capítulo, por exemplo, não é difícil o leitor perceber que Juliana já está reunindo as provas de que necessita para vingar-se de tudo que sofreu, de quanto foi explorada. Ela está de bote armado e logo virá o momento em que vai exigir dinheiro pelo seu silêncio.

10. Esse nome (Paraíso) sugere uma ironia à idealização romântica, pois, ao contrário dos cenários comuns às narrativas sentimentais, o lugar é pobre e desagradável. Esse aspecto deplorável é também um índice do grau de canalhice de Basílio, que reserva para si aposentos luxuosos no Hotel Central, critica a pobreza de Portugal, mas não se preocupa em procurar um lugar adequado à sua amante. Mostra também que ele não tem por ela o mínimo respeito, a menor consideração.

11. Léxico tipicamente lusitano que é o mesmo que homem, sujeito, cara, indivíduo.

comparecer e outro dia, falta, sem mesmo a delicadeza do bilhete. Todos os dias as cenas se organizam como os ponteiros de um relógio:

1. Juliana, prestativa, arruma a casa toda de manhã.
2. Luísa sai para seus encontros com Basílio.
3. Juliana aproveita e sai também para passear ou cuidar de seus interesses.
4. Joana, logo que se vê a sós na casa, avisa seu amante, Pedro, que vem correndo e ambos aproveitam a ocasião.

Numa dessas suas saídas, Juliana visita Tia Vitória, mulher que presta à criadagem de Lisboa, todo tipo de serviços, desde escrever cartas, dar conselhos, até emprestar dinheiro.

Capítulo VII

Uma tarde, Luísa vai encontrar-se com Basílio e cruza por acaso com o Ernestinho. Este lhe diz que mudou o final da peça. Agora o marido perdoa a mulher infiel.[12]

Decepcionada com as atitudes frias e cínicas de Basílio, cinco semanas apenas após o início do romance, Luísa passa a compará-lo ao marido. Jorge, ao contrário, nunca mudara. Sempre fora vivo, meigo, delicado. Por isso, no dia seguinte, falta ao encontro no Paraíso. Ele manda uma carta chorosa. Ela vai ao seu encontro no outro dia. Brigam e ela ameaça partir definitivamente. Basílio, muito fingido, teatralmente, joga-se ao chão de joelhos e grita: "*Se me deixares eu morro!*".

Num outro dia, Luísa atrasou-se por ter encontrado o Conselheiro Acácio, tendo o desprazer de encontrar o quarto fechado ao chegar ao Paraíso. Basílio viera, mas não tivera paciência de esperar e partiu. Ela chora, vai até o hotel em que ele se hospeda, mas não o encontra. Furiosa, chega em casa e, ao ver o quarto desarrumado, briga com Juliana e a demite. Isso foi a gota d'água que faltava para fazer Juliana explodir. Tomada de fúria a criada revela que está de posse das comprometedoras cartas de amor. Luísa, não suportando o choque terrível, cai desmaiada.

Capítulo VIII

Joana e Juliana esfregam-lhe vinagre e afrouxam suas roupas. Quando Luísa volta a si, Juliana tinha se retirado para seu quarto. Joana serve o jantar, porque Juliana alega que está doente e não pode se levantar. Luísa deseja que ela morra, porque assim acabariam seus problemas. Pensa em fugir com Basílio para escapar às dificuldades.

Juliana vai à casa da tia Vitória pedir conselho. A mulher manda-a cobrar um conto de réis pela devolução das provas. Ela mesma fará uma cópia da carta de amor para enviar ao Basílio. Enquanto isso, aconselha Juliana a ficar na casa dela, por segurança.

Luísa, como a criada não voltasse, resolveu procurar Basílio e contar-lhe tudo. Assim fez, propondo-lhe a fuga. Ele recusa a proposta e também não

---

12. No enredo das narrativas de Eça tudo é funcional e se entrelaça. Aqui temos o perdão da adúltera do melodrama de Ernestinho aparecendo justamente quando Luísa consuma o adultério. Mais tarde será ela perdoada pelo marido.

aceita falar com a criada. Só admite dar dinheiro: "*Eu dou-te o dinheiro, tu arranja-te*!" Luísa em crise de choro se vai, ferida no seu orgulho, mas sem aceitar o dinheiro.

Quando Basílio conta ao seu amigo Reinaldo o que tinha acontecido, recebe o conselho de que deve aproveitar a ocasião, romper através de uma carta e desaparecer de Portugal. Aceitando parcialmente o conselho, Basílio vai à casa de Luísa, pretexta uma viagem urgente de negócios e se despede, deixando-a sozinha com suas dificuldades. Antes, porém, deixa com ela seu endereço em Paris, para que escreva.

Juliana, que com a partida de Basílio perdeu o homem que deveria dar a sua recompensa, diminui o valor da chantagem e tenta arrancar o dinheiro da própria Luísa. Pede seiscentos mil-réis, deixando Luísa arrasada, pois não sabe como arranjar valor tão alto.

Capítulo IX

Por conselho da tia Vitória, Juliana pede para voltar ao trabalho à espera do retorno de Jorge. Luísa escreve a Basílio, pedindo o dinheiro solicitado pela criada. Enquanto não pode dar nada em dinheiro para Juliana, Luísa oferece algumas roupas. A criada aproveita-se da situação, exigindo as vestes que mais lhe atraem a atenção. A Luísa agrada esse tipo de acordo tácito. Sente que dessa forma poderá ir empurrando o problema para o futuro.

Luísa, uma noite, tem um pesadelo horrível, no qual ela é a protagonista da peça de Ernestinho. Jorge a fere com um punhal, o público aplaude e pede o autor. Ernestinho sobe ao palco, evitando sujar seus sapatos no sangue da prima Luísa.[13] Quando vai morrer, ouve uma voz conhecida. É a voz de Jorge. Sonho e realidade se misturam. Luísa acorda. Jorge entra e abraça-a. Tinha acabado de chegar.

Capítulo X

Jorge tirara a barba e deixara apenas o bigode. Durante o almoço, ele pergunta por Basílio, fazendo com que Luísa se assuste e deixe cair um prato, que se parte. Apesar do acidente, ela consegue dissimular. Finge desinteresse pelo assunto, sentando-se no colo do marido e acariciando-o.

Daí a alguns dias, Juliana volta a fazer exigências: mudança de quarto, esteiras para forrar o soalho, uma cômoda nova, a roupa branca de Luísa, a roupa de sair, etc. Com toda essa pressão, Luísa vai definhando de saúde. Um dia, Juliana que já vinha deixando de fazer o serviço regular, leva Luísa ao desespero. Discutem, e Luísa sai como louca à procura de ajuda. Nada consegue, voltando tarde. A própria Juliana é quem lhe abre a porta, pedindo desculpas e dizendo que estava muito nervosa. Sebastião está de visita e Luísa, para justificar-se, alega que tinha ido à igreja.

13. Mais uma vez a prova da capacidade de um grande criador. A peça de Ernestinho não é um mero acidente no decurso da narrativa, mas mantém com a trama toda uma forte interligação, como se fosse o fio de uma tapeçaria, que se oculta aqui, mas reaparece ali dando forma, em um lugar, a uma rosa e, em outro, a uma ave.

Capítulo XI

Juliana toma mais cuidado para evitar que um escândalo aconteça antes do tempo conveniente, fazendo-a perder a boa situação em que se encontra. A cozinheira Joana conversa com Juliana e critica seus modos, defendendo a patroa, que é, segundo ela, uma santa.

D. Felicidade dá oito moedas para que enfeiticem o Conselheiro Acácio, fazendo-o apaixonar-se por ela. Nem imagina ela que ele vive amasiado com a própria criada.

Certo dia, Joana grita da escada da cozinha: "*Minha senhora! Minha senhora, acuda*!" Luísa e Jorge vão ver e "*Juliana estava estendida no soalho da cozinha desmaiada*!" (p.251) Julião, que estava presente, verifica que não é grave. Essas síncopes, segundo ele, são normais para quem sofre do coração.[14] Jorge quer demiti-la para que não morra em sua casa. Luísa se desespera porque não tem ainda o dinheiro exigido pela chantagista. Por intermédio de Leopoldina, pede ajuda a um tal de Castro, que é rico e está para sair de Lisboa. Parece que tudo vem a calhar, pois o sujeito já gostava de Luísa. Leopoldina arruma um encontro entre ambos na sua casa. Luísa encontra-se com ele, pede o dinheiro a título de empréstimo. Ele diz que fornece o dinheiro logo, mas já vai aproveitando a ocasião: "*Agarrou-a pela cinta, atirou-lhe um beijo voraz, quase lhe mordeu a face.*" (p.250) Luísa, não suportando o nojo, descontrola-se, agarrando instintivamente um chicote que encontra ao acaso e cobre o homem de vergastadas violentas pela cara, pelos braços e pelos ombros.

Leopoldina ri-se da situação humilhante e ridícula em que fica o Castro. Luísa, arrasada, volta para casa sem resolver seu problema.

Capítulo XII

Jorge, certo dia, chega em casa inesperadamente e surpreende Juliana deitada, toda folgada, lendo o jornal, enquanto Luísa faz o serviço dela. Esta tenta justificar a situação com a doença da criada. Apesar disso, Jorge exaspera-se, só se acalmando com as lágrimas da esposa.

Juliana sente-se pior de saúde, mas apesar disso volta a cuidar da casa com mais cuidado e atenção, pois teme que Jorge a ponha fora de casa. Ela não tem para onde ir, podendo ser obrigada a recolher-se a um hospital.

Por causa de tudo que aconteceu, paira agora entre Jorge e Luísa um clima difícil, com o marido fazendo constantes ironias e críticas ferinas. Por fim, num dia em que Juliana está fora no momento de servir o almoço, Jorge se desespera e, quando ela chega, ordena-lhe furioso que deixe sua casa imediatamente. Temendo a revelação da criada, Luísa vai procurá-la para conversar. Discutem e Juliana, indignada, chama a patroa de "puta" na frente da cozinheira. Joana, num segundo, acerta-lhe inesperado e violento soco no queixo, prostrando-a no chão. Juliana exige a demissão de Joana, ou, caso contrário, contará tudo ao patrão.

Luísa, que vem sofrendo essa tensão há meses, descontrola-se e diz a ela que pode fazer o que quiser. Sai, mas se arrepende depois e volta, pedindo que

14. Mais um sinal determinista que prepara a cena em que a personagem Juliana tem seu fim.

Juliana reconsidere. Esta se mostra inflexível. Luísa, então, implora à cozinheira que se vá, dando-lhe duas libras de suas economias.

Depois disso, muito abalada com tudo, Luísa procura Sebastião e confessa-lhe toda sua desventura. Ele, como já tinha demonstrado até agora, foi humano, amigo e compreensivo, prometendo toda ajuda possível.[15]

Capítulo XIII

Jorge, Luísa e D. Felicidade vão ao teatro para assistir a uma representação de *Fausto* (isso faz parte do plano de Sebastião para colocar um fim na chantagem de Juliana). Quando cantam um trecho de canção que Basílio tinha interpretado em sua casa, Luísa angustia-se com o que possa estar acontecendo em sua casa àquela hora. Naquele exato momento, dando continuidade a seu plano, Sebastião já tinha chegado lá com um policial aposentado. Ambos pressionam Juliana com ameaça de prisão, caso ela não devolva as cartas. Juliana obedece, mas ao efetuar a devolução, num assomo de ódio, cospe na cara de Sebastião. Repentinamente, falta-lhe o coração e cai morta "*como um fardo de roupa*". (p.288) Sebastião procura por Julião que, ao chegar, examina o corpo e confirma: "*Está morta.*" Quando todos voltam do teatro, são fulminados com a notícia. D. Felicidade e Luísa recusam-se a entrar na casa. Por isso, vão todos para a casa de Sebastião, onde dormem, e ficam até o corpo ser enterrado.

Capítulo XIV

Com todas essas tensões, agrava-se o problema de saúde de Luísa, que chega a ficar febril. Dois dias depois, tem uma melhora e volta para sua casa. Sebastião consegue-lhes uma nova criada: Mariana. Luísa volta a sentir-se mal, piora a ponto de não conseguir sair da cama. Chegam cartas e uma delas é a resposta de Basílio. Jorge acha estranho que a esposa receba carta da França.

"*Ao meter a mão no bolso, então, os seus dedos encontraram uma carta; era a que o carteiro lhe dera, de manhã, para Luísa. Tornou a examiná-la com curiosidade; o sobrescrito era banal, como os que há nos cafés ou nos restaurantes; não conhecia a letra; era de homem; vinha da França... Atravessou um desejo rápido de a abrir. Mas conteve-se; atirou-a para cima da mesa; embrulhou devagar um cigarro.*

Voltou à alcova. Luísa permanecia na sua ***modorra***[16] *; a manga do chambre arregaçada descobria o braço mimoso, com a sua penugem loura; a face escarlate reluzia; as pestanas longas pousavam pesadamente, no adormecimento das pálpebras finas; um anel do cabelo caíra-lhe sobre a testa, e pareceu a Jorge adorável e tocante com aquela cor, a expressão da febre. Pensou, sem saber por quê, que outros a deveriam achar linda, desejá-la, dizer-lho, se pudessem... Para que lhe escreviam da França? Quem?*

Voltou ao escritório, mas aquela carta sobre a mesa irritava-o; quis ler um livro; atirou-o logo impaciente; e pôs-se a passear, torcendo muito nervoso o forro das algibeiras.

---

15. Vemos em Sebastião a única figura humana, íntegra, de bom coração, embora um tanto rude e antiqüado.
16. Preguiça.

Agarrou então a carta, quis ver, através do papel delgado do envelope; os seus dedos, mesmo irresistivelmente, começaram a rasgar um ângulo do sobrescrito. Ah! Não era delicado aquilo!... Mas a curiosidade, que governava o seu cérebro, sugeriu-lhe toda a sorte de raciocínios, com uma tentação persuasiva: - Ela estava doente, e podia ser alguma cousa urgente; se fosse uma herança? Depois ela não tinha segredos, e então em França! Os seus escrúpulos eram pueris! Dir-lhe-ia que a abrira por engano." [17] (p.299/300)

Acaba lendo a carta:

"*Seria longo explicar-te, como só anteontem em Nice - de onde cheguei esta madrugada a Paris - recebi a tua carta, que pelos carimbos vejo que percorreu toda a Europa atrás de mim. Como já lá vão dous meses e meio que a escreveste, imagino que te arranjaste com a mulher, e que não precisas de dinheiro. De resto se por acaso o queres, manda um telegrama e tens-lo aí em dous dias. Vejo pela tua carta que não acreditaste nunca que a minha partida fosse motivada por negócios. És bem injusta. A minha partida não te devia ter tirado, como tu dizes, todas as ilusões sobre o amor, porque foi realmente quando saí de Lisboa que percebi quanto te amava, e não há dia, acredita, em que não lembre do Paraíso. Que boas manhãs! Passaste por lá por acaso alguma outra vez? Lembras-te do nosso lanche? Não tenho tempo para mais. Talvez em breve volte a Lisboa. Espero ver-te, porque sem ti Lisboa é para mim um desterro.*[18]

"*Um longo beijo do*

"*Teu do C.*

"*Basílio.*" (p.300)

Jorge compreende tudo agora. Liga todos os fatos: as informações de amigos que viram a mulher no Paraíso, a obediência dela aos caprichos da criada Juliana e muitas outras coisas que para ele, até então, não faziam sentido. Desespera-se, mas fica imobilizado pela doença da mulher e pelos conselhos do médico Julião. Este recomendou que ele deveria evitar qualquer emoção mais forte que pudesse comprometer o estado de saúde de Luísa.

---

17 Aqui encontramos uma das características da estética realista, a análise psicológica. Em vez de prender-se às peripécias exteriores, os escritores realistas, como Eça e Machado, vasculham a alma humana, procurando desvendá-la aos olhos do leitor. Vejam as desculpas que Jorge fica se dando para aplacar a sua consciência. O ciúme está presente, mas não explicitado pelo narrador e sim nos confusos pensamentos da personagem, colocados através do discurso indireto livre: "...era de homem", "Para que escreviam da França? Quem?", "Ah! Não era delicado aquilo!..."

18 Basílio continua insistindo na mentira que nada lhe custa. Escrever umas poucas bobagens melosas não lhe faz sacrificar mais do que alguns minutos. Entretanto, ações efetivas ele não realiza. Não manda o dinheiro, nem vai a Portugal. A carta contém a revelação da verdade, ou seja, ele só quer o prazer de desfrutar a prima, para usar as palavras de Julião, mas não pretende fazer qualquer sacrifício para isso.

Capítulo XV

Luísa apresenta uma certa melhora e acha Jorge muito taciturno. Insiste muito com ele para que lhe diga o que está acontecendo. Não resistindo mais, ele lhe mostra a carta. Luísa lê, dá um grito rouco, cai sobre os joelhos e fica estirada imóvel sobre o tapete. Chamam o médico. Cuidam dela. Quando recupera os sentidos, Jorge, arrependido, pede perdão e diz que não vai mais tocar no assunto.

Luísa agita-se no leito, apertando as mãos na cabeça, torturada pela dor crescente, cheia de sede. Seus olhos "*dilatados tinham um luzir metálico*". Julião tenta todos os recursos da medicina daquela época. Nada adianta. Num último recurso, corta-lhe os cabelos, apesar dos protestos de Jorge, que tem muito amor por eles. Jorge resolve mudar de médico e chama o doutor Caminha que já cuidara dela quando tivera pneumonia. Nem ele, porém, consegue qualquer melhora.

A sós com a esposa, Jorge chega a invocar Deus, suplicando-lhe pateticamente que salve sua esposa. Luísa morre. Jorge abre os braços, desalentado, e cai no chão. Todos acodem e o levam para a **chaise-longue**[19] .

Capítulo XVI

"*Depois do enterro de Luísa, Jorge despediu as criadas, foi para a casa de Sebastião.*" (p.319) O Conselheiro Acácio escreve um necrológio para Luísa e mostra-o a Julião. Este conta que D. Felicidade entrara para um convento, porque descobrira afinal uma coisa grave. Quando Acácio pergunta "o quê", ele explica ironicamente: "*Que o Conselheiro tem duas travesseirinhas na cama, tendo só uma cabeça*". O Conselheiro viu o amigo afastar-se e "*acariciou o bigode, com satisfação*". (p.322)

Ao chegar em casa, Acácio vai passar a limpo o necrológio, demorando para ir se deitar. Sua criada, Adelaide, o interpela: "- *Então, hoje, não se faz nenê?*"

Basílio volta um dia a Lisboa, vai à casa de Luísa e fica sabendo, pelo vizinho, do falecimento da prima. Lamenta-se com seu amigo Reinaldo. Os dois comentam com um certo desdém sobre Luísa: "... *a verdade é que não era uma amante chic; andava em tipóias de praça; usava meias de tear; casara com um reles indivíduo de secretaria; vivia numa casinhola; não possuía relações decentes; jogava naturalmente o quino, e andava por casa de sapatos de ourelo; não tinha espírito, não tinha toilette... que diabo! Era um trambolho!* " (p.327)

Por fim, Reinaldo diz:

"- *De modo que estás sem mulher...*

Basílio teve um sorriso resignado. E, depois de um silêncio, dando um forte raspão no chão com a bengala:

- *Que ferro! Podia ter trazido a Alphonsine!*[20]

E foram tomar xerez à Taverna Inglesa." (p.328)

---

19. Espécie de cadeira de repouso.
20. Torna-se bem declarado agora o comportamento donjuanesco de Basílio. Mostra-se sem sentimento, confirmando apenas um interesse pela aventura e pelo gozo ocasional. Para aproveitar o tempo.

V - SÍNTESE DO ENREDO

O engenheiro Jorge está casado com a loira Luísa há três anos. Levam uma vida agradavelmente medíocre e sem desassossegos. Têm duas criadas: uma cozinheira, Joana; e uma criada de dentro, Juliana. Esta cuida das roupas, dos quartos e põe a mesa. Vive ressentida com a vida, nutrindo grande ódio pelas patroas.

O marido parte a serviço para o Alentejo, deixando a mulher entregue a um grande tédio, que é quebrado pela visita do primo Basílio. Este já tinha sido namorado de Luísa e partira para tentar a sorte. Ficara rico e metido. Agora volta e procura seduzir a prima.

Juliana, pressentindo o envolvimento dos dois, fica atenta, até que consegue provas comprometedoras e passa a fazer chantagem com a patroa. Basílio, covardemente, inventa compromissos urgentes e parte.

Jorge volta e encontra a mulher muito mudada. É que ela está nervosa porque não sabe o que fazer para conseguir o dinheiro para pagar a chantagem. A tensão aumenta a ponto dela suplicar a ajuda de Sebastião, que procura atemorizar Juliana com a presença de um policial. Ameaçada de prisão, a criada devolve as cartas, sofrendo nesse momento uma parada cardíaca que lhe tira a vida.

Abalada com tudo, Luísa adoece gravemente e, durante sua inconsciência, o marido abre uma carta vinda de Paris para ela. Era de Basílio e falava dos encontros no Paraíso. Jorge sofre muito, mas procura conter-se, pois o médico lhe dissera que Luísa não podia ser contrariada. Quando Luísa melhora, insiste com o marido para que lhe diga por que anda tão aborrecido. Ele mostra-lhe a carta, provocando uma nova crise, da qual ela não consegue recuperar-se. Após sua morte, Basílio reaparece em Lisboa e fica sabendo pelo vizinho do que aconteceu. Não demonstra qualquer tipo de abalo. Apenas se queixa ao amigo Reinaldo que, não esperando por isso, não tivera o cuidado de trazer de Paris nenhuma amante para fazer-lhe companhia.

VI - ESTRUTURA DA OBRA

a) Foco Narrativo: O foco narrativo é de terceira pessoa, revelando um narrador onisciente como se fosse uma câmera capaz de registrar os lados mais inesperados das personagens. No entanto, não é uma câmera isenta de maldade, pelo contrário, ela está na mão de um operador malicioso, irônico, crítico, que opera com lentes e focos especiais, capazes de ressaltar defeitos e vícios de pessoas vazias e superficiais.

b) Tempo: É empregado o tempo cronológico, numa seqüência praticamente linear, quebrada algumas vezes, como quando Luísa recorda seu passado, desde o namoro com Basílio até o casamento com Jorge, ou quando o narrador revela o passado de Juliana, para que possamos entender sua revolta.

c) Espaço: A ação se concentra em Lisboa, principalmente na vida doméstica, mostrando minuciosamente o interior da casa de uma família pequeno-burguesa. Tanto que o subtítulo do romance é "Episódio Doméstico".

d) Personagens:

- **Jorge**: Engenheiro de minas do Ministério das Obras Públicas. É um sujeito bonito, de barba curta e fina, muito frisada. Veste-se com apuro. Tipo ordeiro, pouco sentimental, não freqüentava botequins, nem fazia noitadas, mesmo quando estudante solteiro.
- **Luísa**: Loira, de olhos castanhos. Mulher de vida vazia e fútil, embora até a chegada de Basílio não tivesse qualquer mancha de que se arrepender. Vive presa à sua casa e às suas leituras românticas. Mantém amizade com uma mulher leviana e de vida desregrada (Leopoldina).
- **Basílio**: Primo e ex-namorado de Luísa. Sujeito pedante, metido, cínico, aventureiro e conquistador. Tem o cabelo preto, anelado, com alguns fios brancos. Usa um bigode pequeno que lhe dá um ar orgulhoso e intrépido. Canta muito bem.
- **Sebastião**: Amigo íntimo de Jorge. Boa pessoa, única figura decente de toda a fauna hipócrita e vazia que freqüenta a casa de Jorge. Do ponto de vista de pessoas modernas, ele é um tanto antiquado, acanhado e conservador.
- **Julião**: Parente afastado de Jorge. É daquele tipo que fala mal de tudo, critica o governo e o sistema, queixa-se da injustiça do mundo, mas basta que lhe dêem um cargo público e tudo muda de figura. Fica amigo da ordem. É o que ele mesmo diz, quando sua situação melhora.
- **Acácio**: O Conselheiro é o que se costuma chamar "sepulcro caiado de branco", pois tem toda uma aparência de seriedade, moralidade excessiva, mas dorme com a empregada. O que não pode acontecer é que os outros saibam. O importante é cuidar da aparência. Ele jamais diria vomitar, empregaria o termo restituir e faria um gesto com a mão para indicar o sentido que quer dar à palavra. Sempre formal, adora citações e frases feitas.
- **Ernestinho Ledesma**: O sobrenome já tem um certo ar ridículo, fazendo-nos pensar em lesma, ou algo pegajoso. É primo de Jorge. Tem um ar anacronicamente romântico, miúdo e pálido. Escreve de acordo com os interesses do público. Não tem vontade nem estilo próprios. Sua peça Honra e Paixão é um dramalhão romântico.
- **Juliana**: É a personagem mais complexa e elaborada a ponto de merecer elogios do escritor e crítico Machado de Assis. Ao contrário de todos os outros personagens que são tipos, Juliana impressiona pela sua vida interior. É uma mulher magra, feia, solteirona, virgem. Serve como criada há duas dezenas de anos e se desespera ao perceber que não consegue sair dessa condição. Sonha mudar de posição e sofre toda vez que vê seus sonhos frustrados. Quando isso acontece, fica azeda e seu ódio aumenta. A sua revolta, assim como a de Julião, não inclui o sentimento de solidariedade de classe , mas apenas o desejo individual e egoísta de resolver o seu problema econômico e mudar de classe social. As pessoas apelidavam-na de "tripa velha", "isca seca" e "fava torrada".

VII - ESTILO DE ÉPOCA E ESTILO INDIVIDUAL

O estilo denominado Realismo surgiu na França, primeiro na pintura de Gustave Courbet, depois na literatura com o romance Madame Bovary de Gustave Flaubert. Sua variante, o Naturalismo, despontou pouco depois no mesmo país por obra de Émile Zola. Ambas as estéticas lutaram por uma retratação do mundo que não fosse fantasiosa como a romântica, procurando, ao contrário, a objetividade, a visão e interpretação racionais do mundo, como se o escritor fosse um cientista.

Eça recebe influências diversas de ambas as correntes, combinando-as de tal forma que não é conveniente classificá-lo somente como realista ou como naturalista. O melhor é referir-se a ele como um realista-naturalista, que introduziu em seu país a prosa dessa corrente, em 1875, quando publicou *O Crime do Padre Amaro*. Eça já escrevia desde 1866, mas esses trabalhos iniciais não têm as características realistas nem a qualidade que Eça passa a demonstrar a partir de 1875. Dessa primeira fase faz parte o romance *Mistério da Estrada de Sintra*, feito de parceria com Ramalho Ortigão.

A segunda fase, marcada pelo Realismo-Naturalismo, inicia-se com o *Crime do Padre Amaro*, apresentando já uma forte visão crítica, denunciando o provincianismo e atacando o celibato clerical. Esse olhar crítico dirige-se para a capital em *O Primo Basílio* e focaliza a medíocre burguesia na figura do casal Jorge e Luísa, sem deixar de fazer uma caricatura da sociedade vazia que freqüenta sua casa. O detalhismo minucioso com que apresenta aspectos cotidianos e atos sem heroísmo é próprio da estética realista, assim como a crítica à burguesia. Da influência do Naturalismo de Zola, podemos ver refletida nos romances de Eça a temática da sexualidade, notadamente no relacionamento do Padre Amaro com Amélia e na atração mórbida de D. Felicidade pelo Conselheiro Acácio. Pertencem ainda a essa fase polêmica de crítica agressiva os romances *Os Maias* (crítica à aristocracia) e *A Relíquia* (crítica ao beatismo).

A terceira fase é marcada por uma visão de mundo menos pessimista, menos agressiva, menos demolidora, revelando um culto dos valores da alma e do espírito. Ainda podemos encontrar a ironia e a crítica, mas não é impossível que se notem também um pouco de esperança e presença de fatos ou feitos positivos. Exemplo disso são os romances *A Ilustre Casa de Ramires*, onde há a valentia de Tructesindo, a recuperação de Gonçalo e a esperança de dias melhores para Portugal; e *A Cidade e as Serras*, onde o leitor pode ver no campo o ambiente saudável para curar os males provocados pela vida urbana moderna e sofisticada.

Principais traços estilísticos:

- ironia ferina;
- prosa admirável pela flexibilidade, graça e leveza irônica;
- visão pessimista da sociedade portuguesa;
- visão crítica mordaz e demolidora contra seus contemporâneos e contra as instituições portuguesas de seu tempo;

- capacidade de captar e denunciar de modo caricatural as fraquezas da burguesia, aumentando-lhe a cretinice e o ridículo;
- linguagem dotada de naturalidade e fluência, antideclamatória, próxima da oralidade;
- elevada capacidade descritiva dos elementos banais do cotidiano: vestuário, hábitos, mobiliário, etc.;
- uso constante de estrangeirismos, tais como: "estirado na velha *voltaire*", "Sentou-se na *causeuse*", "Era por causa da *adresse* da francesa", "*pâté de foie gras*", "*foulard*" e "*chambre*". Há um predomínio de galicismo, ou seja, palavras importadas da cultura francesa, revelando a forte influência que Portugal recebia desse país.

VIII - PROBLEMÁTICA E PRINCIPAIS TEMAS

Com *O Primo Basílio*, Eça examina os males desagregadores da sociedade urbana lusitana. O narrador onisciente intromete-se nos lares e na vida da burguesia lisboeta, revelando como falsa a aparência de solidez e de felicidade. Com seu olhar inquisidor e corrosivo, revela-nos uma existência superficial, já minada por diversos sinais de uma deterioração moral. O matrimônio de Jorge e Luísa foi um mero acidente ocasional, possível graças à disponibilidade de uma jovem tonta e imaginativa, repleta de fantasias e sonhos, resultado de suas leituras românticas. Facilitou mais ainda essa união o fato de ter sido abandonada pelo primo-namorado, que partira em busca de fortuna.

É essa mesma disponibilidade que faz com que essa mulher vazia e fútil deixe-se seduzir pelo primo que a vem visitar durante a viagem do marido. Assim, Luísa torna-se uma presa fácil da armadilha fria e cínica do Don Juan Basílio, sendo levada ao adultério, que é o tema central da obra.

O romance destaca alguns temas ligados a essa crítica à burguesia lisboeta, tais como:

a) o declínio moral;
b) a ociosidade;
c) a futilidade e superficialidade no relacionamento social;
d) o culto da aparência e da convenção;
e) o desejo de aventura para disfarçar o tédio;
f) a sexualidade.

BIBLIOGRAFIA CONSULTADA

Queirós, Eça de - *O Primo Basílio*, SP, 1973, 2a edição, Ed. Brasiliense.

O MULATO e O CORTIÇO
de
Aluísio Azevedo

I - BIOGRAFIA

Aluísio Tancredo Gonçalves de Azevedo nasceu em São Luís, capital do Maranhão, em 1857. Estudou irregularmente, enquanto trabalhava no comércio e, simultaneamente, praticava a pintura, tendo estudado na Academia Imperial de Belas-Artes do Rio de Janeiro aos dezessete anos. Muitas são as produções deixadas por ele no campo da pintura e do desenho. Conseguiu, em 1857, relativa projeção com algumas de suas caricaturas publicadas no *Fígaro*.[1] Nessa mesma ocasião, deixou o Rio e voltou para sua terra natal para tratar dos negócios de seu pai, que acabara de falecer. Passa a escrever para o pequeno jornal humorístico *A Flecha*, utilizando o pseudônimo Pitibri.

Na literatura, iniciou-se em 1880, com o romance *Uma lágrima de mulher,* de tendência romântica. No mesmo ano, com alguns amigos, escreveu um jornal anticlerical, *O Pensador*, e fundou *Pacotilha*, o primeiro diário de São Luís.

Em 1881, publicou *O Mulato*, que provocou grande escândalo e proporcionou-lhe o dinheiro suficiente para retornar ao Rio de Janeiro, onde escreveu folhetins e peças de teatro com seu irmão, Artur Azevedo[2]. De 1882 a 1895 viveu do trabalho de escrever, mas como disse Valentim Magalhães, em Lisboa, em 1896, "*Aluísio Azevedo é no Brasil talvez o único escritor que ganha o pão exclusivamente à custa da sua pena, mas note-se que apenas ganha o pão: as letras no Brasil ainda não dão para a manteiga - como aqui também, creio eu*[3]".

Em dezesseis anos de atividade intensa, o escritor maranhense produziu onze romances, dez peças de teatro, um volume de contos e diversas colaborações na imprensa tanto como caricaturista quanto como jornalista. Sua carreira de homem

---

1. A ilustração acima é um desenho do próprio Aluísio, fazendo uma caricatura de si próprio, tendo pela mão uma figura que representa o *Fígaro*.
2. Uma dessas peças, *Casa de Orates* está em cartaz no teatro Aliança Francesa de São Paulo, tendo sido encenada pelo grupo TAPA, no momento em que estamos redigindo este trabalho.
3. in **Menezes**, Raimundo de - *Aluísio Azevedo, uma vida de romance*, SP, 1958, Liv.Martins Ed., p.29.

de letras é interrompida bruscamente com o seu ingresso na carreira diplomática. Comenta Raimundo de Menezes que ele perde o estímulo e "*toma-se de alérgica ojeriza pelas belas letras*".

Em 1895, tendo ingressado na carreira consular, prestou serviços em vários países: Espanha, Japão, Inglaterra e Argentina, tendo falecido em Buenos Aires em 1913, aos cinqüenta e seis anos de idade.

II - BIBLIOGRAFIA

Romances: *Uma lágrima de mulher*, 1879; *O mulato*, 1881; *Memórias de um condenado* (*A condessa Vésper*), 1882; *Mistério da Tijuca* (*Girândola de amores*), 1882; *Casa de pensão*, 1884; *Filomena Borges*, 1884; *O coruja*, 1885; *O homem*, 1887; *O esqueleto*, 1890; *O cortiço*, 1890; *A mortalha de Alzira*, 1894; *Livro de uma sogra*, 1895; *O touro negro* (ed. póstuma), 1954.

Contos: *Demônios*, 1893; *Pegadas* , 1897.

Teatro: *A flor de lis*, 1882; *Casa de Orates*, 1882; *Fritzmac*, 1889.

III - ESTILO DE ÉPOCA E ESTILO INDIVIDUAL

Entre as mais típicas características do Realismo-Naturalismo devemos mencionar a não idealização das personagens. Agora, podemos encontrar em uma narrativa personagens vulgares, com imperfeições que estamos habituados a ver nas pessoas que nos rodeiam. Por isso, não é de estranhar o comportamento de Ana Rosa, que em vez de morrer de paixão ao perder o amado, casa-se com o asqueroso Dias e adapta-se à vida burguesa, dedicada aos deveres para com o marido e para com a sociedade.

O materialismo e o anticlericalismo são comuns na maioria dos escritores da linha realista e da tendência naturalista e um exemplo disso é o retrato um tanto convencional e estereotipado do cônego Diogo.

A temática é sempre contemporânea, evitando-se o medievalismo, o passado histórico. O Naturalismo ainda valoriza as peripécias, a ação exterior, ao invés do escritor realista, que desenvolve uma maior preocupação com a ação interior, com a análise psicológica.

Racionalismo e visão crítica são posturas fundamentais para todo artista que pretenda ser realista. A obra de arte deve ser uma arma de combate. O artista deve ser engajado. Em *O mulato*, Aluísio vale-se de sua pena para denunciar o preconceito racial, a visão tacanha dos provincianos e a lubricidade dos padres, revelando mais influência do romancista português Eça de Queirós.

Comenta João Pacheco que Aluísio deixa de lado a meiguice romântica que a tudo atribui sentimentalidade e brandura para assumir uma dramaticidade bruta, descobrindo a face rude dos homens, arrastados pelas paixões vis e dominados pela força da sensualidade.[4]

Tendo escrito muitas vezes para publicações iniciais em "folhetins", o romancista maranhense fez concessões ao seu heterogêneo público. Além disso, muitas vezes escrevia premido pela pressa, sendo levado à improvisação, o que explica a desigualdade de sua obra e um certo desequilíbrio de posição, mostrando-se ora romântico, ora naturalista. Um exemplo disso é Ana Rosa que tanto pode ser levada pela exaltação romântica, quanto pela sensualidade naturalista. Outro exemplo é a

---

4. **Pacheco**, João - *A Literatura Brasileira, vol. III - O Realismo* , SP, MCMLXXI, Ed. Cultrix, p.134.

descrição do mulato Raimundo, apresentado de modo agradável, ao contrário do retrato do caixeiro Dias, que ressalta seus traços mais repugnantes.

O Naturalismo, assim como o Realismo, busca a objetividade e o racionalismo, mas acrescenta-lhe o cientificismo e o determinismo de H. Taine, que coloca o homem e suas ações como o resultado combinado de três fatores: a raça ou hereditariedade, o meio e o momento histórico.

Na escolha de personagens, não só emprega figuras vulgares, mas tem preferência por aquelas oriundas das mais baixas camadas sociais, animalizadas: "*E naquela terra encharcada e fumegante, naquela umidade quente e lodosa, começou a minhocar, a esfervilhar, a crescer, um mundo, uma coisa viva, uma geração, que parecia brotar espontânea, ali mesmo, daquele lameiro, e multiplicar-se como larvas no esterco.*" (*O cortiço*, p.26). É comum, no Naturalismo, o zoomorfismo, isto é, o nivelamento ou a comparação do homem com animal. Ao contrário da estética romântica que privilegia o amor fiel e indestrutível, o Realismo prefere a temática do adultério, enquanto o Naturalismo não apenas vale-se do adultério, mas principalmente aborda taras sexuais, traições aviltantes e degradantes. Em lugar da psicologia realista, o Naturalismo preocupa-se mais com a fisiologia. Quanto à ação, o Naturalismo ainda prefere mais a exterior do que a interior, aproximando-se, pelo menos nisso, do Romantismo. Suas descrições, no entanto, revelam uma preferência não pelo que é belo, grandioso ou heróico, mas pelo que é feio, desagradável, repugnante, nauseabundo. Exemplo disso é o destaque para comida azeda, vômito, odores da transpiração, hálito de aguardente ou de fumo.

IV - ENREDO DO ROMANCE *O MULATO*

O MULATO

"*Era um dia abafadiço e aborrecido. A pobre cidade de São Luís do Maranhão parecia entorpecida pelo calor.*" A Praça da Alegria apresentava um ar fúnebre. De um dos lados da praça "*uma preta velha, vergada por imenso tabuleiro de madeira, sujo, seboso, cheio de sangue e coberto por uma nuvem de moscas*[5]*, apregoava em tom muito arrastado e melancólico*: "*Fígado, rins e coração!*" *Era uma vendedeira de* ***fatos***[6] *de boi. As crianças nuas, com as perninhas tortas pelo costume de cavalgar as ilhargas maternas, as cabeças avermelhadas pelo sol, a pele crestada, os ventrezinhos amarelentos e crescidos, corriam e guinchavam, empinando papagaios de papel.*"

A Praia Grande e a Rua da Estrela contrastavam com o resto da cidade, porque era aquela hora justamente a de maior movimento comercial.

A varanda do sobrado de Manuel Pescada tinha um aspecto mais ou menos pitoresco com a sua bela vista sobre o rio Bacanga e as suas rótulas pintadas de verde-paris. Após o almoço, Pescada diz à filha, Ana Rosa, que deseja vê-la casada, mas pretende que seu candidato seja também do gosto dela.

5. Ao contrário do Romantismo que se comprazia na descrição do que era bonito e grandioso, os escritores naturalistas preferem o feio, o desagradável, o repugnante.
6. Intestinos de animal.

O narrador faz um retrato e uma retrospectiva de Manuel Pescada. De nome Manuel Pedro da Silva, português, mais conhecido pelo apelido, era um tipo vermelho, forte, trabalhador, atilado para o comércio e amigo do Brasil. Fora casado com uma senhora de Alcântara, de nome Mariana, que já faleceu. Pescada, após enviuvar, para não ficar só com a filha, convidou a sogra, D. Maria Bárbara a ir morar com ele e mais a neta. A velha aceitou e foi alojar-se em casa do genro, levando um batalhão de moleques, suas crias. Logo o homem se arrependeu, pois a sogra saíra-lhe "*má dona-de-casa*". Era uma fúria, batendo nos escravos ou por hábito ou por gosto, gritando o dia inteiro, a ponto de incomodar a vizinhança. Quando não gritava, suspirava pelo falecido marido, João Hipólito, que chegou a fazer alguma posição oficial na secretaria do governo da província. Morreu com o posto de coronel. Maria Bárbara tinha grande admiração pelos portugueses, por isso ficou contente quando Pescada pediu a mão de sua filha Mariana. Esta revelou-se uma companheira fiel, vivendo só para a filha. Pescada nunca a compreendeu. Ela, aos quinze anos, dera seu coração ao agitador José Cândido de Morais e Silva, conhecido como "*Farol*", um dos líderes do movimento nacionalista revolucionário, conhecido como "Setembrada". Quando seu herói sucumbiu, foragido, cheio de miséria, a pobre senhora foi enfraquecendo até morrer poucos anos depois do seu amado. A filha, Ana Rosa, aprendeu com a mãe a respeitar a memória do revolucionário. Ouviu também da mãe o conselho de que não se casasse à força, sem amor. Com a morte da mãe, Ana Rosa cresceu entre os desvelos insuficientes do pai e o mau gênio da avó. Era uma jovem prendada, sabia a gramática de cor, rudimentos de francês, tocava modinhas, conhecia trabalhos de agulha, bordava bem e "*dispunha de uma gargantazinha de contralto que fazia gosto ouvir* ". Era bonita de formas, tinha olhos pretos e cabelos castanhos. Adorava passarinhos e era um bocado supersticiosa. Aos doze anos namorara um estudante do Liceu, mais tarde um oficial de marinha e depois um empregado de comércio. Namoros infantis. Na adolescência passou a idealizar um marido forte, corajoso, bonito, capaz de matar-se por ela, e já sonhava umas criancinhas loiras, ternas, dizendo "*mamã!*" Passaram-se os meses, mas nada aconteceu e ela principiou a emagrecer. O pai chamou o médico, que receitou banhos de mar na Ponta-d'areia. Em três meses ficou mais forte e chegou a engordar. Foi nesse tempo que conheceu a viúva precoce D. Eufrasinha, que lhe deu lições sobre a relação com os homens: "*disse-lhe como a mulher esperta devia lidar com eles; quais eram as manhas e os fracos dos maridos ou dos namorados; quais eram os tipos preferíveis; o que significava ter "olhos mortos, beiços grossos, nariz comprido*"." (p.24) Ao voltarem para São Luís, continuaram a amizade e as visitas tornaram-se repetidas.

O narrador introduz o caixeiro Dias. "*Havia, empregado no armazém do pai de Ana Rosa, uma rapaz português de nome Luís Dias*", sujeito ativo, econômico, discreto, trabalhador, letra bonita. Além do salário, tinha casa, comida, roupa lavada e engomada. Vários negociantes tentaram tomá-lo a seu serviço, mas nada conseguiram. Tal resistência fez supor que era certo seu casamento com Ana Rosa. A verdade é que o Pescada "*queria-o para genro e para sócio*", mas a filha não o suportava, nem podia ver "*aquele cabelo à escovinha, aquele cavanhaque sem bigode, aqueles dentes sujos, aquela economia torpe*". A moça deu uma gargalhada de desdém, quando o pai mencionou pela primeira vez no seu possível casamento com o Dias. Por isso, Pescada lamentou o fato ao seu velho amigo e íntimo da casa, o cônego Diogo, que sentenciou em latim: "*Optima saepe despecta*", isto é, freqüentemente as coisas ótimas são desprezadas. Enquanto isso, Dias esperava calado e resignado, sem erguer os olhos.

Capítulo II

Retorna o narrador ao momento em que Pescada voltara a tratar com a filha do provável casamento com o Dias, três meses depois da estada na Ponta-d'areia. A menina disse um "*pode ser*" despido de qualquer entusiasmo. Nisso, a conversa foi interrompida pela entrada do cônego Diogo, bonito velho de sessenta anos, forte e conservado, olhar vivo e corpo teso, revestido de uma brandura santarrona. Vestia-se com esmero, usava meias e colarinhos importados da Europa, tinha dentes limpos chumbados a ouro, mãos brancas e cabelos alvos. O cônego era confidente e conselheiro de Pescada.

Manuel Pescada levou Diogo para seu escritório e, mal entraram, o cônego disse que estava para chegar do Rio o Dr. Raimundo José da Silva, sobrinho bastardo de Pescada. O rapaz vem formado em Direito com distinção e bonitas notas, tendo feito boa figura tanto em Portugal, como na Alemanha e na Suíça e na corte do Rio de Janeiro. Segundo as informações constantes de uma carta recebida pelo cônego, o Raimundo pretende liqüidar alguns negócios no Maranhão e voltar para o Rio, onde pretende abrir uma empresa. O sacerdote deixa claro que não vê com bons olhos a presença de Raimundo, assim como demonstra seu forte preconceito racial. Pescada fica indeciso se hospeda ou não o parente. O cônego aconselha-o a fazer isso. Nisto, ouviram-se bater embaixo as portas do armazém. Eram os caixeiros que subiam para jantar. Entrou primeiro o Bento Cordeiro, português dos seus trinta e tantos anos, arruivado, feio, de bigode, barba e cavanhaque. Depois veio o Gustavo de Vila-Rica, simpático e bonito rapaz de dezesseis anos, também português, sempre de bom humor. Em seguida, um menino de dez anos de idade, olhos espantados. Era o Manuelzinho, chegado há uns seis meses de Portugal. Ana Rosa o parou, brincou com ele, e, vendo-lhe as unhas grandes e sujas, pegou uma tesourinha e começou a tratar de suas unhas, perguntando-lhe carinhosamente por sua terra e por sua mãe. O pequeno teve calafrios com aquela meiguice a que não estava acostumado e encheu os olhos de lágrimas. O Dias passava pelo fundo da varanda, como um gato, e ficou com grande raiva, só pelo fato de ver a filha do patrão acarinhando o outro. Por isso, logo que o menino sai dali, Dias o procura e o adverte para não se aproximar de Anica, ameaçando contar tudo ao patrão. O menino sente que cometeu alguma falta, mas alegra-se de não estar tão desamparado.

Ana Rosa vai com o pai a uma animada reunião noturna na casa do Freitas, onde houve violão, cantoria e muita dança. Depois de uma valsa, a moça teve um ataque de nervos e o médico, que a examinou, aconselhou o pai a casá-la logo. Daí a dias, o cônego apareceu cedo e chamou Pescada para irem ao porto, pois chegava o navio Cruzeiro, que traria Raimundo.

Capítulo III

Pouco depois um moço de boa aparência passava acompanhado pelo cônego Diogo e por Manuel, despertando olhares curiosos e comentários. Manuel apresentou o sobrinho a vários grupos.

Raimundo tinha vinte e seis anos e era um tipo bem acabado de brasileiro, se não fossem seus grandes olhos azuis, que herdara do pai. Os cabelos eram pretos, lustrosos, crespos e a pele era morena e amulatada, mas fina. Seus dentes eram claros, seu bigode era negro, e tinha o pescoço largo, o nariz direito e a fronte espaçosa. Era alto e elegante. Tinha os gestos bem educados, despidos de pretensão, falava em voz baixa, vestia-se com seriedade e bom gosto, amava as artes, as ciências e a literatura. Não sabia ao certo as circunstância em que viera ao mundo. Lembrava-se no entanto de haver saído em pequeno do Brasil, tendo vivido em problemas econômicos. Sabia quem tinha sido seu pai, mas desconhecia tudo sobre a mãe. No entanto, comenta o narrador que sua história era sabida por quantos conheceram seus parentes no Maranhão, e, em retrospectiva a reconta ao leitor.

Raimundo nasceu numa fazenda de escravos na Vila do Rosário, como resultado da união do português José Pedro da Silva com uma escrava, Domingas. Mais tarde, o português casou-se com Dona Quitéria, que tinha ódio aos negros e para quem o fato de não ser branco constituía por si só um crime. Ameaçou Raimundo e José, saiu da fazenda para cuidar da retirada e segurança do filho bastardo. Ao voltar encontrou a negra Domingas no tronco, com a cabeça raspada, nua, com as partes genitais queimadas por ferro em brasa, sendo chicoteada. O menino a tudo assistia e quando ameaçava aproximar-se da mãe levava também suas chibatadas. José protegeu a negra e levou o pequeno para que seu irmão Manuel cuidasse dele. Ao voltar, à noite, flagrou sua mulher em adultério com o padre Diogo. Tomado de fúria, estrangulou-a (Era o ano de 1849). Ao dar conta de si, assombrado, foi ameaçado pelo padre, que, ao mesmo tempo, aproveitou seu estado de choque para propor que se quisesse era só ambos esquecerem as faltas um do outro. Assim, o padre nada conta do que viu, fazendo enterrar a mulher como se fosse morte natural. Uma noite, o pai de Raimundo foi assassinado por um misterioso vulto negro. A sua fazenda, aos poucos, foi convertendo-se em uma tapera, gerando lendas e todo gênero de histórias de assombrações e terror. Ninguém se animava a passar perto dali. Manuel Pescada e Mariana cuidaram do menino até a época em que foi encaminhado a Lisboa, ficando aos cuidados do Peixoto, comerciante que o interna em um colégio. Depois o rapaz ingressa na Universidade de Coimbra, onde se forma. Terminado o estudo, Raimundo faz uma grande viagem e, durante três anos, conhece França, Espanha, Itália, Suíça, Alemanha, Inglaterra e, por fim, veio dar ao Rio de Janeiro. Gostou muito do Rio e pensou em montar aí um negócio, indo ao Maranhão para liquidar seus bens e ver se descobria algo sobre sua origem.

Capítulo IV

Por causa da chegada de Raimundo, reuniram-se em casa de Manuel as velhas amizades da família. Vieram as Sarmentos, (Bibina e Etelvina) moças feias, com seus enormes penteados, acompanhadas pela tia, Maria do Carmo, viúva do tenente Espigão. Apresentou-se também a Dona Amância Souselas, velha de grande memória, conhecedora de todos os escândalos do Maranhão, mas era muito serviçal e prestativa e agradava aos moços porque gostava de contar anedotas baixas e grosseiras. Veio também a viúva Eufrasinha, amiga de Ana

Rosa, que ficou encantada com o mulato Raimundo. O Freitas, em cuja casa Ana Rosa tivera seu último ataque histérico, também apareceu com sua filha Lindoca, moça de dezesseis anos, pequena, muito gorda, de bonitas feições, mas tão cheia de gorduras quanto carente de idéias. Num canto, o caixeiro Dias roía unhas.

As conversas se sucedem, as mulheres fofocam, fazem comentários sobre Raimundo. Maria do Carmo comentou: *"É como lhe digo, minha rica! O sujeitinho foi* ***forro***[7] *à pia, e hoje, olhe só pr'aquilo! está todo cheio de fumaças e* ***filáucias***[8] *!... Pergunte ao cônego, que está ao lado dele!"* (p.62)

Freitas encosta-se à janela em que se apóia Raimundo e o chateia durante uma meia hora. Dona Maria Bárbara atravessa a sala gritando e correndo atrás do preto Benedito que a desobedecera. Dias sai atrás do fugitivo. Maria do Carmo fala mal dos negros e das negras, "*todas a se fazerem de gente*". Anica toca uma polca ao piano e é aplaudida. Raimundo nem se abalou, deixando a prima muito decepcionada. *"Aquela indiferença de Raimundo doía-lhe como uma injustiça"*.

Por último, chegaram dois rapazes alegres, José Roberto e Sebastião Campos. Ambos detestam os portugueses, de quem vivem falando mal. José Roberto, ou "*Seu Casusa*" era moço, magro, moreno, enorme cabeleira, cantava e tocava violão. Sebastião era viúvo da primeira filha de Maria Bárbara, senhor de engenho e devia ter o dobro da idade do Casusa. Era muito bairrista, ou seja, regionalista, preferindo tudo que era nosso a qualquer coisa importada. Não trocava o nosso vinho de caju por qualquer *cognac* ou vinho do Porto. Com a vinda desses dois, a reunião animou-se mais e logo seu Casusa afinou o violão e cantou versos de Gonçalves Dias[9]. Enquanto isso, Raimundo bocejava enfarado ao lado do Freitas. Tempo depois, volta o Dias, trazendo preso pelo cós o preto Benedito. Serviu-se chá com torradas e pouco depois todos se retiraram com as mesmas frases costumeiras de sempre. Raimundo recolheu-se cansado e logo dormiu. "*Todavia, a pouca distância dali, alguém velava, pensando nele.*" (p.75)

Capítulo V

Era Ana Rosa. Logo que ela se recolhera ao quarto, gritara pela Mônica: "*Maã-pretinha*!" Era assim que tratava a cafuza que a criara e que dormia todas as noites debaixo de sua rede. Obedecendo às suas ordens, a preta retirou-lhe as roupas e colocou-a para dormir desejando: "*Deus te faça uma santa*!" e afastou-se traçando no ar uma cruz com a mão aberta. Era sempre assim que fazia desde que amamentara a menina e dedicara-lhe um amor maternal. Havia seis anos que era forra, mas continuou ali mais cativa do que nunca.

Ao ficar sozinha, Ana Rosa tentou recordar-se do primo na infância, mas nada lhe veio à memória. Esses claros a respeito do primo emprestavam-lhe ainda mais atração, mais mistério, até mesmo uma certa fascinação romântica. Chegava a ficar tonta só de pensar nele.

Na manhã seguinte acordou pálida e nervosa, mas a voz clara de Raimundo enquanto tomava café atraiu-a para a varanda. Apareceu lá fora com grande acanhamento; deu a Raimundo um "*Bons-dias*" frio, de olhos baixos, a ponto de levá-lo a perguntar: "*V. Ex.ª sente alguma coisa?"* Ela disse que era nervoso, mas a velha Maria Bárbara retrucou que só podia ser quebranto que lhe botaram. Ana Rosa disse ao primo que não acreditava em quebranto, e que além disso estava livre, pois diziam que o quebranto só atacava em geral as pessoas bonitas. Raimundo, galanteando, disse-lhe que nesse caso era prudente acautelar-se. E

---

7. Era escravo e foi liberto por seu pai e proprietário no momento do batismo.
8. O mesmo que amor-próprio, vaidade, jactância, bazófia.
9. Poeta maranhense da nossa primeira geração romântica, autor de "Canção do Exílio".

passou até a observar, pela primeira vez, que a prima era realmente muito bonita. Ficaram a sós, defronte um do outro, e ele pôde observá-la melhor. Principiaram a conversar e Raimundo mostrou-lhe um álbum com os desenhos a aquarela que tinha feito durante suas viagens pela Europa. Ao mostrar os desenhos, muitas vezes, involuntariamente, o rapaz roçava o seu rosto nos cabelos da moça. Numa das folhas, apareceu um cartão com uma dançarina parisiense. Ele procurou ocultar a dedicatória no verso e virou-a, colocando-a entre as folhas já vistas do álbum. Depois, pediu a prima que tocasse algo e foram para a sala, onde ela executou algumas peças ao piano. Após o almoço, Raimundo saiu na companhia do cônego e de Manuel Pescada para dar uma vista d'olhos pelas casinhas de São Pantaleão. Ao passarem pelas ruas, despertavam muitos comentários. Uns diziam que Raimundo era filho do cônego Diogo e que vinha dos estudos, outros comentavam que ele era mulato e vivia às custas do Pescada. À noite, estava fechado o negócio das casas e decidido que, logo que fizesse bom tempo, iriam resolver também o problema da fazenda.

Nos dias seguintes, ao procurar passear e conhecer a cidade, Raimundo notou que o recebiam constrangido e que ninguém lhe fazia convites para baile ou para um simples sarau. Sem entender, passou a isolar-se em seu quarto. Notou, no entanto, que se os pais lhe bloqueavam as portas, as moças abriam-lhe desavergonhadamente o coração, mandando-lhe bilhetes e flores. Sua alegria eram as conversas freqüentes com a prima, mas aborrecia-o demais as atrocidades de Maria Bárbara com os negros da casa. Passou a fugir dali, refugiando-se no bilhar, criando rapidamente fama de jogador e bêbedo. Esperava com impaciência pelo mês de agosto, pois Pescada prometeu levá-lo à fazenda em que tinha nascido e vivido seus primeiros anos: "*E daí, quem sabe lá se não iria encontrar a decifração do mistério da sua vida*?" (p.87)

Nos contatos diários com Raimundo, era raro que Ana Rosa não lhe fizesse uma carícia disfarçada e irritava-a que ele só lhe desse atenção de parente, tratando-a como se fosse uma irmã, com todo respeito. Realmente, não passava pela cabeça do rapaz qualquer pensamento malicioso ou erótico. Ela foi ficando abatida ao não ver suas esperanças correspondidas. Raimundo notou, achou que era problema de saúde, e alertou o tio. Manuel Pescada, lembrando-se de que o médico aconselhara-o a casá-la o quanto antes, chamou o cônego e fez uma reunião com o caixeiro Dias. Este ficou contente, mas o sacerdote alegou que agora, talvez, enfrentassem alguma resistência da moça e que seria bom afastar o mulato da casa antes de tratar de tal casamento. Pescada protestou que Raimundo não revelava interesse pela sua filha, que nada havia a recear.

Mais tarde, Manuel Pescada abordou a filha, em companhia de Maria Bárbara, e ficou surpreso com a reação da moça, que foi a prevista pelo cônego, seu padrinho: "*Não sei o que lhe disse o padrinho, mas o que eu lhe digo, papai, é que definitivamente, não me casarei com o Dias. Nunca, percebe*?" A avó palpitou que era bem feito para Pescada, por hospedar um cabra, um crioulo cheio de fumaça. Concluiu dizendo que era preciso despachá-lo logo. Ana retira-se, mal contendo o choro, e ouve a vó exclamar: "*Vai-te! e reza à Virgem Santíssima para que te proteja e te dê juízo!*" Ana soluçou até as quatro da manhã.

Pescada conversa com o cônego e resolvem apressar a viagem com o mulato para negociar a fazenda. Raimundo alegra-se por não ter que esperar até agosto. Vai arrumar suas coisas e espanta-se de encontrar seu quarto remexido com sinais de presença feminina. Já andava desconfiado que alguém entrava em seu quarto, pois encontrara na escova e no pente fios compridos de cabelo de mulher, sem dúvida, e mulher branca. Poucos dias depois, saindo de casa, viu fecharem as rótulas de seu quarto. Voltou e subiu pé ante pé, indo direto ao seu aposento.

Capítulo VI

"*Ana Rosa, com efeito, de algum tempo a essa parte, fazia visitas ao quarto de Raimundo, durante a ausência do morador.*" (p.92) Naquele momento, ela acabara de descobrir um livro de fisiologia com figuras de mulher no momento da fecundação e do parto. Deu-se no interior da moça uma batalha de desejos, todo seu ser reclamou o pão do amor, seu organismo inteiro protestava irritado contra a ociosidade. Ana Rosa percebeu que viera ao mundo para ser mãe. Raimundo surpreendeu-a, não lhe dando tempo para sair, admoestando-a por invadir o quarto de um homem, criando uma situação embaraçosa. Ela pôs-se a chorar alto, assustando Raimundo e fazendo-o temer que alguém ouvisse. Procurou consolá-la e lhe disse que não tinha motivos para chorar. Ela diz que chorava porque o amava e não era correspondida. Chorou tanto que, para acalmá-la, o rapaz prometeu pedir-lhe a mão, quando tivesse ocasião, mas insistiu para que ela se retirasse e lhe deu um beijo tímido, ao que ela respondeu logo com dois beijos ardentes.

"*Raimundo fechou a porta e começou a passear pelo quarto, bastante agitado. Estava satisfeito consigo mesmo: apesar dos seus belos vinte e seis anos, tinha sido leal e generoso com uma pobre rapariga que o amava.*"[10] (p.98)

Manuel Pescada contraiu caxumba, adiando mais uma vez a viagem à fazenda. Prepara-se uma reunião festiva por ocasião da comemoração de São João, que será realizada, como sempre, no sítio de Maria Bárbara. Para passar o tempo, Raimundo escreve artigos e ficção para os jornais locais, irritando as mentes provincianas e provocando no mulato um verdadeiro nojo por aquela província. Impacientava-se por consumar o casamento e retirar-se daquele chiqueiro de pretensiosos.

Capítulo VII

"*Junho chegou, com as suas manhãs muito claras e muito brasileiras. É o mês mais bonito do Maranhão.*" Aparecem os primeiros ventos gerais, levantando as saias das mulheres, limpando o céu, que fica todo azul, sem uma nuvem sequer. Numa bela manhã assim, véspera de São João, encaminharam-se para o sítio de Maria Bárbara. Raimundo e Ana seguiram à frente. *"O moço tomou-lhe as mãos, e os dois fitaram-se com um juramento nos olhos, e não falaram mais em amor, enquanto esperavam por Manuel e Maria Bárbara, que de novo se tinham posto a caminhar.*"

Enquanto a festa corre animada no sítio, o narrador desvia o foco para a casa de Manuel Pescada. Aproveitando-se da ausência de todos, o caixeiro Dias entra no quarto de Raimundo e da velha Bárbara. Pega uma imagem de S. Raimundo, queimando-lhe o rosto com a chama de uma vela, deixando o pobre santo que nem um carvoeiro, tão preto como o seu companheiro de oratório, o São Benedito.

Capítulo VIII

Eram cinco da tarde e a festa ainda continuava animada. Veio a noite e o jantar foi pontuado pelos versos que um sertanejo improvisava, ou pelas trovas que sabia de cor. Ao receber uma flor de Ana Rosa, maliciosamente o menestrel cantou, olhando para Raimundo:

---

10. Podemos encontrar aqui uma herança da estética romântica, ou seja, a valorização do sentimento amoroso, da honestidade e do respeito, em vez do predomínio do instinto.

"Ó nhá dona feiticeira!
Me cativa seu favor,
Mas não vá meter ciúmes
Agora pro mode a flor!..."

Comentário:
São muitos os diálogos reproduzidos pelo narrador, valendo-se muito do discurso direto, revelando segurança e técnica, e retratando durante a festa os modos e a visão de mundo das pessoas do lugar e do tempo. Vamos reproduzir um trecho apenas para dar uma idéia da capacidade do escritor:

"- *Não! que os rapazes de lá são mais aqueles... está provado!*
- Têm outro assento que não têm os de cá!
- O senhor Serra, passa-me o pires das azeitonas?... É bondade.
- Quer mais pirão, D. Lindoca?
-Muito obrigada, assim! chega! Um tiquinho só!
- Gentes?... você come essa pimenta toda, D. Etelvina?!...
- Basta, oh! Não quero afogar-me em caldo!
- Tenha o obséquio de encolher as asas, meu amigo!
-Não enchas a boca desse modo!... dizia em segredo a velha Sarmento a uma das sobrinhas." (p.117)

A festa terminou dramaticamente com a morte de Dona Maria do Carmo.

Capítulo IX

Raimundo nota que jamais pensara tanto em uma mulher como agora. Com esses pensamentos sai de casa e chega à casa das Sarmento, onde todos estão velando a defunta. O velório transcorre entre histórias de morte, de doenças e gente jogando baralho. Uma negrinha serviu café. Raimundo foi levar uma xícara para a prima que se achava entre as senhoras. Ouviu uma delas dizer: "*Não semos*[11] *nada neste mundo*!" Em casa de Manuel Pescada, a velha Bárbara descobre o santo com a cara enegrecida e acha que se trata de um milagre para avisar do perigo da presença do mulato Raimundo. Desde a chegada dessa criatura que a casa parecia amaldiçoada. A velha procurou Manuel Pescada e o alertou, acrescentando que o mulato era bode, isto é, maçom. Para provar, mostrou-lhe um livro da maçonaria, que Dias havia subtraído do quarto de Raimundo. Pescada e o cônego conversam e resolvem marcar logo a viagem para sábado seguinte, pois já há um sujeito interessado na fazenda de Raimundo. Pescada não quer despachar o sobrinho antes de fazer esse negócio e receber sua comissão.

Capítulo X

Chegam à vila do Rosário ao anoitecer. Raimundo pede informações sobre a antiga fazenda São Brás a um preto velho que relata o assassinato de seu pai e conta as lendas de alma penada, mas nada sobre a sua mãe. Quando passam junto ao lugar do crime, em que foi erguida uma cruz, Manuel Pescada reza e espanta-se pelo sobrinho não fazer o mesmo. Discutem religião. O

11. Registro da fala coloquial popular, que será uma das principais características da primeira geração modernista, presente na obra de Mário e Oswald de Andrade.

mulato afirma que "*não desdenhava da religião, que a julgava até indispensável como elemento regulador da sociedade. Afiançou que admirava a natureza e rendia-lhe o seu culto, procurando estudá-la nas suas leis e nos seus fenômenos, acompanhando os homens de ciência nas suas investigações, fazendo, enfim, o possível para ser útil aos seus semelhantes, tendo sempre por base a honestidade dos próprios atos*". (p.147)

Aproveitando a ocasião, Raimundo pede a mão da prima que lhe é recusada com firmeza pelo tio, mas sem qualquer explicação.

Capítulo XI

Quando chegaram ao portão da fazenda, já a lua resplandecia. O fazendeiro Cancela apareceu para recebê-los. Disse a Raimundo que fora amigo de seu falecido pai e o convidou a entrar. Após a janta foram todos dormir, mas Raimundo não conseguiu pegar no sono, incomodado por misteriosa voz plangente, numa mistura de canto e choro. Levantou-se e dirigiu-se ao local de onde emanava o som. Chegou a distinguir seu nome, o nome de seu pai seguido do apelido, José do Eito. Pareceu-lhe ouvir também o nome do cônego Diogo, mas a voz se calou, sem nada dizer de sua mãe. Voltou ao quarto e quando já fechava os olhos vislumbrou um vulto parado na porta. Era uma preta andrajosa, esquelética, alta, cadavérica, tragicamente feia, os olhos cavos e os dentes escarnados.[12] Levanta-se, ela foge, ele a persegue até o mato, onde finalmente desaparece sem deixar pistas. O rapaz volta e adormece quando a manhã já avermelhava o horizonte. No dia seguinte, emocionado, dirige-se à tapera em que nasceu, acompanhado apenas por Manuel Pescada, pois o sertanejo que os guiava ficou com medo e voltou. Ao chegarem ao sítio, apareceu a mesma negra da noite anterior e quis abraçar Raimundo, que a empurrou assustado. Ela voltou a tentar e o rapaz ameaçou-a com o chicote, fugindo enojado. Quando interroga o tio, este lhe diz que é uma pobre velha, doida, que fora escrava de José do Eito.

Comentário:
Parece bastante claro que se trata da mãe de Raimundo, embora o tio evite contar-lhe a verdade.

Capítulo XII

"*Voltaram ambos impressionados da tapera.*" Raimundo queria, agora, ainda mais, penetrar no mistério de seu passado. Acredita que isso tem algo a ver com o fato do tio recusar-lhe a mão de Ana Rosa. Insiste com o tio, pressiona-o a tal ponto que Manuel Pescada revela:

"*Já vê o amigo que não é por mim que lhe recusei Ana Rosa, mas é por tudo! A família de minha mulher sempre foi muito escrupulosa a esse respeito, e como ela é toda a sociedade do Maranhão! Concordo que seja uma asneira; concordo que seja um prejuízo tolo! o senhor porém não imagina o que é por cá a prevenção contra os mulatos!... Nunca me perdoariam um tal casamento; além do que, para realizá-lo, teria que quebrar a promessa, que fiz a minha*

12. Essa descrição pode ser vista como precursora da pintura expressionista alemã, apresentando traços fortes, desagradáveis, agressivos.

sogra, de não dar a neta senão a um branco de lei, português ou descendente direto de portugueses!... O senhor é um moço muito digno, muito merecedor de consideração, mas... foi forro à pia, e aqui ninguém o ignora." (p.167) E conclui, acrescentando que a negra louca, encontrada na tapera, era sua mãe. Raimundo tentou voltar, mas Manuel Pescada o fez desistir.

Capítulo XIII

Chegando em São Luís, o rapaz procurou ficar só. Teve muitos pensamentos confusos e desencontrados sobre sua situação. No dia seguinte, procurou o tio e, contendo seus sentimentos de revolta, disse que queria mudar-se rapidamente dali e resolver logo seus negócios para partir, mas que devia explicações à prima. Manuel encarrega-se de explicar tudo. Raimundo diz-lhe que deveria contar a verdade.

Pescada vai até sua filha e explica a necessidade absoluta de não pensar mais em Raimundo. Conta-lhe toda a história, mas ela, ou porque ainda tinha no coração os conselhos de sua mãe, ou porque seu amor era daqueles que a tudo resistem, não sofreu o menor abalo em seus sentimentos. Pelo contrário, agora, com a proibição, mais parecia aumentar o seu amor.[13] Pergunta ao pai por que o primo não a procurou, ele mesmo, para explicar. Ele, ardilosamente, mente, alegando que Raimundo não quis, que preferiu evitar essa situação. Acrescenta que o rapaz era um ateu, que não acreditava em nada, e finaliza dizendo: "*Até ficou mais satisfeito depois da minha recusa! Só parece que estava morrendo por um pretexto para desfazer o seu compromisso contigo!*" (p.174)

Isso foi o suficiente para Ana Rosa cair em prantos, explodindo em soluços e gritos histéricos, atraindo a atenção de todos da casa, inclusive do cônego Diogo, que ficara na saleta, à espera daquela conferência de Manuel com sua afilhada. Enquanto isso, Raimundo tem um pesadelo, em que está fugindo com a prima, sendo perseguidos por homens armados de facão. Os gritos dela no sonho fundem-se com os gritos reais. Ele acorda, tenta vê-la, mas é impedido pelo cônego. Aproveitando, o mulato pressiona o cônego dizendo-lhe que suspeita do envolvimento dele na morte de seu pai. Diogo faz uma cena teatral, histriônica, que acaba enganando e convencendo o rapaz.

Capítulo XIV

Sete dias depois, mudou-se Raimundo para uma das casinhas da Rua de São Pantaleão. Vivia aborrecido e solitário, jamais saía e ninguém o visitava. Principiou a emagrecer. Ana Rosa também vivia em tristeza e tinha desejos confusos de entregar-se a outro homem, de casar logo, antes da partida de Raimundo, só para provar-lhe que não ligava a menor importância ao caso. O cônego torna-se constante ao seu lado e trabalha seu espírito contra Raimundo. A cidade inteira comenta a situação de Raimundo. Muita mentira se inventa e ganha curso entre os preconceituosos. Chegam a dizer que está preso em casa por causa de uma surra que lhe dera o tio, ou que foi expulso pelo tio por ter subtraído dinheiro dele.

---

13. Mais uma vez, encontramos aqui uma herança do Romantismo, ou seja, valorização do sentimento amoroso.

Quando chega o momento da partida do navio que levará Raimundo, Manuel Pescada e o cônego Diogo vão ao porto, mas o rapaz não aparece, deixando-os muito irritados.

Capítulo XV

Numa retrospectiva, o narrador esclarece que nos momentos precedentes à partida, tanto Raimundo quanto Ana Rosa agitavam-se pelos sentimentos que tal separação despertava. Ele a procurou e deu-lhe uma carta, poucas horas antes da partida do vapor. Nesta carta declarava todo seu amor. Partiu, encaminhou-se ao porto, mas não conseguia decidir-se de vez, e acabou voltando.

Ana Rosa, ao terminar a leitura da carta, dispõe-se a qualquer coisa para unir-se ao primo. Agita-se interiormente, quando ouve uma carruagem na rua.Vai ver e descobre que é Raimundo. Decidida, declara ao primo que só há um meio de vencerem a resistência da família: "*Pode ser que isso te pareça mau e desonesto, mas juro-te que nunca defendi tanto o meu pudor e a minha virtude como neste momento! Para salvar-me tenho por força de fazer-me tua esposa, e só há um meio de conseguir que o permitam, é tornando-me desvirtuada aos olhos de todos e só aos teus me conservando casta e pura...*" (p.200)

E os dois colaram os lábios num beijo nupcial, em um grande delírio de primeiro amor. Os dois se separam. Momentos depois, vem Manuel Pescada e mente para a filha que Raimundo partira. Acreditando e sentindo-se irremediavelmente desonrada, Ana Rosa cai em forte ataque histérico, dizendo que Raimundo era um miserável. Diogo a sossega, afirmando saber que Raimundo não partira.

Capítulo XVI

A casa de Pescada recai em seu primitivo estado de paz e esquecimento. Já quase não se fala em Raimundo. Este reformara seu programa de vida. No mesmo dia em que estivera com Rosa, partira para o Rosário, à procura de sua mãe, na esperança de trazê-la em sua companhia para a capital e viver com ela, mas Domingas não se deixou apanhar e o pobre coitado voltou só. Instalou-se numa casinha velha no Caminho Grande, vivendo isolado de tudo, só escrevendo de vez em quando alguma carta para sua amada.

O padre Diogo, desconfiado, induz a afilhada a confessar-se numa missa solene, encomendada por sua avó. Mônica, sempre desvelada e preocupada com sua filha de leite, acompanha todos seus segredos e sempre vai à casa de Raimundo para trazer notícias ou cartas dele para a sua Iaiá. Sempre espreitando, o cônego Dias tudo percebe. Encarrega Dias de espionar constantemente todos os contatos entre Rosa e Raimundo.

Durante a confissão exigida pelo sacerdote, Ana Rosa, emocionada e envolvida pela teatralidade do cônego Diogo, revela que está grávida de Raimundo. O padre fica tão revoltado que propõe cuidar do aborto, mas ela não aceita.

Capítulo XVII

Três meses depois, Raimundo em uma carta propõe a fuga à prima, e expõe todo o plano. Seria no domingo, mas quando chega o dia e os dois transpõem a porta da rua, ela solta um grito e ele estaca, empalidecendo: "*Do lado de fora, o cônego Diogo e o Dias, acompanhados por quatro soldados de polícia, saíram ao seu encontro, cortando-lhes a passagem*". (p.223) Discutem o assunto em família, dentro de casa, depois de dispensarem os policiais. Dias ouve de Ana Rosa que está grávida. O padre pede para ele sair e esperar. Depois tenta convencer Raimundo a mudar de idéia e partir, mas como este não aceita, expulsa-o ameaçando: "*O doutor vai retirar-se quanto antes desta terra, retire-se imediatamente, sob pena de ser justiçado como o entendermos melhor!*" (p.230)

Raimundo sai da casa e vaga pelas ruas até as três da madrugada. Diogo, logo ao partir, procura Dias e lhe dá um revólver, convencendo-o a matar Raimundo.

Capítulo XVIII

Raimundo dirige-se à sua casa. "*Quando atravessou o campo de Ourique, pensou sentir alguém acompanhando-o, olhou para os lados e não descobriu viva alma.* (...) *Mas, do vão escuro, em que se formava o limite da parede, rebentou um tiro, no momento em que ele dava volta à chave.*" (p.236)

O dia seguinte amanheceu úmido, frio, enfadonho. Ana Rosa desconhecia tudo que tinha acontecido e espantou-se com os sinos badalando o dobre de finados às duas e meia da tarde. Mais espantada ficou ao ver da janela que traziam um corpo dentro de uma rede. Ficou desvairada quando reconheceu no corpo ensangüentado o seu amado Raimundo. Desmaiou depois de um grito horrível e foi arrastada para o quarto pela mãe-preta. "*A moça deixou atrás de si, pelo chão, um grosso rastro de sangue, que lhe escorria debaixo das saias, tingindo-lhe os pés. E, no lugar da queda, ficou no assoalho uma enorme poça vermelha.*" (p.240)

> **Comentário**:
> Embora o narrador não diga expressamente, fica claro para o leitor que aqui ocorreu um aborto, provocado pelo forte choque emocional.

Capítulo XIX

Descreve-se o enterro. O Pescada muda-se com a família para um sítio do Caminho Grande, onde Ana Rosa passa muito tempo doente, chegando a provocar uma junta médica para cuidar de sua saúde. Comenta o narrador a prosperidade da nova firma comercial Silva e Dias e dá um salto de seis anos, descrevendo uma festa no Clube Familiar, por ocasião de uma recepção que os liberais proporcionam a um seu correligionário político chegado da Corte com destino à presidência do Maranhão. Pelas conversas, o leitor fica sabendo que já morreram o Manuel Pescada e a velha Bárbara. O narrador descreve as pessoas que saem do clube e destaca um casal, que parece gente de consideração, pelos modos com que todos o cumprimentam. O par era a Rosa e o Dias, casados já há quatro anos. Ele está com boa aparência e ela até engordara um pouco. Ao embarcarem no carro, que esperava lá embaixo, Ana Rosa levantara carinhosamente a gola da casaca do Dias, dizendo:

"*- Agasalha bem o pescoço, Lulu! Ainda ontem tossiste tanto à noite, queridinho!...*" (p.247)

> **Comentário**:
> Esse econômico e irônico final revela que Ana Rosa, ao contrário da heroína romântica que morreria de paixão, sofreu por dois anos a ponto de ficar doente, mas recuperou-se e casou-se com o sujeito que desprezava, acomodando-se à nova vida, aburguesando-se, e até tratando carinhosamente o marido de conveniência. É bom lembrar também que ela sempre sonhou em casar-se, ter uma família com muitos filhos e dedicar-se à casa e ao marido. Pois bem, conseguiu, embora não com o homem sonhado, como pretendera sua romântica mãe, mas como impôs seu pai, seu padrinho e toda a sociedade.

V - SÍNTESE DO ENREDO

O romance de Aluísio Azevedo que inicia o Naturalismo no Brasil, em 1881, denuncia o preconceito racial, centrando sua ação na cidade de São Luís, do Maranhão. A narrativa (foco narrativo: terceira pessoa) gira em torno do mulato Raimundo, que, apesar da sua origem, consegue terminar os estudos, mas não consegue ser aceito pela sociedade maranhense. Ao voltar, reencontra sua prima Rosa, com quem acaba se envolvendo. A moça fica grávida. O pai dela, seu tio Manuel Pescada, não admite tal união. O cônego Diogo convence o ambicioso e sórdido Dias, a matar Raimundo, em troca do casamento com sua afilhada. Dias, que nada recusa, lodo ou lama, desde que isso o faça subir na vida, aceita a proposta. Se fosse uma narrativa romântica, Rosa morreria de paixão. Como a história é naturalista, Raimundo morre; Rosa casa-se com Dias e no final do romance o leitor depara-se com os dois saindo de uma festa. Ele apresenta um melhor aspecto, demonstrando como o dinheiro pode melhorar a aparência das pessoas. Ela faz recomendações ao marido para proteger o pescoço, pois esfriou e ele andou tossindo.

VI - ESTRUTURA DA OBRA

A obra é um romance, composto de 19 capítulos, com diálogos vívidos e muito bem construídos, mas gasta muitas páginas em descrições e conversas que são pouco necessárias para a trama da narrativa, ficando claro que existem mais pela vontade de retratar e criticar o provincianismo da sociedade maranhense. Mesmo assim, são páginas de uma leitura relativamente fácil e agradável.

FOCO NARRATIVO

O relato é feito por um narrador onisciente, empregando o foco narrativo em terceira pessoa.

TEMPO

Prevalece o tempo cronológico, necessário mesmo pelo aspecto e intenção documental do romance. O narrador pontua sempre o horário e o dia, sem insistir em datas, que só aparecem quando falam de Quitéria, mulher de José da Silva (ou do Eito), pai de Raimundo. Ficamos sabendo que ela morre em 1849, ocasião em que o protagonista era ainda um menino. Quando ele retorna ao Maranhão, seria provavelmente por volta de 1873, pois está com vinte e seis anos. O final do relato, com o casal saindo do clube, teria como data próxima o ano de 1880 ou 1881, data de escritura e publicação da obra. Isso confirma uma característica do Naturalismo que é buscar seus assuntos não no passado histórico, mas na contemporaneidade.

ESPAÇO

A história acontece em São Luís do Maranhão, concentrando-se nos usos e costumes a serem criticados. Além da casa de Manuel Pescada, temos como cenário para as ações as ruas de São Luís e alguns momentos no campo e a viagem pelo interior, quando vão à fazenda em que Raimundo nascera. Contrapõe-se aí a rudeza sincera e franca das pessoas do campo ao refinamento social das pessoas da cidade.

PERSONAGENS:

- **Raimundo**, filho bastardo da negra Domingas com o português José, irmão de Manuel Pescada. Quando aparece no relato, Raimundo é já adulto. Moço de boa aparência com vinte e seis anos. Tipo bem acabado de brasileiro, se não fossem seus grandes olhos azuis, que herdara do pai. Os cabelos pretos, lustrosos, crespos, a pele morena e amulatada, mas fina. Seus dentes são claros, seu bigode é negro, o pescoço largo, o nariz direito e a fronte espaçosa. Alto e elegante, apresenta gestos bem educados, despidos de pretensão, fala em voz baixa, veste-se com seriedade e bom gosto, ama as artes, as ciências e a literatura.
- **Ana Rosa**, jovem prendada, sabe a gramática de cor e rudimentos de francês. Tocava modinhas, conhecia trabalhos de agulha, bordava bem e "*dispunha de uma gargantazinha de contralto que fazia gosto ouvir*". Era bonita de formas, tinha olhos pretos e cabelos castanhos. Adorava passarinhos e era um bocado supersticiosa.
- **Dias**, rapaz português de nome Luís Dias, sujeito ativo, econômico, discreto, trabalhador, letra bonita. Usava "*cabelo à escovinha", "cavanhaque sem* bigode", e *dentes sujos.* Era "*um tipo fechado como um ovo, um ovo choco que mal denuncia na casca a podridão interior.*[14] *Todavia, nas cores biliosas do rosto, no desprezo do próprio corpo, na taciturnidade paciente daquela exagerada economia, adivinhava-se-lhe uma idéia fixa (...) enriquecer. Quanto à figura, repugnante: magro e macilento, um tanto baixo, um tanto curvado, pouca barba, testa curta e olhos fundos. O uso constante dos chinelos de trança fizera-lhe os pés monstruosos e chatos*[15]*; quando ele andava, lançava-os desairosamente para os lados, como o movimento dos palmípedes*[16] *nadando*". (p.36)
- **Cônego Diogo**, padrinho de Ana Rosa, bonito velho de sessenta anos, forte e conservado, olhar vivo e corpo teso, revestido de uma brandura santarrona. Vestia-se com esmero, usava meias e colarinhos importados da Europa, tinha dentes limpos chumbados a ouro, mãos brancas e cabelos alvos. Seus movimentos eram muito distintos. O cônego era confidente e conselheiro de Pescada.

VII - TEMÁTICA

O tema central e condutor do fio narrativo é o preconceito racial, que gera a infelicidade e desgraça de Raimundo, de nada lhe adiantando a honestidade, a cultura, a simpatia, a elegância. Tudo isso vai por terra, só pelo fato de ter nascido mestiço.

Outros temas no entanto podem ser encontrados como a denúncia do provincianismo, da existência vazia das pessoas conservadoras que compõem a sociedade maranhense. Podemos encontrar também a crítica à escravidão, aos gastos absurdos e desnecessários dos governantes, à ignorância do povo, mantida pelo próprio governo, e, finalmente, a crítica à monarquia como forma de governo que pretende manter esse quadro anacrônico.

---

14. Vejam como a descrição física já revela os traços negativos interiores da personagem, ou seja, sua ambição e mesquinhez.
15. Podemos notar aqui uma influência das idéias deterministas, traço característico do Naturalismo.
16. É também característica estilística do Naturalismo o zoomorfismo, isto é, a constante comparação do ser humano com animais.

VIII - ENREDO DO ROMANCE *O CORTIÇO*

Nesta obra, Aluísio apurou as suas melhores características estilísticas individuais: força expressiva na reprodução da realidade cotidiana; capacidade de selecionar o pormenor pitoresco e típico; diálogos rápidos, econômicos, precisos; descrição precisa e sugestiva; engajamento de quem está atento aos graves problemas de seu tempo, como a miséria e o trabalho escravo. Para finalizar, é admirável a sua capacidade de movimentar as massas, de fixar o coletivo e sua visão panorâmica. Se no seu primeiro romance naturalista, *O mulato*, Aluísio ainda não se livrara de alguns resquícios da estética romântica, em *O cortiço*, ele consegue manter extrema objetividade, revelando o atrito do meio, o conflito de temperamentos e o agitar dos instintos estimulados pelo sol abrasador dos trópicos, conforme a crença cientificista e determinista da segunda metade do século XIX.

O CORTIÇO

Capítulo 1

João Romão trabalhara dos treze aos vinte e cinco anos como empregado de um vendeiro, que, ao voltar para sua terra, deixara em pagamento de salários vencidos, a venda e mais um conto e quinhentos em dinheiro. Para economizar, dormia no balcão da venda e alimentava-se com o que lhe fornecia Bertoleza, uma quitandeira sua vizinha. Quando morreu o português com que a escrava Bertoleza era amancebada, ela procurou aconselhar-se com João Romão, pedindo-lhe que guardasse suas economias. "*Quando deram fé estavam amigados.*" (p.14)

Bertoleza precisava todo mês enviar vinte mil réis ao seu dono, um velho cego que residia em Juiz de Fora, como pagamento de seu aluguel. Um dia, João Romão disse que iria comprar sua liberdade e saiu muito à rua, trazendo depois de uma semana um documento que leu em voz alta para a mulher, dizendo-lhe que estava livre e não precisavam mandar mais dinheiro para o velho. "*Entretanto, a tal carta de liberdade era obra do próprio João Romão...*" (p.15) Dali a três meses, morreu o velho, deixando dois filhos herdeiros que não iriam procurar uma escrava fugida que nem conheciam. Isso sossegou ainda mais o vendeiro e Bertoleza ao seu lado representava o tríplice papel de caixa, criada e amante. Com as economias próprias e de Bertoleza, o português vai gradativamente comprando todos os terrenos que ficam entre sua venda e a pedreira, aos fundos, comprando até mesmo parte da pedreira que começa logo a explorar, dando-lhe grande lucro. As primeiras três casinhas, que deram início ao cortiço, foram construídas com ele próprio trabalhando de pedreiro e com muito material roubado à noite, sempre com a cumplicidade da negra Bertoleza.

Um ano e meio depois de João Romão comprar a pedreira, colocou-se à venda um sobrado que ficava à direita de seu comércio. Comprou-o um tal de Miranda, "*negociante português, estabelecido na Rua do Hospício*" (p.17)

O narrador, em retrospectiva ou *flash back*, revela a vida pregressa e os motivos que levaram Miranda a mudar-se para ali. A alegação era de que a filha Zulmirinha, moça doentia, precisava de melhores ares, mas a verdade era que desejava afastar sua sensual mulher, Estela, dos caixeiros, seus empregados. Revela, ainda, que após descobrir as traições da esposa, Miranda não quis separar-se por interesse econômico, mas adotou separação de quartos. Mesmo assim, em noites de muito desejo ele procurava a mulher e a possuía. Ela fingiu dormir nas duas primeiras vezes, mas depois deu uma gargalhada na cara dele e o possuiu com violência, tendo e também dando a ele um grande gozo: "*E gozou-a, gozou-a loucamente, com delírio, com verdadeira satisfação de animal no cio*[17]." (p.19)

Miranda e João Romão logo se desentendem porque aquele quer comprar deste um pedaço de terreno para aumentar o quintal do sobrado que é muito pequeno. João Romão recusa. "*Travou-se então uma luta renhida e surda entre o português, negociante de fazendas por atacado, e o português, negociante de secos e molhados.*" (p.21)

O bairro progride e o vendeiro também. Logo constrói um cortiço com noventa e cinco casinhas sob as janelas do sobrado, enraivecendo o Miranda. A venda torna-se um bazar que fornece de tudo aos moradores do lugar, até dinheiro emprestado a juros de oito por cento ao mês.

Comentários:

O primeiro capítulo procura colocar em cena, descrever e traçar o perfil essencial das personagens fundamentais que compõem o cortiço. Este, sim, é verdadeiramente a personagem central, o protagonista na história.

Outro destaque que devemos fazer é para as relações entre Miranda e Estela ou Romão e Bertoleza, que se realizam somente através do desejo sexual e pelo interesse econômico, jamais pelo afeto. Não há carinho amoroso, mas lubricidade animal, seguindo os cânones do Naturalismo.

Capítulo 2

"*E durante dois anos o cortiço prosperou de dia para dia, ganhando forças, socando-se de gente.*" (p.26) Em seguida, após fazer uma descrição do cortiço e sua ameaça ao sobrado, passa a descrever os pensamentos de raiva do Miranda, que inveja seu vizinho "*que fizera fortuna, sem precisar roer nenhum chifre*". Afinal, ele, Miranda, "*não passava de um pedaço de asno comparado com o seu vizinho!*" Para compensar essa desventura, trata de ocupar-se e ao seu dinheiro na busca de um título de nobreza. Dados os primeiros passos para a compra de tal título, deu festas.

Nessa ocasião, chegava de Minas o filho de um fazendeiro, freguês da casa comercial do Miranda. Chamava-se Henrique, tinha quinze anos e vinha terminar preparatórios para entrar na Academia de Medicina. Miranda hospedou-o em sua casa. Também convivem aí a criadagem, composta de: Isaura, mulata ainda moça; Leonor, uma negrinha virgem; Valentim, filho de uma escrava alforriada por Dona Estela. Esse moleque recebia uma atenção inexplicável de Dona Estela. Completava o pessoal o velho Botelho, parasita da casa, velho macilento, de setenta anos, antipático, com expressão de abutre, que muito especulou no tempo da Guerra do Paraguai, mas que agora não tem onde cair morto. Cheio de hemorróidas, o velho vegeta à sombra do Miranda, com quem trabalhara sob as ordens do mesmo patrão. Fracassado e frustrado, o velho descarrega sua bílis contra o abolicionismo e contra o Brasil, que enriquece os portugueses. Tem admiração incontrolável por tudo que diz respeito à vida militar, odeia o moleque Valentim e só não o esgana pela necessidade de agradar à dona da casa.

Certo dia, ao voltar para casa, "*descobriu Estela entalada entre o muro e o Henrique. Deixou-se ficar espiando, sem tugir nem mugir, e, só quando os dois se separaram, foi que ele se mostrou*". (p.33) Disse-lhes que estavam cometendo uma imprudência, mas que achava aquilo natural, pois entendia que "*desta vida a gente só leva o que come!...*" Promete guardar sigilo e leva o rapaz para seu quarto, dando-lhe muitos conselhos: "*E creia que lhe falo assim, porque sou seu amigo, porque o acho simpático, porque o acho bonito!*

---

17. Uma característica tipicamente naturalista é a comparação do homem com animal, também denominada zoomorfização ou caracterização zoomórfica.

E acarinhou-o tão vivamente desta vez, que o estudante, fugindo-lhe das mãos, afastou-se com um gesto de repugnância e desprezo, enquanto o velho lhe dizia em voz comprimida:
- Olha! Espera! Vem cá! Você é desconfiado!" (p.35)

Comentários:
A descrição do Botelho, como é típico da descrição naturalista, recai sobre os aspectos mais desagradáveis, tanto do ponto de vista físico, quanto psíquico. Sua tendência homossexual fica sugerida na admiração apaixonada pelos militares e nos seus modos de tratar Henriquinho.

Capítulo 3

"*Eram cinco horas da manhã e o cortiço acordava, abrindo, não os olhos, mas a sua infinidade de portas e janelas alinhadas.*" (...)

Entretanto, das portas surgiam cabeças congestionadas de sono; ouviam-se amplos bocejos, fortes como o marulhar das ondas; pigarreava-se grosso por toda a parte; começavam as xícaras a tilintar; o cheiro quente do café aquecia, suplantando todos os outros; trocavam-se de janela para janela as primeiras palavras, os bons-dias; reatavam-se conversas interrompidas à noite; a pequenada cá fora traquinava já, e lá dentro das casas vinham choros abafados de crianças que ainda não andam. No confuso rumor que se formava, destacavam-se risos, sons de vozes que altercavam, sem se saber onde, grasnar de marrecos, cantar de galos, cacarejar de galinhas. De alguns quartos saíam mulheres que vinham dependurar cá fora, na parede, a gaiola do papagaio, e os louros, à semelhança dos donos, cumprimentavam-se ruidosamente, espanejando-se à luz nova do dia.

Daí a pouco, em volta das bicas era um zunzun crescente; uma aglomeração tumultuosa de machos e fêmeas. (...) *Sentia-se naquela fermentação sanguínea, naquela gula viçosa de plantas rasteiras que mergulham os pés vigorosos na lama preta e nutriente da vida, o prazer animal de existir, a triunfante satisfação de respirar sobre a terra.*" (p.35/6)

Como num concerto orquestral, em que determinado instrumento tem direito ao seu solo, assim também aqui, após esse retrato geral do amanhecer no cortiço, o narrador particulariza seus principais componentes. Revela a primeira mulher que se põe a lavar roupa, Leandra, apelidada "Machona", por ser uma portuguesa feroz, berradora e ter pulsos cabeludos e grossos, mãe de três filhas, uma casada, outra separada do marido, a "das Dores", de nome Ana das Dores e uma donzela ainda, a Nenen, com dezessete anos, mas que sabia engomar bem e fazer roupa-branca de homem com muita perfeição.

Vem a segunda lavadeira, Augusta Carne-Mole, brasileira, branca, mullher de Alexandre, mulato de quarenta anos, soldado de polícia. Tinham filhos, um dos quais, a Juju, vivia na casa da madrinha Léonie, prostituta de trinta mil réis para cima, procedência francesa, com sobrado na cidade.

A terceira lavadeira é a Leocádia, mulher do ferreiro Bruno. Trata-se de uma portuguesa com fama de leviana. Depois chega Paula, a bruxa, cabocla velha, meio idiota, que benzia e cortava febres com rezas e feitiçarias. Depois seguiam-se a Marciana e sua filha Florinda, de quinze anos, pele morena, beiços sensuais, olhos luxuriosos de macaca, toda a pedir homem, mas sempre a fugir às tentativas de assédio do vendeiro João Romão. Para completar o time das lavadeiras, vem Dona Isabel, respeitada pelas demais, acompanhada de sua filha Pombinha, que era a flor do cortiço, pois escrevia para os demais as cartas de que necessitavam e lia os jornais para quem quisesse, assim como fazia as contas e o rol das lavadeiras. Pombinha tinha dezoito anos, estava noiva do João da Costa, mas a mãe ainda não a deixara casar porque nunca ficara menstruada. Não podemos nos esquecer do Albino, que realmente encerrava a fila de lavadeiras, um sujeito afeminado, com um cabelinho castanho e fino a cair-lhe "*até ao pescocinho mole e fino*". Por ter apanhado de uns estudantes, "*não arredava os pezinhos do cortiço*" (p.41), a não ser no carnaval quando se vestia de dançarina e passava a tarde nas ruas e a noite nos bailes dos teatros.

As lavadeiras põem-se a lavar e tagarelar. Nisso aparece um rapaz e pergunta pela Rita Baiana, para pegar uma roupa que era para ela lavar. Todas comentam a vida leviana da Rita e de seu caso atual com o mulato Firmo. Comenta o narrador que é o mês de dezembro e o dia está muito quente. Em seguida mostra a grande movimentação na venda, com o português, a negra, mais o Manuel e o Domingos que mal conseguem atender a tanta gente que vem comprar e comer. À porta da venda, um português de seus trinta e cinco anos, forte como um Hércules, espera ser atendido pelo vendeiro.

Comentário:
Podemos observar aqui, na descrição das lavadeiras, uma das características de Aluísio, muito comentada pela crítica literária, a sua capacidade de lidar com as massas, com os grupos de pessoas. O amanhecer no cortiço é uma das páginas mais antológicas dessa obra e pode ser encontrada em quase todos os mais tradicionais livros didáticos.

Capítulo 4

"*Meia hora depois, quando João Romão se viu menos ocupado, foi ter com o sujeito que o procurava e assentou-se defronte dele, caindo de fadiga, mas sem se queixar, nem se lhe trair a fisionomia o menor sintoma de cansaço.*" (p.46) O grandalhão vem para trabalhar na pedreira e assusta João Romão ao pedir um salário de setenta mil-réis. Apesar da resistência do vendeiro, o Hércules não recua um centavo e insiste que não se pode pagar menos a um profissional da sua qualidade. Lembra ao vendeiro o acidente que matou um empregado na sua pedreira há poucos dias e afirma que tal não aconteceria se ele estivesse lá. Os dois vão ver a pedreira e o sujeito vai mostrando a João Romão quanto prejuízo está tendo por lidar com trabalhadores incompetentes. Promete que, se ele dirigir a pedreira, o aumento de lucro compensará bem o seu salário.

Comentário:
Temos aqui uma verdadeira aula de discussão capitalista entre o valor do capital e do trabalho. Notem que o profissional consciente, apesar de precisar do trabalho, valoriza a sua capacidade e resiste à avareza do patrão, rebatendo com a sua qualidade e a compensação de um trabalho bem feito, em contrapartida a um assalariado mal pago, mas que não vale a pena pelos prejuízos que provoca com os acidentes e danos materiais.

O vendeiro pergunta se ele virá morar na estalagem e comer em sua venda. A resposta do homem sossega o dono do cortiço: "*Naturalmente! não hei de ficar lá na cidade nova, tendo o serviço aqui!...*" Quanto à comida, diz que é sua mulher que faz, mas as compras seriam feitas na venda do patrão. O vendeiro, então, concorda, percebendo que os setenta mil-réis voltariam aos seus bolsos. Só então pergunta o nome do grandão:

"*- Jerônimo, para o servir.*"

Capítulo 5

"*No dia seguinte, com efeito, ali pelas sete da manhã, quando o cortiço fervia já na costumada labutação, Jerônimo apresentou-se junto com a mulher, para tomarem conta da casinha alugada na véspera.*" (p.54)

Todo este capítulo tem a função de fazer um retrato completo do português Jerônimo e sua mulher, Piedade de Jesus. Até os comentários maledicentes murcham, perante a dignidade desses dois. Jerônimo era *"tão metódico e tão bom como trabalhador quanto o era como homem"*. Num *flash back* revela o narrador que ele viera da terra para trabalhar na lavoura, mas desgostou-se da labuta sem descanso ao lado de escravos e mudou-se para a cidade, onde conseguiu emprego numa pedreira. Tão bem se saiu com o tempo que o patrão o converteu numa espécie de contramestre e elevou-lhe o salário. Com a morte do patrão e mudanças promovidas pelos seus sucessores, resolveu mudar-se para a pedreira de João Romão. Jerônimo era muito respeitado, não apenas pela sua força de touro, mas principalmente pela seriedade do seu caráter e pureza austera de seus costumes. Logo os resultados positivos fizeram com que o pessoal do cortiço o tratasse com respeito, e até o soldado Alexandre e o próprio João Romão, que chegou a aumentar-lhe o salário: *"E começou a distingui-lo e respeitá-lo como não fazia a ninguém."* (p.57)

Piedade honra e merece o marido que tem. É honesta, católica, trabalhadeira incansável. Lavadeira tão boa que nem a mudança para tão longe faz com que perca seus fregueses. O casal mantém uma filha no colégio para que possa ter o estudo que não tiveram.

Capítulo 6

"Amanhecera um domingo alegre no cortiço, um bom dia de abril. Muita luz e pouco calor." (p.59)

Todos apresentavam-se felizes e de roupa limpa. Transparecia neles o prazer da roupa mudada, depois de uma semana no corpo. Na venda, embora cedo, muitos bebiam e conversavam alto. Bertoleza, única a permanecer suja como sempre, lá estava ao fogão, mexendo as panelas e enchendo os pratos. Um acontecimento vem revolucionar mais ainda aquela confederação de alegria, a chegada da mulata Rita Baiana. Todos, homens e mulheres, vêm cumprimentá-la, abraçá-la, beijá-la. Até a bruxa Paula vem silenciosamente apertar-lhe a mão. Rita avisa que à noite vai ter festa, pois seu amante, Firmo, vem jantar com ela. Também a das Dores vai receber visita de seu homem. As demais mulheres dividem-se entre a casa de Rita e das Dores, colaborando na cozinha. Só Pombinha não vem durante o dia, pois está muito ocupada, redigindo a correspondência dos trabalhadores e das lavadeiras, serviço que ela sempre deixava para os domingos.

Capítulo 7

"E assim ia correndo o domingo no cortiço até às três da tarde, horas em que chegou mestre Firmo, acompanhado pelo seu amigo Porfiro, trazendo aquele o violão e o outro o cavaquinho. (p.66)

Firmo era um mulato de corpo delgado e ágil como um cabrito, oficial de torneiro perito, mas vadio, gastando em um dia o que ganhava em uma semana e, quando tinha sorte no jogo, ficava meses sem trabalhar, como esses três últimos, que transcorreram em farras com a Rita Baiana. Ele nascera na corte, no Rio de Janeiro, e participara de diversos grupos de capoeiras, chegando a decidir eleições nos tempos do voto indireto, mas deixara tudo, magoado, pois jamais conseguiu o lugar de contínuo numa repartição pública. Era seu sonho um trabalho das nove às três com salário de setenta mil-réis mensais.

Comentário:
Temos aqui dois problemas que infelizmente ocupam as mentes de alguns brasileiros. Atuar na campanha política, apoiando um candidato, não pelo que possa fazer pela comunidade, mas por promessas pessoais, particulares. Outro comportamento inadequado é esse sonho de um emprego cômodo, fácil, seguro, em repartição pública. O que não pensam é que esse emprego muitas vezes transforma-se em uma prisão, em uma camisa de força que leva ao enfezamento e à estagnação, impedindo o indivíduo de crescer como pessoa e como cidadão.

Os dois jantares vizinhos principiaram ruidosos, logo desde a sopa e assanharam-se progressivamente. Jerônimo e Piedade foram convidados para ambos, mas preferiram jantar em casa, a sós, como sempre. Alguns minutos depois vinha das duas casas uma algazarra infernal, a ponto de levar o Miranda a espiar várias vezes da janela do sobrado. Mais tarde, não suportando, o português explodiu para baixo sua raiva: "*Vão gritar pra o inferno, com um milhão de raios! berrou ele, ameaçando para baixo. Isto também já é demais! Se não se calam, vou daqui direito chamar a polícia! Súcia de brutos!* (p.70)

Da segunda vez, seu protesto recebe réplica do mulato Firmo: "*Facilita muito, meu boi manso, que te escorvo os galhos na primeira ocasião!*"(p.71)

Até o esquisito velho Libório veio ao jantar de Rita. Esse mesquinho vivia chorando miséria, apanhando pontas de cigarro para fumar no cachimbo, pedindo de tudo a todos, um verdadeiro mendigo, que chegava ao extremo de roubar doce ou moedinhas das crianças que as mães mandavam à venda. Comia com ganância, a ponto de engasgar-se com pedaço de carne e quase morrer sufocado. Quem quase nada comia era o delicado Albino, pois tudo lhe fazia mal. Rita brinca com ele que deve ser gravidez. Todos brincam e ele fica amuado, choramingando. Firmo sugere que seria melhor irem para fora e todos aceitam a idéia. Nisto, Jerônimo começa a cantar uma cantiga muito triste, acompanhando-se com sua guitarra portuguesa, mas de repente o cavaquinho do Porfiro, acompanhado pelo violão do Firmo, romperam vibrantemente com um chorado baiano. Jerônimo deixa sua guitarra e vem juntar-se ao grupo, acompanhado de sua mulher Piedade. Quando a baiana aparece com os ombros e braços nus para dançar, o português deixa cair o queixo. Rita "*saltou em meio da roda, com os braços na cintura, rebolando as ilhargas e bamboleando a cabeça, ora para a esquerda, ora para a direita, como numa sofreguidão de gozo carnal, num requebrado luxurioso que a punha ofegante; já correndo de barriga empinada; já recuando de braços estendidos, a tremer toda, como se fosse afundando num prazer grosso que nem azeite em que se não toma pé e nunca se encontra fundo. Depois, como se voltasse à vida, soltava um gemido prolongado, estalando os dedos no ar e vergando as pernas, descendo, subindo, sem nunca parar com os quadris, e em seguida sapateava, miúdo e cerrado freneticamente, erguendo e abaixando os braços, que dobrava, ora um, ora outro, sobre a nuca, enquanto a carne lhe fervia toda, fibra por fibra titilando.*"(p.77)

Comentário:
Observem como essa descrição dos movimentos de dança popular, sensual, lúbrica, em muitos casos aproxima-se da recente dança da garrafa e daquela a que talvez possamos denonimar "Segura o tcham."

O narrador comenta que só a Rita tinha o segredo mágico daqueles movimentos de cobra amaldiçoada, que combinavam com o cheiro que a mulata soltava de si e que acabam seduzindo o português Jerônimo.

Capítulo 8

"*No dia seguinte, Jerônimo largou o trabalho à hora de almoçar e, em vez de comer lá mesmo na pedreira com os companheiros, foi para casa. Mal tocou no que a mulher lhe apresentou à mesa e meteu-se logo depois na cama, ordenando-lhe que fosse ter com João Romão e lhe dissesse que estava incomodado e ficava de descanso aquele dia.*" (p.80)

A mulherada toda se assanha e se espanta ao ver adoecer um homem que tinha tanta saúde. É um entra e sai de mulher que já ia levar Jerônimo a protestar, quando entrou Rita Baiana. Todo ele se transformou. Rita prometeu trazer um café com **parati**[18] para lhe produzir suador. Piedade percebe o perigo, não pela inteligência, mas pelo "*instinto, o faro sutil e desconfiado de toda a fêmea pelas outras, quando sente o seu ninho exposto.*"[19]

Após beber a infusão feita pela Rita e suar bastante, o português viu-se a sós com a mulata por um breve momento e passou-lhe o braço pela cintura, tentando boliná-la. A mulata pulou fora e ameaçou contar tudo à sua mulher, mas ficou só na ameaça.

Nisso ecoou na estalagem um grande alarido. Faz o narrador uma retrospectiva e revela que o Henriquinho vivia tentando a Leocádia e que o conseguira nessa tarde, ao prometer dar a ela um coelhinho todo branco. Ela aceitou e indicou um capinzal ao fundo do cortiço. Deitou-se na grama e o rapaz pôs-se a copular com ela, sempre com o coelho nas mãos. O ferreiro Bruno, marido de Leocádia, pegou-os em flagrante, mas não pôde ver a cara de Henrique, que fugiu, deixando escapar o coelho. O casal pôs-se a brigar, quebrando ambos, todos os pertences um do outro, sob olhares e gritos de exclamação de todo o cortiço. Só Albino, todo feminino, tentou apaziguar o marido traído, mas levou uma bofetada tão grande que desistiu. Nem o soldado Alexandre conseguiu impedir a separação. Leocádia deixou o cortiço acompanhada de Rita Baiana, que prometeu arrumar algum lugar para ela ficar.

Capítulo 9

"*Passaram-se semanas. Jerônimo tomava agora, todas as manhãs, uma xícara de café bem grosso, à moda da Ritinha, e tragava dois dedos de parati "pra cortar a friagem*". (p.92) Assim, gradativamente, e para desespero de sua mulher, o grandalhão vai abrasileirando-se e tornando-se preguiçoso e amigo dos prazeres. Piedade, em seu instinto feminil, começou a prever que seu homem assim como reformava a mesa, haveria um dia de reformar a cama.

Jerônimo sempre acha uma desculpa para falar com a baiana. Uma das mais usuais é pedir notícias de Leocádia. Rita informa que arrumou um lugar para ela na casa de umas engomadeiras do Catete, depois passou-a para uma família, a quem se alugou como ama-seca e estava para trabalhar num colégio de meninas. Em noites de samba, o cavouqueiro era o primeiro a chegar e o último a sair. Rita, ao dançar, requebrava e mexia com ele, fingindo limpar-lhe a baba no queixo com a barra da saia.

Desesperada, Piedade foi procurar a bruxa para que lhe ensinasse algum modo de prender o marido. A Paula recomendou que pegasse da água em que se banhase e pusesse no café do marido. Também o Firmo começou a desconfiar e andava resmungando. Rita, percebendo os ciúmes do amigo,

18. No passado era com esse termo que metonimicamente designavam a pinga ou cachaça.
19. Mais uma vez, encontramos aqui a aproximação do ser humano com os animais, caracterizando o texto como tipicamente naturalista.

decidiu prevenir Jerônimo para tomar cuidado. No dia em que pretendia avisar o português, rebentou outro escândalo no cortiço. Marciana descobriu que sua filha Florinda estava grávida do Domingos, caixeiro do João Romão. Como a jovem é menor, todos dirigem-se à venda para exigir o casamento. O vendeiro promete obrigar o caixeiro a casar-se, mas aconselha-o a fugir durante a noite, para assim deixar de pagar-lhe os salários atrasados.

No mesmo dia, à noite, a cocote Léonie visita Alexandre e Augusta, trazendo sua afilhada Juju. Os pais ficam contentes e orgulhosos de verem como a filha vem bem vestida e com os cabelos tingidos de loiro, à francesa. Pombinha chega bem tarde e abraça a cocote, demonstrando muita ternura e admiração. É convidada a ir com a mãe para jantar com Léonie.

Quando a prostituta saiu, Rita, no pátio, beliscou a coxa de Jerônimo e soprou-lhe à meia voz: "*Não lhe caia o queixo*!..." O cavouqueiro disse que aquela para ele nem pintada e "*para deixar bem patente as suas preferências, virou o pé do lado e bateu com o tamanco na canela da mulata.*" (p.107)

Comentário:
Esse hábito, entre a camada mais popular, de beliscar e dar pontapé para demonstrar afeição já tinha aparecido em nossa literatura na obra *Memórias de um sargento de milícias,* de Manuel Antônio de Almeida.

Capítulo 10

"*No outro dia a casa do Miranda estava em preparos de festa. Lia-se no Jornal do Comércio que Sua Excelência fora agraciado pelo governo português com o título de Barão do Freixal*". (p.108)

Todo o sobrado agita-se em preparação para festa, enquanto o cortiço também se alvoroça, pois descobrem que o Domingos fugiu e outro caixeiro ocupa o seu lugar. Marciana bate na filha até que a moça, não suportando mais, foge do cortiço tão rápida que ninguém pôde impedi-la. Marciana vai à venda e maldiz João Romão: "*Se não me deres conta de minha filha, malvado, pego-te fogo na casa*!", "*A bruxa sorriu sinistramente ao ouvir estas últimas palavras.*" (p.111)

Saiu no *Jornal do Comércio* que o Miranda tinha recebido o título de barão. João Romão nem dormiu direito, roído de inveja. Acordou nervoso, irritado. Mandou despejarem os móveis de Marciana para fora do cortiço, desocupando o número 12. As mulheres solidarizam-se com Marciana, que fica apatetada, com o olhar fixo num ponto indefinido. A casa do Miranda continua em festa. João Romão recebe na venda um convite do vizinho para ir tomar um chá. Passa um soldado e o vendeiro manda retirar Marciana para a cadeia.

A noite chegou bonita. Durante a festa costumeira na casa da Rita Baiana, Jerônimo declara seu amor aos cochichos. Firmo percebe e inicia uma briga com o português. Embora forte, Jerônimo apanha do mulato por causa de sua agilidade de capoeirista. Jerônimo arma-se de um pau e acerta a cabeça de Firmo, que se vale da navalha e rasga-lhe a barriga com um golpe certeiro, fugindo em seguida pelo capinzal ao fundo do cortiço. A polícia tenta entrar, mas os moradores não deixam, repelindo-a com pedras e garrafas. Quando estão nessa luta, alguém grita que o 12 está em chamas. Cada um corre a salvar o que é seu. A polícia, sequiosa de vingança, aproveita para invadir e quebrar tudo que pode.

Capítulo 11

"*A Bruxa*[20]*, por influência sugestiva da loucura de Marciana, piorou do juízo e tentou incendiar o cortiço.*" Apesar do esforço de João Romão, ninguém descobriu o causador do incêndio. No outro dia, o português teve de comparecer à presença do subdelegado. Vários moradores foram com ele e muito reclamaram da ação dos policiais. Fica bem claro que podem matar-se dentro do cortiço, mas ninguém denuncia um ao outro, nem deseja qualquer intromissão da polícia. Exemplo disso é Jerônimo, que nem ao médico diz a causa real de seu ferimento.

Rita torna-se solícita e amorosa com o ferido, afagando seus cabelos, mesmo na frente de Piedade. No dia seguinte, o narrador concentra-se nos modos nervosos e abatidos de Pombinha. Esclarece, numa retrospectiva, que ela estivera anteriormente na casa de Léonie e fora seduzida pela cocote, que a despiu e manteve com ela uma relação homossexual forçada.

No dia seguinte à sedução, foi o dia do conflito, mas apesar do barulho, Pombinha não saiu de casa. Sentia vontade de ficar só. Retirou-se para o fundo do cortiço, quase ao meio-dia. Deitou-se na grama, sob as árvores, e dormiu. Teve um sonho estranho em que se via nua, deitada no colo de uma rosa vermelha. O sol se transformou numa borboleta, que agitou as asas, soltando uma nuvem de poeira dourada que caiu sobre a menina, levando-a ao gozo. Pombinha acordou sobressaltada e descobriu que tinha ficado menstruada.

Comentários:
Esse sonho, com suas imagens poéticas, simbólicas, constitui uma das mais belas passagens deste romance. Não se pode deixar de lê-la. Aluísio vale-se de termos de botânica e de imagens simbólicas para criar erotismo, sensualidade. Várias imagens parecem decorrer de um estudo da simbologia onírica da psicanálise freudiana ou dos arquétipos junguianos. Bastante curioso é verificar que este romance foi publicado em 1890, ao passo que os estudos de Freud e de Jung só apareceram após a primeira década do século XX.

Capítulo 12

"*Pombinha ergueu-se de um pulo e abriu de carreira para casa. No lugar em que estivera deitada o capim verde ficou matizado de pontos vermelhos.* (p.137) A mãe exultou de alegria e saiu gritando a notícia para todos no cortiço. Só não mostrou a roupa de baixo suja de sangue porque a filha não deixou. Pensou logo em avisar o João da Costa e pedir-lhe para marcar logo a data do casamento.

Depois da briga de Firmo com Jerônimo, acabaram-se as noitadas alegres de violão e dança ao relento. Jerônimo estava hospitalizado. Piedade vivia amargurada. Pombinha abandonou o curso de dança e era visitada toda noite pelo noivo. Um dia, quando ela estava trabalhando em seu enxoval, apareceu o ferreiro Bruno e pediu-lhe que escrevesse uma carta à sua mulher, implorando que voltasse para junto dele, que tudo esqueceria. Vendo o homem chorar ao fazer tal pedido, Pombinha percebeu o que uma mulher era capaz de fazer e "*surgiu-lhe então uma idéia bem clara da sua própria força e do seu próprio valor. Sorriu. E no seu sorriso já havia garras.*" (p.142) Pensou no seu casamento e pressentiu que nunca respeitaria o marido sinceramente como seu superior.

---

20. Mantivemos a maiúscula, porque assim estava no original, mas à p.111, o autor já tinha registrado o mesmo termo com letra minúscula.

Tinha sonhado tanto com aquele matrimônio, mas na véspera só não desistiu por causa da insistência de sua mãe. Uma semana depois, Pombinha casou-se e deixou o cortiço.

Capítulo 13

Dona Isabel esvaziou a casa poucos dias depois do casamento da filha. Veio morar no mesmo lugar uma família composta de mãe viúva e cinco filhas solteiras. Comenta o narrador que na mesma rua surgiu um outro cortiço: o "Cabeça-de-Gato".[21] João Romão, enraivecido com tal concorrência, plantou em seus inquilinos um verdadeiro ódio aos moradores no novo cortiço, que respondeu com os mesmo sentimentos e logo apelidaram os vizinhos de "carapicus", nome do peixe que a Bertoleza mais vendia à porta da taverna. O capoeira Firmo e seu amigo Porfiro foram morar no "Cabeça-de-Gato".

Três meses depois, João Romão viu que o novo cortiço não o prejudicava em nada e voltou a preocupar-se com o Miranda. Desde que o vizinho surgiu com o baronato, o vendeiro iniciou uma grande transformação por dentro e por fora. Vestia-se bem, ia ao teatro, assinava três jornais e passou até a comprar e ler romances franceses traduzidos. O Miranda passou a tratá-lo de modo cortês e atencioso. Bertoleza é que continuava a mesma crioula suja. Ele subia e ela ficava lá embaixo, como uma cavalgadura de que já não se precisa mais. "*Começou a cair em tristeza.*"

Além do Miranda, aproximou-se também do vendeiro o Botelho, que logo propôs a João Romão servir de intermediário para tratar de seu casamento com Zulmira. "*E desde então, com efeito, sempre que os dois se pilhavam a sós discutiam o seu plano de ataque à filha do Miranda. Botelho queria vinte contos de réis, e com papel passado a prazo de casamento; o outro oferecia dez.*" (p.149) Enfim, o contrato foi acertado e pouco depois João Romão foi convidado a jantar no sobrado. Ao voltar e deitar-se junto da negra foi que passou a pensar no estorvo que ela seria aos seus projetos. No dia seguinte, vendo-a limpar peixes, desejou que morresse.

Capítulo 14

Comenta o narrador que três meses já se passaram depois "*da noite da navalhada*" e Firmo encontrava-se ainda com a Rita, mas esta andava fria e arredia. Um dia, a mulata faltou ao encontro com o capoeira, que saiu furioso, rondou a estalagem São Romão, mas não teve coragem de entrar. Foi beber cachaça num bar perto da praia e ouviu a notícia de que Jerônimo tinha recebido alta do hospital. Logo entendeu o motivo da ausência de Rita e espumou de ódio.

Jerônimo, logo que chegou, foi à casa de Rita tomar café. Em seguida, vieram dois sujeitos procurando por ele, Zé Carlos e Pataca. Depois de jantar, Jerônimo saiu com os dois e tramaram a morte do mulato Firmo. Após muito beberem, armaram-se de paus e foram procurar pelo capoeira no bar Garnisé.

---

21. O narrador faz alusões ao fato do verdadeiro dono do novo cortiço ser personagem política importante. Trata-se de uma referência crítica ao Conde D'Eu, que explorou esse tipo de atividade.

Capítulo 15

Pataca entrou no bar e não viu Firmo, mas encontrou Florinda, agora amigada com um marceneiro de nome Bento, e se puseram a conversar. Nisso, surgiu Firmo bastante embriagado. Pataca o convidou a beber mais, contando-lhe que viu Rita com um sujeito na Praia da Saudade. Firmo caiu na cilada. Saíram em direção à praia e logo encontraram-se com os outros dois. O mulato foi dominado e morto a pauladas. Jerônimo levou a navalha e mostrou à mulata Rita, contando tudo e convidando-a a fugir com ele. Ela aceitou e foi para a cama com ele.

Capítulo 16

Enquanto isso, a mulher do português desesperava-se com a ausência do marido. Passou a noite sem dormir. De madrugada ouviu vozes abafadas e pensou que devia ser o Alexandre com a mulher, embora parecesse voz de seu homem. De manhã, o cortiço já em labuta e nada de Jerônimo aparecer. As mulheres espantam-se com o desaparecimento do português e todas têm alguma palavra a dizer, menos Rita que, no número 9, cantava alegremente, chegando de vez em quando à janela para vir soprar fora a cinza da fornalha de seu ferro de engomar. Piedade, à tarde, saiu à procura de seu homem e conseguiu muitas informações sobre o que ele fizera à noite. Chegou no cortiço desconsolada e, ao pegar sua chave, foi informada de que Firmo tinha sido assassinado. Ligou as informações e concluiu que Jerônimo fora o causador dessa morte. "*Afastou-se logo, com medo de falar, e foi trêmula e ofegante que abriu a porta e meteu-se no número 35.*" Em casa, conclui: "*Se ele matou o Firmo, dormiu na estalagem e não veio ter comigo, é porque então deixou-me de feita pela Rita!*" (p.178)

Enraivecida, cheia de ciúme, a portuguesa foi procurar a baiana e ambas travam violenta briga, pegando-se a unhas e dentes. O cortiço divide-se em dois partidos, o dos brasileiros, que torcem pela Rita, e o dos portugueses, que torcem por Piedade. Quando estavam no melhor da luta, ouviu-se na rua um coro de vozes que se aproximavam, vindas das bandas do "Cabeça-de-Gato". "*Era o canto de guerra dos capoeiras do outro cortiço, que vinham dar batalha aos carapicus, para vingar com sangue a morte de Firmo, seu chefe de malta.*" [22] (p.181)

Capítulo 17

"*Mal os carapicus sentiram a aproximação dos rivais, um grito de alarma ecoou por toda a estalagem e o rolo dissolveu-se de improviso, sem que a desordem cessasse. Cada qual correu à casa, rapidamente, em busca do ferro, do pau e de tudo que servisse para resistir e para matar. Um só impulso os impelia a todos; já não havia ali brasileiros e portugueses, havia um só partido que ia ser atacado pelo partido contrário*" (p.182) e assim que os dois grupos se encontraram a luta generalizou-se envolvendo até as crianças, mas um fato veio interromper também esta briga: imenso fogaréu irrompeu de uma das casas do fundo, o número 88. Agora o incêndio era para valer. A Bruxa conseguira finalmente realizar seu sonho de doida, o cortiço ia arder. Todos correram para salvar o que conseguissem. O inimigo, solidário, retira-se. A Bruxa surgiu à janela de sua casa, que parecia uma boca de fornalha acesa. Repentinamente o madeiramento ruiu, sepultando-a sob um montão de brasas. Em meia hora o cortiço seria todo cinza, mas chegou o corpo de bombeiros e apagou heroicamente as chamas, sob aplausos de alguns moradores.

---

22. O narrador proporciona um cunho épico de combate medieval com bandeira e canto de guerra a uma briga de cortiços, conferindo nobreza aos contendores.

Capítulo 18

Durante a confusão, João Romão, que já andava de olho no velho Libório, seguiu-o ao seu esconderijo e viu-o agonizando agarrado a algumas garrafas. O português arrebatou-as, deixando o velho entregue à morte inevitável. Ao contar o dinheiro que as garrafas continham encontrou quinze contos de réis, sete dos quais em dinheiro válido. Maldisse o governo brasileiro que vivia trocando o dinheiro. Pensou, no entanto, que poderia dar o dinheiro velho como troco aos seus clientes.

Miranda veio cumprimentar João Romão por ter feito seguro, não tendo portanto nenhum prejuízo com o que aconteceu.

Capítulo 19

Dias depois, João Romão inicia a reconstrução do cortiço que agora deverá chegar a mais de quatrocentas acomodações. Leocádia visita o marido no hospital e se reconciliam. Piedade torna-se feia, resmungona, preguiçosa, desleixada e passa a beber. João Romão é que está cada vez melhor, anda engravatado, joga na bolsa e toma cerveja com os capitalistas do café. Bertoleza bem que compreende sua transformação, entristecendo-sebastante, mas ainda o adorava muito. Tinha por ele o fanatismo irracional das caboclas do Amazonas pelo branco a que se escravizam. Jerônimo voltara para a antiga pedreira em que já trabalhara, morando com a Rita numa estalagem da Cidade Nova. Estava completamente mudado. Tocava violão, dormia em rede, fumava cachimbo e vivia bêbado. Preguiçoso, amigo das extravagâncias, acaba por não pagar mais o colégio da filha. Piedade o procura, mas apesar de prometer pagar as dívidas, continua devendo. A menina sai da escola, vem morar no cortiço e é apelidada de Senhorinha, sendo tratada com especial carinho como a Pombinha. Um dia, Piedade e a filha vão procurá-lo. Ele muito se emociona, convida a mulher a beber, chama a Rita, e faz que as mulheres se abracem. No final, acaba desentendendo-se com a família e expulsa mulher e filha, terminando o capítulo com a Rita, sentada em seu colo, aos grandes beijos.

Capítulo 20

Piedade, ao chegar em casa, bebe mais e vai procurar consolo na farra. Comenta o narrador que o cortiço mudou bastante. Agora, há muitos moradores novos, gente de outros níveis, diferentes dos antigos moradores, como estudantes pobres, caixeiros de botequim, artistas de teatro, condutores de bondes, vendedores de bilhetes de loteria e vários italianos. Há também os mascates que provocam a maior sujeira, ficando o cortiço em meio a um *fedor nauseabundo de coisas podres, que empesteava* tudo. A construção no entanto superava a outra, e até a antiga placa "Estalagem de São Romão" foi substituída por "Avenida São Romão". Até a casa alta de João Romão excede o sobrado do Miranda.

Retoma o narrador a procura de Piedade por um grupo na farra e comenta que só na casa da das Dores encontrou a portuguesa um grupo cantando e bebendo parati. Aí engraçou-se com o Pataca, que a levou para casa, ambos bêbados, e possuiu-a no chão da cozinha, sob os olhares de Senhorinha que viera ver o que os dois estavam fazendo. Piedade vomita e é levada para a cama pelo Pataca, que sai irritado porque ela não lhe fizera um café, enquanto a menina fica chorando ao lado da mãe.

Capítulo 21

João Romão passeia em seu quarto, com móveis já de casado, porque o esperto não estava disposto a comprar móveis duas vezes. Medita o vendeiro em como dar fim à negra Bertoleza, pois Zulmira já o aceitara por marido e Dona Estela ia marcar o dia do casamento.

O velho Botelho vem visitar João Romão e conta que Dona Estela colocou o problema da negra como obstáculo e estão conversando sobre como livrar-se da crioula, quando esta entra e discute com o português, que lhe propõe dar uma quitanda, mas ela recusa: "*Ora essa! Quero ficar a seu lado! Quero desfrutar o que nós dois ganhamos juntos! quero a minha parte no que fizemos com o nosso trabalho! quero o meu regalo, como você quer o seu!*" (p.217)

Finalmente, Botelho e o vendeiro encontram a solução, denunciar e devolver a escrava a seu dono, um tal de Freitas Melo. Botelho cobra duzentos mil-réis para fazer mais esse serviço a João Romão.

Capítulo 22

Depois desse dia, Bertoleza fez-se ainda mais concentrada e resmungona e só trocava com o amigo uma ou outra palavra inevitável no serviço da casa. O narrador comenta a prosperidade da casa comercial de João Romão e também de sua estalagem, onde já não entra qualquer um, pois exige-se carta de fiança e uma recomendação especial. Algumas pessoas, mais pobres, mudam-se para o "Cabeça-de-Gato". Os italianos são os primeiros.[23] Florinda, amigada com um despachante, voltara para o São Romão. Marciana morreu no hospício. Alexandre fora promovido a sargento. Léonie continuava a visitá-lo. Um dia, o cortiço fica alvoroçado, pois Léonie vem em companhia de Pombinha. Esta, após o casamento, manteve-se honesta, mas com o passar do tempo, foi dando asas a um novo comportamento. Primeiro enamorou-se de um "*boêmio de talento, libertino e poeta, jogador e capoeira*" (p.222). Depois vieram outros. O marido descobriu e se separou, fugindo para São Paulo, entregando-a à mãe. Um dia, Pombinha desaparece da casa da mãe. Foi assim que ela acabou juntando-se à cocote. "*Agora, as duas cocotes, amigas inseparáveis, terríveis naquela inquebrantável solidariedade, que fazia delas uma só cobra de duas cabeças, dominavam o alto e o baixo Rio de Janeiro.*" (p.223)

Piedade e a filha[24] recebem ajuda de Pombinha, mesmo assim são expulsas e vão morar no cortiço vizinho.

Capítulo 23

"*À porta de uma confeitaria da Rua do Ouvidor, João Romão, apurado num fato novo de casimira clara, esperava pela família do Miranda, que nesse dia andava em compras.*" (p.225) Eles chegam e vão todos a uma confeitaria. Depois, vem o Botelho com notícias de que um oficial matara um sargento, que lhe ousara levantar a mão. O velho segreda a João Romão que ainda hoje virão buscar Bertoleza. À tarde, na casa de João Romão aparece um homem com

23. Podemos ver aqui um reflexo ou influência do cientificismo evolucionista, pois há os que crescem acompanhando a evolução de João Romão e do próprio cortiço, ao passo que os menos adaptados são excluídos e devem transferir-se para o outro cortiço, "Cabeça-de-Gato", que é a estalagem São Romão em seu início.

24. Assim como Pombinha, essa menina deverá repetir o ciclo e sair do cortiço, evoluindo e superando sua situação através da prostituição.

uma folha de papel, dizendo que veio buscar sua escrava. Bertoleza teve um impulso de fugir, mas vendo que não teria chance matou-se: "*Bertoleza então, erguendo-se com ímpeto de anta bravia, recuou de um salto, e antes que alguém conseguisse alcançá-la, já de um só golpe certeiro e fundo rasgara o ventre de lado a lado. E depois emborcou para a frente, rugindo e esfocinhando moribunda numa lameira de sangue. (...) Nesse momento parava à porta da rua uma carruagem. Era uma comissão de abolicionistas que vinha, de casaca, trazer-lhe respeitosamente o diploma de sócio benemérito. Ele mandou que os conduzissem para a sala de visitas.*" (p.230)

IX - SÍNTESE DO ENREDO

Para resumir a história, podemos considerar como espinha dorsal da mesma a figura de João Romão, que, através de todo tipo de privação e de exploração, consegue construir o cortiço. Muito colaborou, sem vontade própria, a escrava Bertoleza, que lhe entregou suas economias, com as quais pretendia comprar sua própria liberdade.

Um incêndio destrói o cortiço, mas João Romão sai lucrando, pois além de receber indenização do seguro, aproveitou-se da confusão para invadir a casa do velho Libório e roubar o dinheiro que o maníaco tinha guardado em garrafas.

João Romão constrói, então, um grande cortiço a que denomina Estalagem São Romão. Além das casas, aluga também as tinas para lavagem de roupa, pois há água em abundância. Enriquecido, para conseguir "*status*" social, pede em casamento a filha do Miranda, do sobrado. O intermediário comunica que Miranda aceita, mas D. Estela, sua mulher, quer saber como fica a situação da negra que com ele vive. João Romão promete livrar-se da negra. Bertoleza que tudo ouvia, entra esbravejando e diz que não vai ser tão fácil assim. João Romão consegue livrar-se dela, denunciando-a aos seus donos. Quando a polícia chega para prendê-la, ela se mata. Pouco depois, chega uma comissão de abolicionistas e entrega a João Romão o título de sócio benemérito.

X - ESTRUTURA DA OBRA

O romance está dividido em 23 capítulos e apresenta uma narrativa de estrutura simples, com as seqüências tradicionais. Podemos dizer que, embora seu conteúdo seja revolucionário por ser oposto à ideologia da época e por denunciar o código social vigente, sua estrutura é ainda conservadora. Também tradicional é a preocupação com a movimentação exterior, com a peripécia, numa continuidade da estética romântica. Aluísio revela-se um mestre no registro da ação exterior, na fixação de cenas coletivas, como na briga dos dois cortiços e na seqüência movimentada dos bombeiros a combater o incêndio, apresentando, como o cronista Fernão Lopes, uma qualidade de imagens e de colorido, que nos faz pensar na linguagem cinematográfica com muita freqüência.

A novidade está na linguagem mais próxima da fala, numa mestiçagem lingüística de rara riqueza, como bem aponta a crítica: "*... a língua de Azevedo,* *em sua plurivalência de nacionalidades, mostra como o francês, o italiano, português de Portugal, o falar do cortiço, o falar dos salões se mesclam constituindo conjuntos que integralizam a língua brasileira num sentido mais amplo. Sua língua é mestiça como seus personagens e se espalha pelo simples e pelo complexo*".[25]

FOCO NARRATIVO

O narrador vale-se da terceira pessoa para revelar o mundo do cortiço, sugerindo assim maior objetividade. Trata-se de um narrador onisciente e que, várias vezes, emite juízo de valor sobre ações ou comportamentos das personagens, como, por exemplo, quando comenta o fato de João Romão só pensar em acumular riqueza, deixando até de comer ovo, de que tanto gosta, só para vender e ganhar dinheiro: "*Aquilo já não era ambição, era uma moléstia nervosa, uma loucura, um desespero de acumular, de reduzir tudo a moeda.*" (p.23)

O narrador expressa-se numa linguagem ágil e descontraída que, sem chegar aos piores barbarismo, vale-se freqüentemente de um modo de falar mais popular como *"Parece que tem fogo no rabo!"* ou "*sem precisar roer nenhum chifre*", notadamente quando reproduz os pensamentos das personagens em discurso indireto livre: "*não passava afinal de um pedaço de asno comparado com o seu vizinho!*" (p.27), ou em discurso direto: "- *Sim, sim, sim, contanto que te musques* (desapareças) *por uma vez!* (de uma vez, ou definitivamente)", "- *Contanto que despache o beco!* (saia do caminho)" (p.87)

TEMPO

Pela presença de uma escrava, sabemos que a história desenvolve-se num período anterior a 1888, data da abolição da escravatura. Prevalece o tempo cronológico, mas a linearidade é quebrada pelo emprego de *flash back*, retomando momentos passados para esclarecer certas ações ou situações.

ESPAÇO

O espaço em que se movimentam as personagens é o Rio de Janeiro, principalmente o bairro do Botafogo, que aparece no começo de sua formação e desenvolvimento.

Há uma clara oposição significativa entre o espaço horizontal, representado pelo cortiço, abrigando toda sua miséria, e o espaço vertical do sobrado, sugerindo vida de melhor condição social e econômica.

PERSONAGENS:

- **João Romão**, português ambicioso, avarento, dono e explorador do cortiço. "Era um tipo baixote, socado, de cabelos à escovinha".

---

25. in **Sant'anna**, Affonso Romano de - *Análise estrutural de romances brasileiros*, RJ, 1984, Editora Vozes, p.116.

- **Bertoleza**, crioula trintona, escrava de um velho cego, que vivia amancebada com um português. Fazia quitanda, isso equivaleria hoje a fazer sanduíches ou lanches. Ela vendia angu, peixe frito e iscas de fígado.
- **Miranda**, português bem sucedido no comércio de tecidos por atacado, dono do sobrado. Valoriza a posição social e principiou sua carreira com o dote recebido ao casar com Estela.
- **Estela**, mulher do Miranda, adúltera, pretensiosa e com fumaças de nobreza.
- **Zulmirinha**, filha do Miranda, moça pálida, magrinha, com pequeninas manchas roxas nas mucosas do nariz, das pálpebras e dos lábios. Destaca-se ainda, fisicamente, que ela tinha pés pequenos, quadril estreito, mas os olhos grandes e negros eram vivos e maliciosos. A mãe a despreza por achar que é filha do Miranda e este a detesta porque tem certeza de que não é o pai.
- **Henrique**, filho de um rico fazendeiro de Minas. Jovem delicado de quinze anos, cheio de acanhamento, que fica morando na casa do Miranda.
- **Botelho**, velho macilento, de setenta anos, antipático, com expressão de abutre, cheio de hemorróidas, que vegeta à sombra do Miranda.
- **Rita Baiana**, mulher livre que se recusa a casar. Mulata assanhada, gosta de dança e quando aparece é assim descrita: "*No seu farto cabelo, crespo e reluzente, puxado sobre a nuca, havia um molho de manjericão e um pedaço de baunilha espetado por um gancho. E toda ela respirava o asseio das brasileiras e um odor sensual de trevos e plantas aromáticas.*" (p.61)
- **Firmo**, mulato amante de Rita Baiana, delgado de corpo e ágil como um cabrito, farrista de primeira, andava quebrando-se nos seus movimentos de capoeirista. Magro, mas forte, não tinha músculos, tinha nervos.

XI - TEMÁTICA

O tema condutor do fio narrativo é o problema de moradia, a vida miserável no cortiço, que tanto conduz a história quanto serve de cenografia para todo o desenvolvimento do drama humano coletivo. Com esse fio temático, enlaçam-se numa verdadeira tapeçaria outros temas como o da exploração do homem pelo homem, da bestialização do indivíduo pela miséria, da influência do meio sobre o homem e, até mesmo, temas menores e menos significativos como a ineficácia da polícia: "*...nesse tempo a polícia não se mostrava muito por aquelas alturas*". (p.16)

BIBLIOGRAFIA CONSULTADA

- **Azevedo,** Aluísio - *O mulato*, SP, 1992, Ed. Ática. (Obra utilizada para citação)
- **Azevedo,** Aluísio - *O cortiço*, SP, 1981, Abril Cultural. (Obra utilizada para citação)
- **Pacheco,** João - *A Literatura Brasileira, vol. III - O Realismo*, SP, MCMLXXI, Ed. Cultrix.
- **Menezes,** Raimundo de - *Aluísio Azevedo, uma vida de romance*, SP, 1958, Liv.Martins Ed.
- **Sant'anna,** Affonso Romano de - *Análise estrutural de romances brasileiros*, RJ, 1984, Editora Vozes.

Exercícios no final.

MISSAL e BROQUÉIS
de
Cruz e Sousa

I - BIOGRAFIA

João da Cruz e Sousa nasceu em 1861, na cidade de Florianópolis, chamada Desterro naquele tempo. Negro puro, filho de escravos, teve no entanto a sorte de nascer na casa do generoso Marechal-de-Campo Guilherme Xavier de Sousa que, não tendo prole, recebeu-o como se fosse seu próprio filho, e como tal o educou. O sobrenome do poeta é proveniente do Marechal e não de seus pais.

Após a morte de seu protetor, apesar de sua excelente educação secundária, não só se viu impedido de continuar os estudos, mas sofreu todo tipo de perseguição em virtude do preconceito racial. Um bom exemplo disso foi o fato de não ter podido assumir, em 1884, o cargo de Promotor em Laguna, para o qual fora nomeado.

No período de 1882 a 1889, com Virgílio Várzea, dirigiu o jornal abolicionista *Tribuna Popular*. Hostilizado pelos brancos, deixa sua terra e viaja pelo Brasil como membro de uma companhia de teatro, exercendo as funções de secretário e ponto[1]. Publicou em colaboração com Virgílio Várzea o livro *Tropos e fantasias*, em 1885. No ano seguinte, foi bem recebido no Rio Grande do Sul. Dois anos depois, passa pelo Rio de Janeiro e conhece o poeta Oscar Rosas e faz amizade com Luís Delfino e Nestor Vítor, que muito o prestigiaria no futuro. Outra amizade desse tempo, como não podia deixar de ser, foi José do Patrocínio, a quem o poeta apresentou uma obra com poemas abolicionistas e que não foi publicada. Enfrentou sempre muita dificuldade para conseguir e conservar os empregos, tendo sido o melhor deles o de arquivista da Estrada de Ferro Central do Brasil.

Cruz e Sousa casou-se com mulher negra, teve quatro filhos, mas nunca teve sossego. Os pais morreram, e também faleceram dois de seus filhos. A mulher enlouqueceu e foi internada. A miséria econômica é que não o abandonava jamais. Mesmo assim com ajuda de amigos, conseguiu fazer sair, em 1893, os dois livros, que deram início ao Simbolismo entre nós: *Missal* e *Broquéis*.

Para completar suas desgraças, contraiu tuberculose. Era o ano de 1897. O poeta foi para Minas Gerais, ficando na cidade de Sítio, para uma tentativa de cura, como muitos outros doentes já haviam feito, mas foi inútil e o "cisne negro" faleceu no ano seguinte. Como se toda sua desgraça não fosse o suficiente para aviltar tão nobre figura, seu cadáver foi transportado em um vagão de cavalos, sem ao menos um miserável caixão. Chegando ao Rio, só teve um enterro digno graças à generosidade de José do Patrocínio, que tudo financiou. Não se pode espantar então que a dor seja uma constante em seus versos.

---

1. O ponto é uma figura inexistente no teatro moderno, mas importante no tempo em que uma companhia precisava apresentar várias peças, por míngua de público, e os atores muitas vezes não conseguiam decorar todo o texto. O ponto era o indivíduo que ficava oculto, soprando o texto para os atores sempre que necessário.

II - BIBLIOGRAFIA

Tropos e fantasias, 1885 (poesia em prosa); *Missal*, 1893(poesia em prosa); *Broquéis*, 1893; *Evocações*, 1898 (poesia em prosa); *Faróis*, 1900; *Últimos sonetos*, 1905 (póstuma).

III - ESTILO DE ÉPOCA E ESTILO INDIVIDUAL

O Simbolismo aconteceu na França, no final do século XIX, num período de crise econômica e conseqüente questionamento das idéias do racionalismo e do positivismo. Em compensação à perda das ideologias materialistas e racionalistas, ocorreu uma significativa retomada de valores espirituais: música, religião. Entre os autores importantes dessa estética, que logo seria abraçada por Cruz e Sousa, encontramos Rimbaud, Baudelaire, Verlaine, que pregava a supremacia da música; Mallarmé, que libertou o verso e a palavra, numa proposta de modernidade até hoje respeitada. O Simbolismo foi introduzido em Portugal, em 1890, por Eugênio de Castro, com a publicação de *Oaristos*[2]. No Brasil, o marco inicial foi o ano 1893, com a publicação de *Missal* e *Broquéis*, ambos de Cruz e Sousa. É bom frisar que *Missal* é um livro de poemas em prosa, enquanto *Broquéis* apresenta poemas em versos muito bem trabalhados, revelando uma herança ou influência do Parnasianismo.

Através da leitura dos textos simbolistas podemos vislumbrar uma fuga do mundo exterior e mergulho no íntimo, no subconsciente. Podemos dizer que os românticos mergulhavam no coração, ao passo que os simbolistas procuraram o mais fundo do ser. Em vez de procurar o definido e objetivo como a pintura de Courbet ou a prosa realista, os poetas simbolistas valorizam o indefinido e subjetivo (sugestão), por isso o abuso no emprego de reticências e de termos como **névoa**, **neblina**, **bruma** etc. Isso aproxima muitas vezes seus versos da pintura impressionista de Monet, Manet ou Renoir.

Para esses poetas de fim de século o que importa mais é a musicalidade. Decorre daí o emprego constante de **aliteração**[3], **assonância**[4] e **coliteração**[5].

Revalorizam a palavra pelo emprego de maiúsculas em substantivos comuns, ou revitalizam a linguagem desgastada pela criação de neologismos como *lactescência*, *brumosa*, *musselinosa*. Por trabalharem mais com o inconsciente é normal na poesia simbolista a presença de ilogismo, e a atração pelo mistério, pelo sonho.

Em Cruz e Sousa encontramos misticismo e manutenção da preocupação formal, herdada do Parnasianismo.

---

2. Já temos aqui uma característica do Simbolismo, o gosto por palavras raras, arcaicas, ou recentemente criadas, pelo seu mistério, pela sua musicalidade ou pela força de sugestão.
3. Repetição sistematizada de um mesmo fonema consonantal: "**P**edro **p**edreiro **p**enseiro"(Chico)
4. Repetição de um mesmo fonema vocálico: "À danada, dada, agrada, andar..."(Chico)
5. Parecido com a aliteração, só que em vez de repetir uma mesma consoante, procura trabalhar com fonemas articulados no mesmo ponto, mas diferenciados porque um é surdo e outro sonoro. Ex.: P/B, T/D, K/G, F/V, S/Z, X/J. Caetano combina aliteração e coliteração no verso seguinte: "A*ch*o que a **ch**uva a**j**uda a *g*ente a se ver".

Por influência principalmente de Rimbaud e Baudelaire, os simbolistas procuram correspondência entre tudo, entre sujeito e objeto, entre som e imagem, daí a coerente atração pela sinestesia, figura de linguagem que consiste em combinar dois termos que implicam em sentidos diferentes, numa interpenetração do campo sensorial. Exemplo extraído de poema de Cruz e Sousa: "Harmonias da cor e do perfume", em que "perfume" implica numa sensação olfativa, e "cor", numa sensação visual. Expressão absurda do ponto de vista racional, lógico, mas que faz sentido do ponto de vista subjetivo, pessoal. Em *Missal*, no poema "Sabor", o poeta declara: "*Para mim, as palavras, como têm colorido e som, têm, do mesmo modo, sabor.*" (p.22)

É comum, também, na estética simbolista, o emprego de repetições programadas ou a utilização de palavras sinonímicas. Em recente trabalho, Ivan Teixeira aproxima essas repetições, tão recorrentes na obra de Cruz e Souza, do verso harmônico buscado e teorizado pelo modernista Mário de Andrade.

O crítico Tasso da Silveira chama a atenção para o drama da cor do poeta como o ponto de partida para a gênese da beleza em sua arte. Os trabalhos iniciais de nosso Dante Negro revelam uma alma ferida pelo desprezo do branco e, ao mesmo tempo, contraditoriamente atraída pela brancura, principalmente pela mulher branca. Essa dor evolui e se torna um sofrimento metafísico, uma angústia e necessidade de superação do efêmero, expressos em versos tão sublimes que críticos e estudiosos estrangeiros já o colocaram entre os "*maiores poetas do mundo em qualquer tempo e lugar*[6]".

IV - INTRODUÇÃO

Inicia-se com uma "Oração ao Sol" e termina com uma "Oração ao Mar", num total de 45 poemas em prosa. O título, *Missal*, confirma uma tendência do homem do final do século XIX, a retomada dos valores espirituais. *Missal* é o livro que contém as orações para as missas de todos os dias do ano. E o que o leitor encontra nessa obra de Cruz e Sousa são textos que em muitos casos ficam próximos de orações, só que de uma abertura maior para tudo que está no mundo, ao nosso redor, e não apenas para Deus e santos, que estão num paraíso distante. Tanto o primeiro quanto o último poema, levam-nos a pensar num misticismo cósmico, quase pagão, mas o anseio de pureza e de castidade, sempre presente, nada tem a ver com a cultura greco-latina, mas muito com a cultura cristã, que forte influência exerceu sobre o poeta catarinense. Sobre a escolha da forma, poema em prosa, precisamos fazer alguns comentários. É bom lembrar que essa é uma novidade introduzida em nossa literatura pelo Simbolismo, assim como o verso branco foi inaugurado entre nós pelo Arcadismo. Enquanto a poesia é a maneira mais adequada e profunda de expressão do "eu", portanto, fortemente subjetiva, a prosa é mais adequada á expressão do "não-eu", isto é, do objeto. O contista ou o romancista, por exemplo, busca sair de si, projeta-se para fora de si e procura o núcleo de interesse na realidade do mundo físico, circundante,

---

6. É fundamental que se leia a apresentação de Tasso da Silveira para o volume 4 da coleção Nossos Clássicos, *Cruz e Sousa*, da editora Agir.

exterior, preocupando-se com os outros "eus". Através da poesia, o poeta pode até tangenciar esse mundo, mas o que realmente atrai e estimula seu desejo, seu interesse é o seu interior, o seu estado emotivo. Então, como ressalta Massaud Moisés, "*o poema em prosa constitui uma dualidade, na qual o primeiro termo diz respeito à matéria (poesia) e o segundo, à forma (a disposição graficamente tradicional da prosa). De onde se manifestarem "ao mesmo tempo no poema em prosa uma força anárquica, destruidora, que conduz à negação das formas existentes, e uma força organizadora, que tende a construir um 'todo' poético; e a própria expressão poema em prosa sublinha essa duplicidade: quem escreve em prosa se revolta contra as convenções métricas e estilísticas; quem escreve um poema visa a criar uma forma organizada, fechada em si, subtraída ao tempo*[7] ".

V - ANTOLOGIA COMENTADA DE *MISSAL*

Utilizamos para citação a obra: **Sousa**, Cruz e - *Missal - Broquéis* (um só volume), SP, 1993, Martins Fontes.

MISSAL

ORAÇÃO AO SOL

Sol, rei astral, deus dos sidéreos Azuis, que fazes cantar de luz os prados verdes, cantar as águas! Sol imortal, pagão, que simbolizas a Vida, a Fecundidade! Luminoso sangue original que alimentas o pulmão da Terra, o seio virgem da Natureza! Lá do alto zimbório catedralesco de onde refulges e triunfas, ouve esta Oração que te consagro neste branco Missal da excelsa Religião da Arte, esmaltado no marfim ebúrneo das iluminuras do Pensamento.

Permite que um instante repouse na calma das Idéias, concentre cultualmente o Espírito, como no recolhido silêncio de igrejas góticas, e deixe lá fora, no rumor do mundo, o tropel infernal dos homens ferozmente rugindo e bramando sob a cerrada metralha acesa das formidandas paixões sangrentas. Concede, Sol, que os **manipansos**[8] não possam, grotescamente, chatos e rombos, com ***grimaces***[9] e gestos ignóbeis, imperar sobre mim; e que nem mesmo os Papas, que têm à cabeça as veneráveis orelhas e os chavelhos da Infalibilidade, para aqui não venham, com solene aspecto abençoador, babar sobre estas páginas os clássicos latins pulverulentos, as teorias abstrusas, as regras fósseis, os princípios batráquios, as leis de Crítica-megatério.

(...)

Ó radiante orientalista do firmamento! Supremo artista grego das formas indeléveis e .prefulgentes da Luz! pelo exotismo asiático desses deslumbramentos, pelos majestosos cerimoniais da basílica celeste a que tu

---

7. Moisés, Massaud, *Dicionário de Termos Literários*, SP, 1995, Ed. Cultrix, p.421.
8. Tem no texto o sentido de "santos mal-acabados", imagens grotescas, portanto sentido pejorativo com que se refere aos críticos ou escritores que pretendem tecer normas e caminhos para os demais.
9. Termo francês que significa careta para exprimir mau gosto, desprezo, repugnância.

presides, que esta Oração vá, suba e penetre os etéreos paços esplendorosos e lá para sempre vibre, se eternize através das forças firmes, num som álacre, cantante, de clarim proclamador e guerreiro. (p.3/4)

DOLÊNCIAS...

Tu, na emoção desse encanto doloroso e acerbo da Arte, te sentirás, um dia, velho, fatigado, como um peregrino que percorreu ansiosamente todas as vias-sacras torturantes e perigosas.

Essa maravilhosa seiva de pensamentos, toda essa púrpura espiritual, as vivas forças impetuosas do teu sangue, agindo poderosamente no cérebro, irão aos poucos, momento a momento, desaparecendo, num brilho esmaecido, vago, o brilho branco e virgem das estrelas glaciais.

A tu'alma será condenada à solidão e silêncio, como certas formosuras claustrais de monjas que brumalmente aparecem por entre as celas, deixando no espírito de quem as vê, quase o mistério de um religioso esplendor...

E, já assim emudecido e gelado para as nobres sensações do Amor, ficarás então como se estivesses morto - sem cabelos, sem dentes, sem nariz, sem olhos - sem nenhuma dessas expressões físicas que tornam os seres humanos harmoniosamente perfeitos.

Em vão te recordarás da doçura de mãos aveludadas e brancas, da amorosa diafaneidade de uns olhos claros...[10]

(...)

Tudo o que pensaste, o que trabalhaste pela Forma, com nervos e com sangue; tudo o que te deixou despedaçado, na amargura das lutas com o estilo e com a frase, cantará saudosamente no teu peito, cantará grandioso, solene, como os Salmos de Salomão.

Com essa natureza mística, quase religiosa, que possuis, o Mundo[11] te parecerá uma catedral vastíssima, colossal, de biliões[12] e biliões de torres de cristal, de safira, de rubim[13], de ametista, de ônix, de topázio e d'esmeralda.[14]

E, à hora longínqua de profundo luar glacial e imóvel, de cada uma dessas torres surgirá um espectro branco dos teus sonhos, como uma ronda fantástica, e os sinos plangentemente vibrarão ao mesmo tempo, com tristezas noturnas e lancinantes, por todo o sepulcramento dos teus Ideais.

E tu, velho, embora, na torre verde d'esmeralda, ficarás egrégio vencedor, imortal, eterno, só e sereno, ao alto, sob as estrelas eternas... (p.5/7)

Comentário:
Esse "tu" que no texto aparece é como se o poeta falasse a si próprio, como se colocasse a si mesmo como o interlocutor. Com essa interpretação, podemos compreender o poema como auto-exaltação e, ao mesmo tempo, palavras de auto-encorajamento para continuar no caminho que traçou para ele mesmo como o ideal.

---

10. Queremos chamar a atenção para o que a crítica já tanto destacou, a atração obsessiva pela mulher branca.
11. Técnica simbolista. Emprego de maiúscula para sobstantivo comum.
12. Variante de bilhão.
13. O mesmo que rubi.
14. Esse final de período é rico em policromia e sensorialismo.

LENDA DOS CAMPOS

Por uma doirada tarde azul, em que os rios, após as chuvas torrenciais, sonorizavam cristalinamente os bosques, os camponeses de uma vila risonha, numa unção bíblica, conduziam ao tranqüilo cemitério florido o loiro cadáver branco de uma virgem noiva, morta de amor, tão bela e tão nova, emudecida no féretro, como se tivesse acabado de nascer da rosada luz da manhã.[15]

Infantil ainda, viera outrora da Alemanha, através de castelos feudais, de montanhas alpestres, de árvores velhas e enevoadas...

E, então, desde o dia da sua morte, uma lenda espalhou-se, como a dos Niebelugen, em todas aquelas cabeças ingênuas, rudes e humildes.

Ela era a deusa fantástica, a visão encantada dos antigos palácios medievais de vidraçaria gótica[16], onde as rainhas mortas apareciam, brancas ao luar, à flor dos lagos e rios, suspirando toda a tragédia histérica dos convulsivos amores passados, que os ventos de hoje como que ainda melancolicamente repetem...

Era a monja das ameias dos castelos feudais, graves e solenes, cheios de névoas alemãs, atravessados de fantasmas que fazem mover alvas e longas clâmides de linho no ar neutralizado da meia-noite...

E, por altas horas, em certos dias, ao luar, a imaginação apreensiva dos homens e mulheres do campo, via uma virgem loira, de **ignoto**[17] aspecto de **ondina**[18] mágica, surgir do solo entre exalações fosforescentes, o coração traspassado de flechas inflamadas, arrastando soturnamente pela areia luminosa uma vasta túnica branca, os cabelos de sol soltos para trás, candidamente pálida, cantando a canção sonâmbula do túmulo e desfolhando grandes grinaldas de flores de laranjeira, cujas frescas e níveas pétalas cheirosas redemoinhavam, agitadas por um vento frio - pelo vento gelado e soluçante da Morte... (p.23/4)

Comentários:
Esse texto fez-nos involuntariamente reler o poema "Ismália", do simbolista mineiro Alphonsus de Guimaraens, contemporâneo de Cruz e Sousa, e rever o quadro "Ofélia" (princesa da peça *Hamlet*, que se afoga num lago), do pintor pré-rafaelista Dante Gabriel Rossetti, concluindo que essa temática foi sedutora a muitos artistas do final do século XIX. Refletimos que tal gosto já se havia manifestado esteticamente na segunda geração romântica.

Estudando os pré-rafaelistas, vimos que havia muito em comum entre eles e os poetas simbolistas no que diz respeito aos anseios, à ideologia, como busca de uma simplicidade religiosa, um sentido místico da grandeza de Deus, abominação da vida industrial e técnica, a tristeza pela perda da capacidade artesanal. Leia o poema que vem a seguir e tire suas próprias conclusões.

15. Doirada, azul, rosada, branco, dão um colorido impressionista que tira todo ar de tragédia e de cerimônia fúnebre. Temos aqui uma característica do Simbolismo, a policromia.
16. Podemos verificar aqui uma aproximação entre o Simbolismo e o Romantismo, pois ambos, além do subjetivismo e sentimentalismo, sentem forte atração pelo mundo medieval e suas imagens carregadas de sugestão e de mistério.
17. Ignorado, desconhecido.
18. Ondinas são mitológicas ninfas das águas, divindades da cultura germânica e escandinava.

GLORIA IN EXCELSIS

Num recolhimento sugestivo, como se o meu espírito estivesse longinquamente a orar nalguma velha abadia, penetrei na catedral em festa.

Não sei que de nevoento, vago, dolente e nostálgico me invadira de repente e por tal forma que eu fui como que sonambulamente à solenidade.

Todo o templo, ornamentado, resplandecia, numa imponência, numa augusta suntuosidade, a que o grande esplendor das luzes dava majestades romanas.

A onda humana, compacta, densa, murmurejava, numa compunção.

Alvuras de incenso envolviam como que em brumas imaculadas, em flocos matinais de neblina, o vasto recinto da igreja.

Lustres imensos pendiam pomposamente da abóbada branca, numa infinidade de pingentes que tiniam e cintilavam como polidas, facetadas lâminas metálicas, num brilho molhado.

(...)

No peito, como numa urna de cristal, o coração batia-me, pulsava-me, anelante, na ânsia, na vertigem de vê-la por entre todo aquele confuso e amplo borboletear de cabeças.

E, quando houve um alegre e diamantino tilintar de campas e o sacerdote elevou no cálix o Vinho Sagrado, o coração, como estranho pássaro de sol, fugiu-me do peito, num alvoroço, arrebatado, maravilhado na grande luz do templo, em busca dos olhos dela, que de repente me fitaram, longos, negros e veludosos, quando, por entre níveas névoas d'incenso, o Gloria in Excelsis, exalçando os Evangelhos, triunfava nas vozes e levantava um festivo rumor no templo.

E foi, para o meu coração lancinado de amor, como se Ela, naquele instante, me trouxesse toda essa Glória luminosa nos olhos... (p.43)

SOFIA

Foi na sala branca, de leves listrões d'ouro, que eu a vi interpretar um dia ao piano Mendelsohn, Schumann, as fugas de Bach, as sinfonias de Beethoven.

Tinha uma nome bíblico, lembrando palmeiras e cisternas: chamava-se Sofia.

Era alta, de uma brancura de hóstia, como certas aves esguias que os aviários conservam e que aí vivem num grande ar dolente de nostalgia de selvas, de matas cerradas, de sombrios bosques.

Nervosa, de um **d**es**d**ém fi**d**algo de **f**ria **f**lor dos ge**l**os po**l**ares, e **tr**iste, **tr**aía[19] a Arte aquele altivo aspecto, a orgulhosa cabeça ereta em frente das partituras, que os seus olhos garços liam e que os seus dedos rosados e aristocráticos executavam com perfeição, com claro entendimento nas teclas.

(...)

Só os aromas, só as essências terão os eflúvios castos, os fluidos luares de expressão, o ritmo inefável para contar que latentes palpitações traz Ela no sangue, que chama d'astro lhe inflama o peito, quando volta triste dos concertos egrégios e vai enclausurar-se na alcova, - muda, muda, talvez sob a névoa das lágrimas, na emovente concentração dos que morrem amando... (p.115)

---

19. Destacamos em negrito as repetições de fonemas consonantais, que constitui a figura aliteração, freqüente na estética simbolista. Durante a leitura de outros textos, procure verificar quando e como aparece, pois como essa técnica aparece muitas vezes, evitaremos observar a todo momento.

TÍSICA

Lânguida e loura, tinha, na verdade, um ruidoso e festivo acordar, de canários.

Quando o dia vem triunfalmente cantando por todas as gargantas de oiro dos pássaros, perfumado por todos os prados de rosas, rumorejando por todos os sonoros veios cristalinos de fontes, Ela erguia-se também do leito, cantando, numa alegria comunicativa que iluminava tudo e ia para o piano soluçar ao teclado lindas barcarolas de valsas.

Quanta vez a ouvi, e quantas outras a vi no rés-do-chão que enfrentava a minha morada, sempre com um vermelho esmaecido, manchado, em ambas as faces.

Como era feliz, e que ruidoso e festivo acordar de canários tinha Ela!

Chegou, afinal, o Inverno.

A emigração das andorinhas começa em vôos incisivos, que frisam os espaços translúcidos de ruflagens d'asa...

Continua falando sobre o frio, a geada e faz uma digressão sobre a tísica, isto é, a tuberculose, doença incurável naquele tempo, retornando afinal à figura feminina já mencionada.

Há muitos dias já não a vejo, a lânguida Loura[20].

Não sei por que, mas a sua ausência inquieta-me.

Eu quisera sempre vê-la, como dantes, pálida, lânguida e loura, com um vermelho esmaecido, manchado, em ambas as faces.

Porém ela não aparece, não vai como então, sentar-se ao piano, no luminoso purpurear das manhãs, fazendo soluçar no teclado lindas barcarolas de valsas. E isso punge-me n'alma de tal modo que eu procuro saber o que é feito dela e dizem-me que adoeceu.

- Adoeceu! E de quê?

- Está tísica. O médico diz que não durará muito.

- Tísica! Tão moça e tão bela! E que ar festivo tinha ela. Como cantava! Que sonoridade de voz! E tudo isso agora acabar, morrer...

(...)

Vejo-a, constantemente, através de vidraças, sem brilho de vida quase, como um astro vesperal prestes a apagar para sempre todo o seu clarão diamantino e virgem.

E, no entanto, nos intervalos lúcidos da doença, que lhe abrem no peito, às Esperanças, como um esplendor de força nova, de vigorosa saúde, o piano vibra de quando em quando, sob as suas mãos febris, trêmulas, nervosas e cadavéricas, alguma melodia triste de casuarinas gementes, um desvairamento histérico de lágrimas, a fina música nostálgica do fim de tudo - talvez essa suspirante serenata de Schubert[21], cujo ritmo saudoso tão fundamente nos invade a alma e a entristece e no qual parece haver gritos e soluços de amor entrecortados pela agonia torturante de Morte... [22] (p.125/8)

---

20. Emprego de maiúscula em substantivo comum, como anteriormente em "Inverno" e "Ela", revitalizando o termo e dando-lhe um sentido especial e pessoal.
21. Músico romântico de rara sensibilidade, sentimental e triste.
22. Não deixe de ler e comparar este texto com o poema "Tuberculosa" do livro *Broquéis*.

VI - ANTOLOGIA COMENTADA DE *BROQUÉIS*

Broquéis apresenta 54 poemas, 47 dos quais sob a forma clássica do soneto (dois quartetos e dois tercetos = 4 + 4 + 3 + 3). Nos demais poemas, privilegia-se a estrofe de quatro versos (quadra ou quarteto) e o verso decassilábico.

Uma análise estilística dos poemas de Broquéis revela que é recorrente neles o procedimento reiterativo, com muitas repetições sistematizadas, que reforçam a musicalidade do poema e a força sugestiva dos mesmos. Essas reiterações não são meros veículos que transportam conteúdos, significados ou sentimentos, mas unidades significantes que fazem nascer no leitor o sentido novo ou o novo sentir. São como fragmentos vistos por vários lados, cada retomada ou repetição é igual a uma impressão diferente que se tem quando se vê um mesmo objeto, mas por prismas diversos. É também abusiva a enumeração de adjetivos, chegando a empregar mais de quatro para um só substantivo. Outras recorrências são: associação de musicalidade sutil ou exótica; apresentação de associações odoríferas inesperadas, excêntricas, inusitadas; destaque de aspectos voláteis da realidade e o forte sensorialismo = delírio de loucura ou o maravilhamento dos sentidos. Há uma realidade banal, tonal, que qualquer pessoa em estado normal é capaz de perceber. Nada impede, porém, que existam outras realidades mais sutis e que escapam aos nossos sensores embotados. Racionalmente, cientificamente, sabemos que há cores que alguns animais podem ver, como a abelha percebe o infravermelho infravermelho, e nós não. Assim também, há sons que os cães percebem e nós não. O "eu lírico" simbolista sugere alguém com todos os seus sensores dilatados, com sua sensibilidade aumentada: "Como que ocultas áspides flexíveis / Mordem da Luz os gérmens invisíveis / Com o tóxico das cóleras sombrias..." Ivan Teixeira comenta que aqui "uma mínima variação da luz no espaço é representada como conseqüência da ação de serpentes abocanhando o ar".

BROQUÉIS

ANTÍFONA[23]

Ó formas alvas, brancas, Formas claras,
De luares, de neves, de neblinas...
Ó Formas vagas, fluidas, cristalinas...
Incensos dos **turíbulos**[25] das **aras**[26]...

Formas do Amor, constelarmente puras,
De Virgens e de Santas vaporosas...
Brilhos errantes, **mádidas**[24] frescuras
E **dolências**[27] de lírios e de rosas...

23. Curto versículo recitado ou cantado pelo celebrante antes e depois de um salmo, respondido alternadamente pelas duas metades do coro. Cruz e Sousa é o poeta simbolista que mais emprego fez dos termos bíblicos ou associados ao ritual católico.
24. No sentido de frescas, úmidas, sugerindo sensação de algo agradável, puro. Esse adjetivo reforça redundantemente o sentido de "frescura", num processo reiterativo muito freqüente nos poemas desse livro.
25. Recipiente, com carvão em brasa, em que se queima incenso nos templos.
26. Significa altar, termo mais comum e freqüente, por isso mesmo evitado pelos simbolistas, que desejam recuperar a força de impressão das palavras, buscando termos já quase esquecidos (arcaísmos) ou inventando novas palavras (neologismos). Esse processo de alquimia verbal será retomada pelo modernista Guimarães Rosa.
27. Dor, mágoa, lástima. Ao contrário de mádidas, que apresenta o sentido pleonástico de frescura, dolência surpreende pelo despropósito e inusitado. Associa-se mais pelo aspecto significante, musical, do que pelo

Indefiníveis músicas supremas,
Harmonias da Cor e do Perfume...
Horas do Ocaso, trêmulas, extremas,
Réquiem[28] do Sol que a Dor da Luz resume...

Visões, salmos e cânticos serenos,
Surdinas de órgãos **flébeis**[29], soluçantes...
Dormências de volúpicos venenos
Sutis e suaves, mórbidos, radiantes...

Infinitos espíritos dispersos,
Inefáveis, edênicos, aéreos,
Fecundai o Mistério destes versos
Com a chama ideal de todos os mistérios.

Do Sonho as mais azuis diafaneidades[31]
Que **fuljam**[32], que na Estrofe se levantem
E as emoções, todas as castidades
Da alma do Verso[33], pelos versos cantem.

Que o pólen de ouro dos mais finos astros
Fecunde e inflame a rima clara e ardente...
Que brilhe a correção dos alabastros
Sonoramente, luminosamente.

Forças originais, essência, graça
De carnes de mulher, delicadezas...
Todo esse eflúvio que por ondas passa
Do Éter nas róseas e áureas correntezas...

Cristais diluídos de clarões **alacres**[30],
Desejos, vibrações, ânsias, alentos,
Fulvas victórias, triunfamentos acres,
Os mais estranhos estremecimentos...

Flores negras do tédio e flores vagas
De amores vãos, tantálicos, doentios...
Fundas vermelhidões de velhas chagas
Em sangue, abertas, escorrendo em rios...

Tudo! vivo e nervoso e quente e forte,
Nos turbilhões quiméricos do Sonho,
Passe, cantando, ante o perfil medonho
E o tropel cabalístico da Morte... (p.137/8)

Comentários:
Em síntese, podemos dizer que todo esse poema resume-se no pedido de que os espíritos dispersos fecundem estes versos com a chama ideal de todos os mistérios e que tudo passe, cantando, ante o perfil e o tropel da Morte. Ressalta aqui também a escassez de versos nocionais e, em contrapartida, o excesso de versos nominais, isto é, compostos notadamente por adjetivos e substantivos. Esse poema é metalingüístico, pois tem como assunto a própria criação poética e funciona, no Simbolismo, como paralelo ao famoso poema parnasiano "Profissão de fé", de Olavo Bilac, em que se proclama como deve ser a poética clássica parnasiana.
Deve-se observar também o aspecto resumitivo do sujeito tudo, do verbo passar, que retoma as imagens de "forças originais", "cristais diluídos" e "flores negras", entre outras.

---

aspecto referencial. Pode, no entanto, produzir no leitor a sugestão de fragilidade das flores mencionadas, sujeitas a todo tipo de adversidade.

28. Parte do ofício dos mortos que começa com essa palavra. Muito utilizado para designar também a música composta para essa cerimônia. É famoso o "réquiem de Mozart".
29. Tem o mesmo sentido que fraco, frágil, lastimoso, choroso, plangente. Reforça o sentido de surdina, isto é, som do instrumento abafado por algum artifício.
30. Alacres é o mesmo que alegre, sendo álacre a forma correta, que o poeta alterou para efeito de rima e principalmente de ritmo, pois se empregasse a proparoxítona o verso ficaria com 9 sílabas e todo o poema é composto por decassílabos. Aqui também destacam-se aspectos voláteis da realidade.
31. O azul aparece como símbolo arquetípico positivo, sugerindo algo agradável, associado ao mundo mais espiritual. Note que na língua inglesa a conotação é oposta, aparecendo associado à tristeza e à morbidez. Destacam-se aqui também os aspectos voláteis da realidade.
32. O mesmo que brilhem, cintilem. Na edição da Martins Fontes está "fujam", mas só pode ser descuido de transcrição, todas as demais publicações registram "fuljam".
33. Temos aqui um exemplo típico de *enjambement*, ou encadeamento sintático, ou ainda, cavalgamento, pois o verso anterior como que continua e termina somente no verso seguinte.

LÉSBIA[34]

Cróton[35] selvagem, tinhorão lascivo,
Planta mortal, carnívora, sangrenta,[36]
Da tua carne **báquica**[37] rebenta
A vermelha explosão de um sangue vivo.

Nesse lábio mordente e convulsivo,
Ri, **ri ri**sadas[38] de expressão violenta
O Amor, **tr**ágico e **tr**iste[39], e passa, lenta,
A morte, o espasmo gélido, aflitivo...

Lésbia nervosa, fascinante e doente[40],
Cruel e demoníaca serpente
Das flamejantes atrações do gozo.

Dos teus seios acídulos, amargos[41],
Fluem **capros**[42] aromas[43] e os letargos,
Os ópios de um luar tuberculoso...

Comentários:
O estranhamento de "luar tuberculoso" assim como outras associações imprevisíveis ferem nossa sensibilidade embotada por séculos de lógica aristotélica e racionalismo cartesiano. A estética simbolista decreta o fim da lógica aristotélica, coerente com a postura racional, precisa, científica, e funda artisticamente uma lógica do absurdo, do inconsciente, do sonho. Essa visão ou percepção é intuitiva, abrangente e pouco comum. Como, portanto, transmiti-la ao leitor? De modo aristotélico, imitativo? Não, seria sua própria negação. Há que tentar sugerir, criar clima e esperar que o leitor se deixe conduzir.

LUBRICIDADE[44]

Quisera ser a **serpe**[45] venenosa
Que dá-te medo e dá-te pesadelos
Para envolver-me, ó Flor maravilhosa,
Nos **flavos**[46] turbilhões dos teus cabelos[47].

---

34. O termo tanto pode designar a pessoa originária de Lesbos (ilha grega onde viveu a cortesã e poetisa Safo), quanto a mulher lésbica, homossexual.
35. Arbusto ornamental. O tinhorão também é uma planta ornamental.
36. Adjetivação ternária.
37. Relativo ao deus pagão Baco, divindade da fertilidade, da agricultura e, por extensão, deus do vinho e do sexo.
38. Presenciamos aqui uma onomatopéia imitativa, pois a aliteração do "r" e a assonância do "i", como que reproduz o som do riso.
39. Destacamos em negrito a aliteração em "tr".
40. Adjetivação ternária.
41. Adjetivação binária.
42. Capro é o mesmo que bode, tem o mesmo radical de caprino. Podemos entender então como cheiro de cabra.
43. É freqüente encontrarmos na poesia de Cruz e Sousa tons odoríferos excêntricos, inusitados.
44. Lascívia, sensualidade.
45. O mesmo que serpente.

Quisera ser a serpe veludosa
Para, enroscada em múltiplos novelos,
Saltar-te aos seios de fluidez cheirosa
E babujá-los e depois mordê-los...

Talvez que o sangue impuro e flamejante
Do teu lânguido corpo de bacante,
Da langue ondulação de águas do Reno

Estranhamente se purificasse...
Pois que um veneno de **áspide**[48] **vorace**[49]
Deve ser morto com igual veneno... (p.143)

O LASCIVO (Antônio Nobre)

Corpo de ebúrnea pele, ó carne de alva infância!
Entorna sobre mim o teu sangue pisado...
Enlaça-me o pescoço em voluptuosa ânsia,
Como se enlaça a corda à gorja do enforcado!

Morde-me o corpo, flor! Com teus espinhos de aço,
Morde-me o olhar que chora e os lábios que dão ais...
Morde-me a fronte, os pés! Arranca-me um pedaço!
Queres auxílio? Pede o sabre aos generais.

Aguça a boca! Afia os dentes como espadas,
Sabá! na pedra amoladora do meu seio
E, após as fundas, cruéis e vermelhas dentadas,
Chupa-me o sangue a arder, abre-me o corpo ao meio!

Vamos! Trovões! o meu noivado ilustre!
À Carne! À Ceia! A mesa está posta, anda ver:
O céu aceso de relâmpagos e o lustre

Comentário:
Assim como em "Lésbia", nesse poema também encontramos uma postura que aparece em Baudelaire (1821-1867), em Lautréamont(1846-1870) e em Mário de Sá-Carneiro (1890-1916), ou seja, a atração por uma sexualidade excepcional.
Podemos, ainda, perceber em Cruz e Sousa uma visão do sexo como algo demoníaco, venenoso, perigoso, que não é exclusividade dele, nem de seu tempo. Podemos encontrá-la também nos portugueses Antero de Quental (1842-1891) e Antônio Nobre (1867-1903), de quem transcrevemos um poema parecido.

SONHADOR

Por sóis, por belos sóis alvissareiros,
Nos troféus do teu Sonho irás cantando,
As púrpuras romanas arrastando,
Engrinaldado de imortais loureiros.

Nobre guerreiro audaz entre os guerreiros,
Das Idéias as lanças sopesando,[50]
Verás, a pouco e pouco, desfilando

Todos os teus desejos condoreiros[51]...
Imaculado, sobre o lodo imundo,
Há de subir, com as vivas castidades,
Das tuas glórias o clarão profundo.[53]

Há de subir, além de eternidades,
Diante do torvo **crocitar**[52] do mundo,
Para o branco Sacrário das Saudades![54]
(p.156)

---

46. Que tem a cor do ouro ou do trigo maduro. Mesmo que louro, fulvo ou dourado.
47. Temos aqui um caso de hipálage, figura de linguagem que consiste na troca, pois o adjetivo "flavos" em vez de caracterizar o substantivo concreto "cabelo", qualifica o substantivo abstrato "turbilhões".
48. O mesmo que serpente no contexto do poema.
49. Que devora, o mesmo que voraz, faminta.
50. Temos aqui uma inversão dos termos da oração, que na ordem direta ficaria assim: "Sopesando as lanças das idéias".
51. Referência à poesia social da terceira geração romântica, que defendia a abolição da escravatura. No texto, denota a luta constante do poeta negro para libertar-se da hostilidade do mundo que o cerca por causa do preconceito.
52. É o som emitido pelo corvo, inserido aqui com a sugestão de som desagradável, desprezível, como as críticas e os ataques da sociedade preconceituosa e hostil ao poeta.

DANÇA DO VENTRE

Torva, febril, torcicolosamente[55],
Numa espiral de elétricos volteios,
Na cabeça, nos olhos e nos seios
Fluíam-lhe os venenos da serpente.

Ah! que agonia tenebrosa e ardente!
Que convulsões, que lúbricos anseios,
Quanta volúpia e quantos bamboleios,
Que brusco e horrível sensualismo quente.

O ventre, em **pinchos**[56], empinava todo
Como réptil abjeto sobre o lodo,
Espolinhando e retorcido em fúria.

Era a dança macabra e multiforme
De um verme estranho, colossal, enorme,
Do demônio sangrento da luxúria![57] (p.173)

TUBERCULOSA

Alta, a frescura da magnólia fresca,
Da cor nupcial da flor da laranjeira,
Doces tons d'ouro de mulher **tudesca**[58]
Na veludosa e flava cabeleira.

Raro perfil de mármores exatos,
Os olhos de astros vivos que flamejam,
Davam-lhe o aspecto excêntrico dos cactus
E esse alado das pombas, quando adejam...

Radiava nela a incomparável messe
Da saúde brotando vigorosa,
Como o sol que entre névoas resplandece,
Por entre a fina pele cor-de-rosa.

Era assim luminosa e delicada,
Tão nobre sempre de beleza e graça
Que recordava pompas de alvorada,
Sonoridades de cristais de taça.

Mas, pouco a pouco, a ideal delicadeza
Daquele corpo virginal e fino,
Sacrário da mais límpida beleza,
Perdeu a graça e o brilho diamantino.

Tísica e branca, esbelta, frígida e alta
E fraca e magra e transparente e esguia,
Tem agora a feição de ave pernalta,
De um pássaro alvo de aparência fria.
(...)
Entre vidraças, como numa estufa,
No inverno glacial de vento e chuva,
Que sobre as telhas tamborila e rufa
Vejo-a talhada em nitidez de luva...
(...)

E enfermidade vai-lhe, palmo a palmo,
Ganhando o corpo, como num terreno...
E com prelúdios místicos de salmo
Cai-lhe a vida em crepúsculo sereno.

Jamais há de ela ter a cor saudável
Para que a carne do seu corpo goze,
Que o que tinha esse corpo de inefável
Cristalizou-se na tuberculose.
.... (p.175/7)

---

53. Temos aqui um hipérbato, figura que consiste numa inversão violenta. Em ordem direta, a frase ficaria mais ou menos assim: "Imaculado, o clarão profundo das tuas glórias há de subir sobre o lodo imundo, com as vivas castidades".
54. Podemos entender esse poema como uma dolorosa queixa e um profundo desejo de superação dos problemas humanos pela vida digna, exemplar, e pela elevação espiritual, que vê para si como algo certo e definitivo.
55. Com certeza um neologismo criado pelo poeta.
56. Pulo, salto, pinote. Pode também designar aguilhão, ferrão ou alfinete de gravata.
57. Novamente a presença do sexo com a postura preconceituosa judaico-cristã de algo sujo e perigoso e não como uma atividade natural do ser vivo, biologicamente normal.
58. Tanto pode significar popular quanto relativo aos antigos germanos. Pelo texto temos a sugestão de uma mulher ariana, forte.

SINFONIAS DO OCASO

Musselinosas[59] como brumas diurnas
Descem do ocaso as sombras harmoniosas,
Sombras veladas e musselinosas
Para as profundas solidões noturnas.

Sacrários virgens, sacrossantas urnas,
Os céus resplendem de sidéreas rosas[60],
Da Lua e das Estrelas majestosas
Iluminando a escuridão das furnas.

Ah! por estes sinfônicos ocasos
A terra exala aromas de áureos vasos,
Incensos de turíbulos divinos.

Os plenilúnios mórbidos vaporam...
E como que no Azul plangem e choram
Cítaras, harpas, bandolins, violinos... (p.183)

Comentário:
A busca da aproximação entre poesia e música pode aqui ser percebida tanto nas referências explícitas "sinfônicos ocasos", "cítaras, harpas, bandolins, violinos", quanto na exploração fônica dos significantes, como no emprego da assonância "e/a" e aliteração "r", que pode ser facilmente percebida no verso: "**A** te**rra** ex**a**l**a** a**r**om**a**s de **á**u**r**eos v**a**sos".

ACROBATA DA DOR

Gargalha, ri, num riso de tormenta,
Como um palhaço, que desengonçado,
Nervoso, ri, num riso absurdo, inflado
De uma ironia e de uma dor violenta.

Da gargalhada atroz, sanguinolenta,
Agita os guizos, e convulsionado
Salta, **gavroche**[61], salta **clown**[62], varado
Pelo estertor dessa agonia lenta...

Pedem-te bis e um bis não se despreza!
Vamos! retesa os músculos, retesa
Nessas macabras piruetas d'aço...

E embora caias sobre o chão, fremente,
Afogado em teu sangue estuoso e quente,
Ri! Coração, tristíssimo palhaço. (p.189)

Comentário:
Assim como no poema "Sonhador", este também revela uma profunda mágoa, que se torna mais dramática pelo fato do eu lírico tomar como interlocutor o seu próprio coração, já que, provavelmente, não encontra quem queira ouvir sua queixa, quem queira conhecer sua dor.

59. Neologismo composto a partir de musselina, tecido fino, leve e transparente. É como se as sombras da tarde passassem envoltas em véus, ou, como se as figuras fossem registradas pela paleta de um pintor impressionista.
60. "Sidéreas rosas" é metáfora, linguagem figurada que substitui estrelas ou astros. Paráfrase do verso: O céu brilha com as estrelas que surgem.
61. Termo usado na França para indicar garoto parisiense espirituoso, brincalhão, que distrai as pessoas na rua.
62. Vocábulo inglês para designar palhaço, comediante.

VII - TEMÁTICA

Em *Missal*, encontramos o desejo de exaltar a arte como uma religião e não como ourivesaria técnica e fria (o que se torna claro logo no primeiro poema "Oração ao Sol", que é pura metalinguagem, aproximando-se de "Antífona"). Exaltação de si mesmo e das qualidades, que considera ideais, em detrimento do que pensa o mundo ao seu redor. Enaltece também a pureza, a busca de uma relação mais íntima e profunda com a vida e com a espiritualidade do mundo.

Em *Broquéis*, Ivan Teixeira identifica sete motivos principais:

- Esboços de atmosfera vaga, que se faz presente em poemas como "Sonhos", "Monja", "Sinfonias do Ocaso", "Ângelus", "Sonata" e vários outros.
- Metalinguagem ou seja, o poema tem como tema o próprio fazer poético, sendo "Antífona" o principal deles, embora se possa mencionar ainda "Sonhador", "Supremo Desejo" e "Tortura Eterna", e outros poemas que também propõem que o objeto da poesia seja a infinitude do cosmos e do mundo interior e que o poema capte tudo que é vago e indefinido, valorizando o misterioso e insondável.
- Erotismo sensual, que pudemos ver em "Lésbia", "Lubricidade", "Dança do Ventre" e que o leitor pode encontrar ainda em outros poemas como "Braços", "Sentimentos Carnais", lembrando muitas vezes a poesia do francês Charles Baudelaire, pela valorização do sexo excessivo e excepcional.
- Erotismo espiritual, que pode ser encontrado em "Canção da Formosura", "Deusa Serena" e outros, em que se faz presente uma visão platonizante do amor, mais contemplativa do que desejosa, perfeitamente coerente com a postura simbolista. Na maioria desses poemas predomina a claridade e a luminosidade numa clara valoração positiva desse amor.
- Retratos extravagantes, presentes em poemas como "Satã", "Judia", "Tuberculosa", etc. Neles, retratam-se pessoas ou entidades que fogem à normalidade, que se desviam física ou psiquicamente da média geral dos seres que costumamos classificar como normais, por serem a maioria ou por estarem dentro de uma tradição já consagrada.
- Visões místicas, presentes em textos como "Aparição", "Regina Coeli" (poema em dísticos, que muito lembra a ladainha católica), "Visão da Morte", poemas de contemplações, com clima religioso e expressão simbolista.
- Alegorias pessimistas, que se apresentam fundamentalmente nos poemas "A Dor" e "Acrobata da Dor", poemas que lembram muito a tradição parnasiana, pelo seu aspecto, pelo perfeccionismo formal, mas dominados por forte ressentimento subjetivo.

BIBLIOGRAFIA CONSULTADA

- **Candido**, Antonio e **Castelo**, J. Aderaldo - *Presença da Literatura Brasileira* (Do Romantismo ao Simbolismo), SP, 1974, Difel.
- **Dubois**, Jean e outros - *Dictionnaire du Français Contemporain*, Paris, 1971, Larousse.
- **Ferreira**, Aurélio Buarque de Holanda - *Novo Dicionário da Língua Portuguesa*, RJ, 1ª ed., 14ª reimpressão, Nova Fronteira.
- **Garcia**, José Martins - *Poesia Portuguesa Erótica e Satírica* (séculos XVIII - XIX), Portugal, 1975, Edições Afrodite.
- **Januszczak**, Waldemar e **McCleery**, Jenny - *Compreender a arte*, SP, 1984, Verbo Juvenil.
- **Janson**, H.W. - *História da arte* - Lisboa, 1977 - Fundação Calouste Gulbenkian.
- **Moisés**, Massaud - *Dicionário de Termos Literários*, SP, 1995, Cultrix.
- **Rodrigues**, A. Medina; **Castro**, Dácio A. de Castro; **Teixeira**, Ivan P. - *Antologia da Literatura Brasileira*, vol. I - SP, 1979, Marco Editorial.
- **Sousa**, Cruz e - *Broquéis*, SP, 1994, Edusp. Prefácio de Ivan Teixeira.
- **Sousa**, Cruz e - *Missal - Broquéis* (um só volume), SP, 1993, Martins Fontes. Introdução de Ivan Teixeira.

LEIA COM ATENÇÃO OS DOIS TEXTOS E COMPARE-OS.

A UM POETA

Longe do estéril turbilhão da rua,
Beneditino, escreve! No aconchego
Do claustro, na paciência e no sossego,
Trabalha, e teima, e lima, e sofre, e sua!

Mas que na forma se disfarce o emprego
Do esforço; e a trama viva se construa
De tal modo, que a imagem fique nua,
Rica mas sóbria, como um templo grego.
(Olavo Bilac)

Permite que um instante repouse na calma das Idéias, concentre cultualmente o Espírito, como no recolhido silêncio de igrejas góticas, e deixe lá fora, no rumor do mundo, o tropel infernal dos homens ferozmente rugindo e bramando sob a cerrada metralha acesa das formidandas paixões sangrentas.
Concede, Sol, que os manipansos não possam, grotescamente, chatos e rombos, com *grimaces* e gestos ignóbeis, imperar sobre mim; e que nem mesmo os Papas, que têm à cabeça as veneráveis orelhas e os chavelhos da Infalibilidade, para aqui não venham, com solene aspecto abençoador, babar sobre estas páginas os clássicos latins pulverulentos, as teorias abstrusas, as regras fósseis, os princípios batráquios, as leis de Crítica-megatério. (Cruz e Sousa)

15) O que há de comum ou o que aproxima os dois textos?

16) O que faz que sejam opostos, antagônicos? Responda utilizando o nome de cada estilo de época ou estética a que pertence cada um deles.

17) LEIA COM ATENÇÃO

"Cânticos vagos, infinitos, aéreos
fluir parecem dos Azuis etéreos,
d'entre os nevoeiros do luar fluindo...

E vai, de Estrela a Estrela, à luz da Lua,
na láctea claridade que flutua,
a surdina das lágrimas subindo..."

a) Esses versos teriam sido extraídos de *Missal* ou de *Broquéis*? Justifique.

b) Indique uma característica simbolista presente nos tercetos transcritos.

TRISTE FIM DE POLICARPO QUARESMA

de

Lima Barreto

Volume utilizado para citação: *Triste fim de Policarpo Quaresma*, Lima Barreto, SP, 1983, Ed. Ática.

I - BIOGRAFIA

Afonso Henriques de Lima Barreto nasceu no Rio de Janeiro no dia treze de maio de 1881, mesmo ano em que Machado de Assis dava início ao Realismo entre nós, com seu inigualável *Memórias póstumas de Brás Cubas.* Filho de mestiços pobres, carregará durante toda sua vida esse estigma. Ficou órfão de mãe aos sete anos e aos oito viu o pai ser demitido do cargo público por motivo político. Sua família transferiu-se para a Ilha do Governador, onde seu pai serviu como tipógrafo na Colônia de Alienados. A sua vida ficou mais difícil ainda.

Em 1897, com a proteção de seu padrinho, o Visconde de Ouro Preto, Lima Barreto conseguiu ingressar na Escola Politécnica de São Paulo, mas precisou abandonar os estudos em 1903, tanto pela perseguição de um professor, quanto pela situação de seu pai que, desde o ano anterior, tinha enlouquecido, ficando internado na mesma colônia em que trabalhava. Corroborou para Lima Barreto abandonar a Escola Politécnica e voltar ao Rio de Janeiro a sua nomeação, por concurso, para trabalhar como amanuense na Diretoria do Expediente da Secretaria da Guerra, responsabilizando-se a partir de então pelo sustento da família: o pai, a irmã e um irmão mais novo. Paralelamente ao seu emprego público, passou a colaborar na imprensa, enfrentando todo tipo de perseguição e discriminação.

Em 1907, sem qualquer apoio de um mecenas, Lima Barreto fundou e dirigiu, com a colaboração de alguns amigos, a revista *Floreal.* Os redatores mantinham-na em circulação com seus próprios recursos. Com essa revista, pretendiam abrir novos espaços para autores com conhecimento e disposição para emitir opiniões próprias, fazendo literatura e jornalismo de interesse social, numa linguagem que fugisse ao sensacionalismo e ao conservadorismo lingüístico tão em voga no início do século XX.

Em 1909, conseguiu lançar o seu livro de estréia, *Recordações do escrivão Isaías Caminha*, que não foi bem recebido nem pelo público, nem pela crítica.

Provavelmente desiludido com tudo que lhe acontecia e com a falta de perspectivas para o futuro, Lima Barreto refugiou-se na bebida. O seu estado de alcoolismo atingiu tal ponto que por duas vezes foi internado no Hospício Nacional (1914 e 1919), já que a medicina daquele tempo não tinha tratamento específico para alcoólatras. O reconhecimento de seu talento como escritor só aconteceu em 1916, quando o romance *Triste fim de Policarpo Quaresma* veio à luz e mereceu elogios da crítica que passou a apontar nele um herdeiro de Machado de Assis.

Lima Barreto faleceu em novembro de 1922. Foi nesse ano que teve lugar no Teatro Municipal de São Paulo a famosa Semana de Arte Moderna, marco inicial da nossa primeira fase modernista.

II - BIBLIOGRAFIA

Romances:
- *Recordações do escrivão Isaías Caminha* (1909)
- *Triste fim de Policarpo Quaresma* (1915)
- *Numa e a Ninfa* (1915)
- *Vida e morte de M. J. Gonzaga de Sá* (1919)
- *Clara dos Anjos* (1948 - Póstuma)

Contos, crônicas e **sátiras**:
- *Histórias e sonhos* (1920)
- *Bagatelas* (1923 - Póstuma)
- *Os Bruzundangas* (1923 - Póstuma)
- *Feiras e mafuás* (1953 - Póstuma) Ainda neste ano, vieram à luz: *Marginália, Vida urbana* e *O cemitério dos vivos.*

III - INTRODUÇÃO

Triste fim de Policarpo Quaresma saiu pela primeira vez como folhetim no *Jornal do Comércio*, em 1911. Cinco anos mais tarde, em 1915, foi publicada em livro. Ao contrário de seu romance de estréia, *Recordações do Escrivão Isaías Caminha*, a tragicômica história do Major Policarpo Quaresma foi aplaudida por boa parte da crítica. Alguns críticos chegaram mesmo a apontar Lima Barreto como o sucessor de Machado de Assis.

Triste fim de Policarpo Quaresma é um romance crítico e realista. O escritor ironiza o nacionalismo ufanista através da figura quixotesca de seu protagonista, Policarpo Quaresma. É uma auto-ironia, pois assim como Quaresma, também o seu criador revoltava-se contra uma sociedade medíocre e preconceituosa que preferia tudo que era importado da Europa, menosprezando o que era brasileiro. Assim como Quaresma, também Lima Barreto sofreu muito por causa da discriminação e lutou contra moinhos gigantes com armas que não lhe foram de muita eficácia. Encerramos chamando a atenção do leitor para uma crítica caricatural do Marechal Floriano Peixoto, segundo presidente da república.

IV - RESUMO DO ENREDO

O romance é dividido em três partes, com cinco capítulos cada uma. Podemos encontrar em cada divisão um diferente momento ou aspecto do protagonista:

I. Quaresma tenta salvar a cultura nacional, pesquisa folclore, violão, tupi.
II. Desiludido, Policarpo procura salvar nossa agricultura e provar sua tese de que a nossa terra é a melhor do mundo.
III. O Major Quaresma luta em defesa do governo e vê todos os seus sonhos caírem por terra. Além disse é acusado de traição e condenado à morte.

PRIMEIRA PARTE

Capítulo I - A Lição de Violão

Policarpo Quaresma, funcionário do Arsenal de Guerra, exerce o cargo de subsecretário e mora em São Januário (RJ), com sua irmã, dona Adelaide. É um sujeito isolado, que espanta a vizinhança pela grande quantidade de livros que podem ser vistos quando se abre a janela. Outra qualidade do protagonista é a sua pontualidade. Ainda que seja normalmente respeitado pelos colegas de repartição (menos o senhor Azevedo), Policarpo é considerado um tanto esquisito por todos. Os vizinhos consideram-no uma pessoa sistemática e mais se espantam quando essa pessoa distinta recebe um sujeito magro com um violão. Espionaram e logo

Espionaram e logo se espalhou a notícia escandalosa. Quaresma, preocupado com a salvação da cultura tipicamente brasileira, solicitou a Ricardo Coração dos Outros[1] que lhe desse aulas de violão. Policarpo, ao receber críticas de sua irmã, justifica-se: "*Mas você está muito enganada, mana. É preconceito supor-se que todo homem que toca violão é um desclassificado. A modinha é a mais genuína expressão da poesia nacional e o violão é o instrumento que ela pede. Nós é que temos abandonado o gênero, mas ele já esteve em honra, em Lisboa, no século passado, com o Padre Caldas*[2] *, que teve um auditório de fidalgas.*" (p.20)

A leitura era outra de suas manias que espantava os vizinhos. Lia muito e principalmente os autores que elogiavam e valorizavam nossa terra e seus costumes mais típicos e antigos. Foi por isso que decidiu receber aulas de violão.

Capítulo II - Reformas Radicais

O narrador descreve com simpatia as manhãs de Quaresma. Lê os jornais, após sua "toilette" e desjejum. Depois do almoço, costuma caminhar por sua chácara, onde só se encontram frutas brasileiras típicas como a pitanga e o **cambuim**[3] . É acompanhado nesse passeio pelo preto Anastácio que lhe presta serviço há trinta anos. Nas conversas com o criado, sua preocupação básica é sempre seu país.

Um dia, alegrou-se Quaresma porque seu amigo, o general Albernaz, que também amava os costumes tradicionais brasileiros, decidiu fazer "*uma chegança à moda do Norte*". Como ninguém ali sabia como fazer, foram ambos procurar uma preta velha que morava em Benfica, a tia Maria Rita. Depois de muito esforço, chegaram à casa da velha, que decepcionou-os dizendo que não se lembrava de mais nada, nem de como era o "Bumba-meu-Boi", nem o "Boi Espácio".

---

1. Essa personagem é construída ficcionalmente, como é próprio da ficção de Lima Barreto, com base em personagem real, histórica. Trata-se de Catulo da Paixão Cearense que muito lutou pela valorização do violão, considerado naquele tempo como instrumento de capadócios, arruaceiros.
2. Padre brasileiro, poeta e compositor do século XVIII, que a partir de 1775 cantou modinhas brasileiras nas cortes portuguesas, acompanhando-se ao violão.
3. O mesmo que cambuí, árvore e fruto dessa árvore, que se dá em bagas esféricas.

Outra decepção tiveram ao procurar um velho poeta que os aconselhou a desistirem, sugerindo em contrapartida que tentassem um tal de "Tangolomango". Ensinou como deviam fazer. Primeiro deveriam arrumar umas dez crianças, depois um deles deveria colocar uma máscara de velho, e uma roupa "estrambólica[4] ." Retiraram-se, prepararam-se e, um dia, fizeram a representação. "*Quaresma fez o Tangolomango* ," mas passou mal no meio da brincadeira e precisaram parar. As pessoas tiraram-lhe a máscara, fazendo-o voltar a si depois de várias sacudidelas.

Quaresma não desanimou com esse pequeno incidente, mas com as pesquisas que continuou fazendo e que lhe revelaram ser de origem estrangeira quase tudo o que julgava nacional: "*Quase todas as tradições e canções eram estrangeiras; o próprio "Tangolomango" o era também. Tornava-se, portanto, preciso arranjar alguma cousa própria, original, uma criação da nossa terra e dos nossos ares.*" (p.34) Foi assim que Policarpo resolveu estudar os costumes dos tupinambás e deu um susto em seu compadre Vicente e à sua afilhada Olga. Os dois vieram visitá-lo e foram recebidos aos prantos. É que os índios tupinambás recebiam assim seus hóspedes. Também o seresteiro Ricardo é colocado em cheque por não conhecer o maracá e a inúbia, dois instrumentos musicais indígenas.

Capítulo III - A Notícia do Genelício

O narrador desloca a atenção da narrativa para a Ismênia, a filha do general, noiva do Cavalcanti, que há muito promete casamento, mas fica só na promessa. Agora, depois de cinco anos, o noivo resolveu marcar a data do casamento dentro de três meses. A alegria da família é expressa por uma festa com baile. Numa digressão crítica, o narrador denuncia que as moças são educadas unicamente para se casarem, tornando-se verdadeiros bibelôs. No dia da festa, veio o escriturário Genelício, com a espantosa notícia:

"- *O Quaresma está doido.*" (p.46)

Tinha recebido a notícia do seresteiro Ricardo Coração dos Outros. Todos criticaram Quaresma por ler em demasia, apontando isso como provável causa da loucura. Genelício sugeriu que se deveria criar uma lei só permitindo ter livros em casa às pessoas que cursassem as academias (faculdades).

Capítulo IV - Desastrosas Conseqüências de um Requerimento

Em *flash back* o narrador esclarece o que aconteceu com o protagonista e que foi revelado abruptamente na casa do general. A loucura de Quaresma já vinha evoluindo há algum tempo. Era lenta, gradativa e chegou ao máximo nível com a perseguição que lhe moveram por causa de um requerimento dele enviado à Câmara, solicitando ao Congresso Nacional que decretasse o tupi-guarani como língua oficial e nacional do povo brasileiro. Policarpo sofreu muito. O narrador explica: "*Vivendo há trinta anos quase só, sem se chocar*

---

4. Estrambólica: O termo correto na língua culta é estrambótico, mas Lima Barreto prefere a forma popular, coloquial, como recomenda seu estilo aparentemente descuidado. Essa é uma das características de seu estilo individual e da estética denominada pré-moderna.

com o mundo, adquirira uma sensibilidade muito viva e capaz de sofrer profundamente com a menor cousa. Nunca sofrera críticas, nunca se atirou à publicidade, vivia imerso no seu sonho, incubado e mantido vivo pelo calor dos seus livros. Fora deles, ele não conhecia ninguém; e, com as pessoas com quem falava, trocava pequenas banalidades, ditos de todo dia, cousas com que a sua alma e o seu coração nada tinham que ver." (p.49)

Insiste o narrador nas qualidades de Policarpo, homem idealista, honesto, digno, desinteressado: "*É raro encontrar homens assim, mansos há e, quando se os encontra, mesmo tocados de um grão de loucura, a gente sente mais simpatia pela nossa espécie, mais orgulho de ser homem e mais esperança na felicidade da raça.*" (p.49) O escândalo chega ao conhecimento de Vicente Coleoni e sua filha Olga. Vicente, antigo quitandeiro italiano que enriquecera com a construção civil, comenta o fato com a filha numa linguagem coloquial, cheia de expressões como "*per bacco*", "*non capisco*".[5]

Capítulo V - O Bibelot[6]

O narrador dá um salto de uns quatro meses na história. Revela os pensamentos de Olga, no instante em que se dirige ao hospício para visitar o padrinho. Por meio de seus pensamentos, o leitor fica sabendo como era o hospício (meio hospital e meio prisão), e como foi o enlouquecimento do major Quaresma: "*A princípio, aquele requerimento... Mas que era aquilo? Um capricho, uma fantasia, cousa sem importância, uma idéia de velho sem conseqüência. Depois, aquele ofício? Não tinha importância, uma simples distração, cousa que acontece a cada passo... E enfim? A loucura declarada, a torva e irônica loucura que nos tira a nossa alma e põe uma outra, que nos rebaixa... Enfim, a loucura declarada, a exaltação do eu, a mania de não sair, de se dizer perseguido, de imaginar como inimigos, os amigos, os melhores. Como fora doloroso aquilo! A primeira fase do seu delírio, aquela agitação desordenada, aquele falar sem nexo, sem acordo com que se realizava fora dele e com os atos passados, um falar que não se sabia donde vinha, donde saía, de que ponto do seu ser tomava nascimento! E o pavor do doce Quaresma? Um pavor de quem viu um cataclismo, que o fazia tremer todo, desde os pés à cabeça e enchia-o de indiferença para tudo mais que não fosse o seu próprio delírio*". (p. 57).

A irmã de Quaresma, Adelaide, desorientada, de nada pôde cuidar. Nem mesmo foi visitar o irmão. Quem tomou conta de tudo foi o amigo Coleoni, pai de Olga. Foi por intermédio dele que a demissão de Quaresma foi transformada em processo de aposentadoria. Ricardo Coração dos Outros também colaborou nesse processo. Chega-se, assim, ao presente, quando Olga está com o pai em uma de suas visitas ao padrinho, que está um pouco magro e apresenta bigode e cabelos grisalhos.

Após a visita e conversa com o paciente, os dois saem contentes porque percebem a melhora de Quaresma e julgam iminente sua saída do hospício.

---

5. Essa língua coloquial, misto de português e italiano, é uma antecipação modernista. Alcântara Machado fará o mesmo em seus contos.
6. O mesmo que bibelô, objeto de enfeite, frágil e quebradiço, feito de porcelana ou material semelhante.

Olga vai visitar Adelaide, para levar informações da melhora do seu irmão. Adelaide faz muitas perguntas a Olga sobre seu casamento e sobre o noivo. Isso aborrece a moça. Para disfarçar e desviar-se do assunto, Olga pede notícias do general Albernaz. Fica sabendo que ele estava bem, mas a sua filha, Ismênia, andava muito triste, porque seu noivo partira um mês antes do carnaval e mesmo depois do grande festejo carioca ainda não voltara, partira, deixando-a num grande sofrimento, sem qualquer carta, sem qualquer notícia,. passando os dias a chorar. Nisso chegou Ismênia:. "*As pálpebras estavam roxas e até os seus pequenos olhos pardos tinham mais brilho e expansão. Indagou da saúde de Quaresma e depois calaram-se um instante. Por fim Dona Adelaide lhe perguntou:*

- Recebeste carta, Ismênia?

- Ainda não, respondeu ela, com grande economia de voz.

Ricardo moveu-se na cadeira. Batendo com o braço num dunkerque[7] *, veio atirar ao chão uma figurinha de biscuit*[8] *e esfacelou em inúmeros fragmentos, quase sem ruído.*" (p. 64)

Comentário: Ismênia confunde-se aqui com a estatueta frágil que se quebra perante os abalos da vida.

SEGUNDA PARTE

Capítulo I - No "Sossego"

Olga sugere e Quaresma compra um sítio duas horas distante do Rio. Há muito tempo Quaresma alimentava o sonho de tirar da terra o seu próprio sustento: "A *nossa terra tem os terrenos mais férteis do mundo... O milho pode dar até duas colheitas e quatrocentos por um...*" (p.66)

Com espírito otimista Policarpo inicia seu trabalho no sítio. Quaresma passa as primeiras semanas explorando o sítio, que se chama "Sossego". Observa, classifica e etiqueta todos os tipos de árvores e vegetação. Depois de exaustivo inventário de tudo, organizou uma biblioteca agrícola e encomendou instrumentos de meteorologia para auxiliar nas atividades da lavoura. Anastácio estranhou, e disse que para plantar era só capinar, pôr a semente na terra, deixar crescer e colher. Quaresma assim fez, mas sem deixar de lado o pluviômetro.

Todas as manhãs, iam os dois para o trabalho, capinando e limpando os pés das árvores. Quaresma, como era de se esperar, tinha dificuldade no uso da enxada. Ao fim de um mês, ele capinava razoavelmente, e com grandes intervalos de repouso, de hora em hora, forçado pela sua idade e pela falta de costume. Adelaide ouvia do irmão os resultados do trabalho, mas não compartilhava do mesmo entusiasmo. Fora com ele para ali, apenas pelo hábito ou por falta de qualquer outra opção. Não entendia seus arroubos de emoção. "*Seguira-o ao "Sossego" e, para entreter-se, criava galinhas, com grande alegria do irmão cultivador.*" (p.70)

7. Pequeno móvel envidraçado.
8. Estatueta ou bibelô de porcelana associado à fragilidade de Ismênia.

Um dia, chegou uma visita inesperada. O desconhecido era o tenente Antonino Dutra, escrivão da coletoria, que viera pedir um donativo. Os dois conversaram sobre o sítio, sobre agricultura e política. Quaresma deixa claro que não quer se meter em política e o outro sai, tentando interpretar quais seriam as suas verdadeiras intenções. Pouco depois, chega também ao sítio o seresteiro Ricardo, sempre com seu violão.

Capítulo II - Espinhos e Flores

O narrador descreve os subúrbios do Rio de Janeiro, em que não se consegue encontrar ruas calçadas e cuidadas[9] como na Europa, nem jardins bonitos. Quando se encontra algum é feio e desleixado. Continuando com sua crítica, revela a mistura de classes sociais e a preocupação das pessoas com a aparência: "*Há pelas ruas damas elegantes, com sedas e brocados, evitando a custo que a lama ou o pó lhes empanem o brilho do vestido; há operários de tamancos; há* ***peralvilhos***[10]*, à última moda; há mulheres de chita; e assim pela tarde, quando essa gente volta do trabalho ou do passeio, a mescla se faz numa mesma rua, num quarteirão, e quase sempre o mais bem posto não é que entra na melhor casa.*" (p.74)

O narrador descreve os subúrbios como forma de transição para centrar a atenção na figura do seresteiro Ricardo, que morava numa dessas casas de cômodos de subúrbio. De seu quarto via o bairro da Piedade e Todos os Santos. Nesse tempo, Ricardo andava triste porque as pessoas estavam a cantar modinhas de um seu rival, um tal preto que criava modinhas que, segundo alguns, diziam alguma coisa. Ricardo se põe a relembrar a infância na casa dos pais numa cidadezinha do interior. Chegou a chorar de emoção. Nisso, ouviu uma moça cantar uma cantiga sua. Sentiu ímpetos de beijá-la. A moça notou que estava sendo observada e parou, desculpando-se. Ele pediu para que não parasse, mas ela se recusou, alegando que temia as suas críticas. Ricardo voltou à sua tristeza, nem conseguia mais compor, sua mente estava embaralhada com a idéia de que procuravam roubar seu mérito. Sentiu vontade de visitar Quaresma, mas desistiu por causa da distância. Por esse período, recebe um convite para o casamento de Quinota, filha do general Albernaz. No dia da festa de noivado, Ricardo dirige-se à casa do amigo, que fala do casamento da filha e de seu orgulho. Lembra-se com tristeza do caso de Ismênia. Acaba falando da Guerra do Paraguai, de que na verdade não participara.

O general pede novidades do amigo Quaresma. Ricardo dá notícias e aproveita para pedir ao general uma passagem para visitar o amigo. O general pede-lhe para passar na repartição no dia seguinte. No final da festa, Ricardo canta uma composição de sua autoria, recebendo muitos aplausos.

---

9. No texto original, fala-se de ruas "macadamizadas", isto é, pavimentadas, cobertas com pedras.
Peça utilizada para fabricar rendas
10. Indivíduo que se veste com apuro exagerado

Capítulo III - Golias

No sábado que se seguiu à comemoração do casamento da filha do general com Genelício, deu-se o casamento de Olga. O marido estava satisfeito, já se via rico, o que aliado ao fato de ser médico, abriria, com certeza, um caminho fácil para o sucesso tanto na profissão, quanto na vida social. Ele era do tipo que valorizava excessivamente o seu diploma e até pensava que Olga o tinha aceito por marido por causa dele. Ela, no entanto, somente o aceitara pela sua aparência de inteligência e por seu suposto amor pela ciência, mas logo se desiludiu. Apesar disso, continuou o noivado e foi para o matrimônio, levada pela inércia. Segundo o narrador, além da cobrança social, foi a sua timidez natural em romper que a levou ao casamento. Não se casaram na igreja e durante a cerimônia no cartório, Olga não demonstrou expansões de felicidade.

Quaresma, por não querer afastar-se da propriedade, faltou à festa, mas mandou um leitão e um peru, acompanhados de uma longa carta.

O narrador, após esse giro retrospectivo e digressivo, retorna ao momento da visita de Ricardo e comenta que ela distrai Quaresma um pouco, mas sem afastá-lo de seus trabalhos no campo. Ricardo vai à vila de Curuzu, que fica próxima, e faz bastante sucesso. Chegou a ser convidado para o baile do doutor Campos, presidente da Câmara e médico do lugar.

Quaresma tem agora para auxiliar seu trabalho, não apenas Anastácio, mas também um tal de Felizardo, sujeito fofoqueiro, que traz notícias das disputas políticas da localidade. Foi assim que Quaresma ficou sabendo que o consideravam amigo do marechal Floriano Peixoto. Tentou desmentir, mas de nada adiantou, porque o falador do Felizardo não acreditou.

Um dia, Quaresma recebeu também a visita de Olga e do marido, Armando Borges. "*O marido tinha resistido muito em acompanhá-la até ali. Não lhe parecia bem aquela intimidade com um sujeito sem título, sem posição brilhante e sem fortuna. Ele não compreendia como o seu sogro, apesar de tudo um homem rico, de outra esfera, tinha podido manter e estreitar relações com um pequeno empregado de uma repartição secundária, e até fazê-lo compadre!*" (p.87)
Quaresma recebeu-o com sinais de admiração e o médico, envaidecido, enquanto conversava, virava com a mão direita o grande anelão "simbólico".

Através do casal, Quaresma toma conhecimento das agitações políticas do Rio, como a revolta da fortaleza de Santa Cruz.

Noutro dia, Quaresma leu, no jornal local, um artigo criticando os intrusos, criticando os "não nascidos" ali, vistos como estrangeiros que se vinham intrometer na vida particular e política da família curuzuense, perturbando-lhe a paz e a tranqüilidade. Para finalizar e mais aborrecer Policarpo, o jornal publicava essas duas estrofes:

POLÍTICA DE CURUZU

Quaresma, meu bem, Quaresma!
Quaresma do coração!
Deixa as batatas em paz,
Deixa em paz o feijão.

Jeito não tens para isso
Quaresma, meu **cocumbi**![11]
Volta à mania antiga
De redigir em tupi.

OLHO VIVO. (p.88)

Adelaide e Olga procuram acalmá-lo. Chega o médico, seguido pelo seresteiro Ricardo, que contou o que se dizia na vila: "*Acreditavam todos que o major viera para ali no intuito de fazer política, tanto assim que dava esmolas, deixava o povo fazer lenha no seu mato, distribuía remédios homeopáticos...*" (p.89)

Olga e o marido ficaram no sítio umas duas semanas, mas na primeira o médico já havia se cansado de tudo. Ambos travaram relacionamento com o doutor Campos e sua filha. Saíram juntos a passeio, visitaram uma cachoeira famosa do lugar e, por onde passava, Olga ficava impressionada com a miséria geral, a falta de cultivo, a pobreza das casas, o ar triste e abatido das pessoas pobres. Discutindo o assunto com Felizardo, Olga ouve a explicação de que não plantavam porque a terra não era deles. Além disso, havia as formigas, não recebiam apoio do governo e não dispunham das ferramentas adequadas e necessárias. Essas dificuldades são registradas na língua coloquial do homem do povo "- *Terra não é nossa... E "frumiga"?... Nós não "tem" ferramenta... isso é bom para italiano ou "alamão", que o governo dá tudo... Governo não gosta de nós...*" (p.91)

Ironicamente, e isso é um traço que a crítica tem apontado como herança machadiana, o narrador deixa claro que Olga, apesar de ser boa pessoa, não se prende a esses problemas sociais: "*A fraqueza de atenção não lhe permitiu pensar mais no problema. Foi vindo para casa, tanto mais que era hora de jantar e a fome lhe chegava*". (p.91) Armando Borges tenta convencer Quaresma da necessidade de adubos, mas o sonhador contesta que nossas terras são as mais férteis do mundo. O médico discorda e justifica-se alegando que havia terras mais férteis na Europa. Acabou irritando Policarpo ao mencionar a Rússia.

Uma noite, Quaresma foi à cozinha e teve uma grande surpresa ao descobrir na despensa um batalhão de formigas. "*O chão estava negro, e carregadas com os grãos, elas, em pelotões cerrados, mergulhavam no solo em busca da sua cidade subterrânea.*" (p.92) Quaresma quis afugentá-las, mas eram milhares. Foi picado, "*gritou, sapateou e deixou a vela cair. Estava no escuro. Debatia-se para encontrar a porta; achou e correu daquele ínfimo inimigo que, talvez, nem mesmo à luz radiante do sol o visse distintamente...*" (p.92)

Comentário:
Essa cena, ao mesmo tempo cômica e dramática, parece uma paródia invertida do episódio em que Dom Quixote luta contra os grandes moinhos de vento. Aqui o ridículo aumenta porque o inimigo diminui de tamanho, tornando a luta do sonhador mais inglória ainda.

11. Antigo folguedo de negros, que saíam vestidos de peles e de penas em cortejo, ritual ligado ao culto da puberdade.

Capítulo IV - "Peço mais energia, sigo já"

O narrador fala de Dona Adelaide, que era uns quatro anos mais velha, e que não revelava qualquer sonho, objetivo ou ideal, levando uma vida simples, sem ambições.

Embora aparentemente calmo e normal, Policarpo deixa transparecer que nem tudo está bem, pelo seu jeito de olhar, "*perdido em cisma*", ou então por um e outro muxoxo, ou mesmo até alguma exclamação.

Embora interessado no aproveitamento de suas terras, ele gradativamente foi esquecendo os instrumentos de meteorologia, que o desiludiam por falharem muito. Não conseguiu fazer que funcionassem de forma precisa. Machucava-o também a campanha que vinham movendo contra ele. Martiriza-o mais ainda notar que não havia naquela gente humilde qualquer sentimento de solidariedade, de apoio mútuo ou espírito de luta. Até o próprio costume do "moitirão", já havia desaparecido. Após muita luta, Quaresma conseguiu que seus abacateiros dessem os primeiros frutos, colhidos por ele, que se recusou vendê-los por perto pelo baixo preço oferecido. Deslocou-se até o Rio e ficou decepcionado porque viu-se constrangido a vender o cento pelo mesmo valor que se pagava a dúzia no varejo.

Apesar disso Policarpo sentiu por aquele ridículo lucro grande contentamento. Retomou o trabalho, limpou as ervas que ameaçavam as fruteiras. Deixou por conta de Felizardo e Anastácio as grandes plantações, e contratou outro empregado, Mané Candeeiro, com quem passou a serrar os galhos mortos das árvores, podando-as de forma que logo reverdeceram. Não durou muito sua alegria, pois logo vieram as formigas. O primeiro ataque se deu no milharal. Apesar da formicida colocada nas principais entradas do formigueiro, as formigas voltaram e atacaram desta vez as laranjeiras. No outro dia, mandou Mané Candeeiro abrir picadas e atacar os redutos centrais com sulfeto. A luta continua e Quaresma toma consciência da necessidade de uma atitude mais ampla, superior, do próprio governo.Só assim para extinguir tal praga, pois as formigas dos vizinhos vinham montar esconderijo em seu terreno.

Quaresma colheu sua primeira produção de legumes e foi com alegria renovada que viu seguir para a estação carretas de abóboras, aipins, batatas doces. Após a venda fez as contas, verificando que o lucro foi só um pouco maior do que o dos abacates.

Adelaide adverte-o pelo que gastara com as formigas, mas ele se justifica, alegando que sua luta não objetiva o lucro, mas dar exemplo aos demais e salvar a agricultura. Mais um golpe vem atacar o quixote brasileiro, suas galinhas começam a morrer misteriosamente.

Um dia, doutor Campos visita Quaresma e pede seu apoio político, mas Quaresma recusa, diz que não gosta dessas disputas e que não tem partido. O homem saiu como se aquilo nada significasse, mas logo deu provas de que as coisas não ficariam assim. Apenas dois dias se passaram e o major recebeu a visita de um sujeito uniformizado, intimando-o a roçar e capinar as partes do sítio que fizessem divisas com as vias públicas. Esta absurda atitude faria com que ele perdesse muito tempo, pois seu sítio fazia divisa por dois lados (mil e duzentos metros) com vias públicas. Adelaide conclui que só pode ter sido o doutor Campos o causador de tal intimação.

Além desse dissabor, outro problema veio entristecer Policarpo: a peste quase destruiu o galinheiro, levando metade das galinhas, perus e patos. Quaresma admira-se, entristecido, com o fato de que em um país, "*cujo governo tinha tantas escolas que produziam tantos sábios, não havia um só homem que pudesse reduzir, com as suas drogas ou receitas, aquele considerável prejuízo.*" (p.101)

Quaresma continua sua luta e para melhorar seu trabalho encomenda uma junta de bois. Mas os problemas continuam. Um dia, recebe uma intimação da coletoria, obrigando-o a pagar quinhentos mil-réis de multa por enviar produtos da lavoura sem o recolhimento de impostos. Isso deixa o protagonista indignado: "*Como era possível prosperar a agricultura, com tantas barreiras e impostos? Se ao monopólio dos atravessadores do Rio se juntavam as exações do Estado, como era possível tirar da terra a remuneração consoladora?*" (p.101)

Felizardo trouxe o jornal e disse a Quaresma que havia agitação na corte. Quaresma leu no jornal a notícia da revolta da Armada contra Floriano Peixoto. Imediatamente dirigiu-se à estação e enviou um telegrama: "*Marechal Floriano Peixoto, Rio. Peço energia. Sigo já. - Quaresma*". (p.102)

Capítulo V - O Trovador

Caldas e Albernaz passaram pelo palácio imperial e seguiram para a estação, encontrando Bustamante que surgiu com seu uniforme do Paraguai para tomar o trem e apresentar-se. Entraram num vagão que estava cheio de oficiais, o que poderia levar alguém a concluir que o Rio devia ter uma guarnição de cem mil homens. Os militares conversavam alegres, enquanto os civis seguiam calados e cabisbaixos.

Apresentaram-se e depois ficaram a conversar com o Tenente Fontes, noivo de Lalá, filha de Albernaz. Cada um estava ali por um interesse pessoal: Albernaz esperava obter uma outra comissão para adquirir o enxoval da filha; o almirante estava gastando muito dinheiro; Bustamante imaginava organizar um batalhão patriótico; Genelício esperava ser promovido a sub-diretor. Até Armando Borges, o marido de Olga, esperava com a revolta realizar um sonho seu. Como estava insatisfeito como médico de hospital particular, o que não dava fama, passou a desejar um cargo oficial.

Olga já andava decepcionada com o marido, mas aquele interesse dele, deixou-a mais aborrecida, julgando sua atitude muito indecorosa, pois ele não precisava de nada mais. Armando não chegou a perceber as mudanças da esposa, porque ela disfarçava e assim continuavam a viver como se nada houvesse, mas cada dia que passava estavam mais longe um do outro.

Olga soube pelo pai que Quaresma viria para o Rio. A notícia de seu telegrama a Floriano saiu no jornal *O País*. Só uma pessoa permanecia alheia a tudo: o artista, o poeta e violonista Ricardo Coração dos Outros .

TERCEIRA PARTE

Capítulo I - Patriotas

"*Havia mais de uma hora que ele* (Quaresma) *estava ali, num grande salão do palácio, vendo o marechal, mas sem lhe poder falar.* (...) *O palácio tinha um ar de intimidade, de quase relaxamento, representativo e eloqüente.* (...) *Tudo nele era desleixo e moleza.*" (p.112) Policarpo trazia na mão um documento, um programa em que procurou expor todas as medidas necessárias para o levantamento da agricultura nacional e também esperava falar com Floriano, cuja fisionomia não diferia muito do palácio: "*Era vulgar e desoladora. O bigode caído; o lábio inferior pendente e mole a que se agarrava uma grande "mosca*[12]*"; os traços flácidos e grosseiros; não havia nem o desenho do queixo ou olhar que fosse próprio, que revelasse algum dote superior. Era um olhar mortiço, redondo, pobre de expressões, a não ser de tristeza que não lhe era individual, mas nativa, de raça; e todo ele era gelatinoso - parecia não ter nervos.*" (p.114)

Enquanto esperava para falar com o ditador, como insiste o narrador, Quaresma observa o desfile de puxa-saquismo e de intimidades principalmente dos cadetes que passaram à sua frente.

Por fim Quaresma pôde falar ao presidente que o recebeu com intimidade. Policarpo ofereceu sua ajuda e entregou o seu programa, que foi negligentemente recebido pelo presidente com um "deixa aí". Nesse mesmo instante, entrou Bustamante que pediu ao presidente um quartel. Este, então, rasgou distraidamente um pedaço do memorial de Quaresma, para rabiscar nele um bilhete ao seu ministro da Guerra. Ao perceber sua falha e o olhar do protagonista, procurou desculpar-se: "- *Ora! Quaresma! rasguei o teu escrito... Não faz mal... Era a parte de cima, não tinha nada escrito*[13] ".

Bustamante e Quaresma já se conheciam da casa do general Albernaz. Bustamante nomeia Quaresma para a patente de major, mediante o pagamento de quatrocentos mil-réis relativos ao posto, porque o batalhão estava em dificuldade e precisa de dinheiro para ajudar nas primeiras despesas.

Quaresma visitou sua afilhada Olga e o pai. Olga espantou-se com a visita do padrinho. Vicente Coleoni saíra e Armando, o marido, estava traduzindo um artigo médico seu para estilo clássico, que, na verdade, era apenas um exercício de pedantismo em que invertia a ordem das orações e procurava trocar as palavras populares por termos difíceis[14]. Ao sair de lá, Quaresma passeou pelas ruas estreitas, jantou num restaurante e, finalmente, apresentou-se no quartel, que funcionava provisoriamente num velho cortiço pelos lados da

12. O mesmo que "pera", uma pequena porção de pelos de barba, na região do queixo, abaixo do lábio inferior.
13. Todo esse trecho apresenta rasgos caricaturais.
14. Encontramos aqui uma crítica a determinado hábito que parece ter sido comum no início do século, talvez até por influência da estética parnasiana. Consistia esse costume em procurar escrever "bonito", isto é, complicado, para simular inteligência e erudição. Lima Barreto insurge-se contra isso e propõe uma linguagem mais descontraída, mais informal, mais brasileira mesmo.

Cidade Nova. Quaresma pagou sua quota ao coronel, recebendo sua farda verde garrafa com quatro estrelas prateadas, formando uma cruz na gola.

Um tumulto fez com que saíssem até a varanda. A agitação fora provocada por Ricardo Coração dos Outros que se insurgia contra o alistamento dito voluntário. Ricardo impõe que só aceitaria servir se lhe devolvessem seu violão. Bustamante concordou e ordenou que o devolvessem ao seresteiro.

Capítulo II - Você, Quaresma, é um visionário

O destacamento de Quaresma tinha quarenta praças, três alferes, dois tenentes, mas os oficiais pouco apareciam.

Uma noite, quando o soldado responsável pelo canhão não estava, precisaram fazer fogo contra uma lancha. Quaresma pegou os manuais para estudar e atirar com precisão. Nisso, veio um dos soldados e atirou, assustando os ocupantes da lancha que se afastaram. No outro dia, o tenente Fontes, ao saber de tudo, riu muito: "- *Ora major, você pensa que está em polígono, fazendo estudos práticos... Fogo para diante!*[15] "

Ricardo cantava para os soldados, com devida autorização do major Quaresma, mas o tenente Fontes ao ver isso proibiu, e foi ao encontro do major, dizendo com severidade e rispidez que era contra tal permissão.

Quaresma visita o general Albernaz, encontrando na sua casa o tenente Fontes, o almirante Caldas e o seu comandante Inocêncio Bustamante. Caldas estava pessimista porque nada recebera do governo. A conversa acabou versando sobre patriotismo, o que não parece ser o forte das pessoas que ali se reúnem.

Mais tarde, Quaresma volta a seu quarto e é informado, por Ricardo, que está para chegar o marechal Floriano Peixoto. Após a visita, ao acompanhar Floriano até a estação, o major perguntou se ele tinha lido o seu memorial. Floriano respondeu afirmativamente, mas com certo aborrecimento. "*O bonde chegou; ele se despediu do major, dizendo com aquela sua placidez de voz:*

- Você, Quaresma, é um visionário...

O bonde partiu. A lua povoava os espaços, dava fisionomia às cousas, fazia nascer sonhos em nossa alma, enchia a vida, enfim, com a sua luz emprestada..." (p.131)

Capítulo III - ... e tornaram logo silenciosos...

Albernaz conversa com Quaresma sobre a sua filha Ismênia e seu estado de saúde. Reclama que já a lavou a médicos, a espíritas, a feiticeiros e não houve remédio, chá, reza, ou defumação que resolvesse. Foi então que ocorreu a Quaresma enviar Armando, marido de Olga, para examinar a filha do amigo. O narrador corta a cena e volta a falar da revolução que já está com quatro meses de existência. Comenta os desmandos e abusos que foram praticados. A guarda nacional cometia arbitrariedades contra as pessoas do povo. Os

15. O narrador caricatura ironicamente os combates, insinuando que ninguém tem técnica, coragem ou qualquer qualidade necessária a guerreiros. São como crianças que brincam sem conhecer as regras ou os brinquedos. Toda a tarde há tiroteio e a população já se senta para assistir como se fosse uma tourada ou partida de futebol.

soldados ao vencerem um foco de revolta, destruíam tudo que não podia ser transportado.

Quaresma visita Coleoni, cumprindo a promessa feita a Albernaz.

Olga nota que seu padrinho está abatido. Quaresma revela decepção com Floriano, em virtude de seu desinteresse por seu projeto agrícola.

Quaresma pede ao médico para cuidar da filha de seu amigo, e Armando demonstra interesse pelo caso.

Quaresma, ao sair de lá, dirigiu-se ao quartel para pedir uma licença para visitar a irmã, mas encontrou Bustamante, que comunicou ao major que recebera do Itamarati ordens de marchar, embora não soubesse ainda para onde. Quaresma desiste do pedido de licença.

O marido de Olga não comprovou, na prática, seu interesse em tratar da filha do general. Ismênia continuou a piorar de saúde. Certo dia, disse à mãe que ia morrer e que pretendia partir vestida de noiva. Por fim, Armando foi vê-la, mas nada conseguiu fazer. Um dia, aproveitando-se de uma saída da mãe e do descuido de suas irmãs, Ismênia vestiu-se de noiva, sentiu uma fraqueza e caiu de costas na cama, morrendo dramática e repentinamente.

Capítulo IV - O Boqueirão

O sítio de Quaresma estava abandonado. As ervas daninhas cresciam e as formigas voltaram, devastando tudo. Aconteceram as eleições no interior e a irmã de Policarpo, Dona Adelaide, divertiu-se com o desfile de roupas exóticas e antigas que passavam por sua porteira em direção à seção eleitoral.

Adelaide, como já vimos, não tinha atração nem habilidade para serviços do campo. Com a partida de Quaresma e decadência do sítio chegou mesmo a comprar os gêneros na venda. Escrevera ao irmão, reclamando de suas dificuldades, mas ele respondera apenas com conselhos. A última carta, no entanto, revelava desânimo e desespero. Quaresma lamenta ter matado um outro brasileiro, em quem descarregou um tiro quando o inimigo arquejava a seus pés.

Quaresma e Ricardo foram feridos em combate. Quaresma se deprime e lamenta não encontrar ninguém que o entenda, vendo que os outros o tomam por maníaco, enquanto a vida passa inexoravelmente com sua brutalidade.

A revolta finalmente acabou com a vitória do governo. Após receber alta, Quaresma foi destacado com seu batalhão para guarnecer a Ilha das Enxadas. Quaresma foi designado como carcereiro dos prisioneiros na ilha. Quaresma desilude-se ainda mais, vendo a situação dos prisioneiros amontoados nas antigas salas de aulas ou alojamentos de aspirantes.

Para piorar seu estado emocional, uma noite Quaresma foi acordado por um homem do Itamarati, que viera para retirar alguns prisioneiros, por ordem de superiores. O homem escolhia ao acaso, arbitrariamente, sem seguir qualquer critério. "*E assim foi uma dúzia, escolhida a esmo, ao acaso, cercada pela escolta, a embarcar num batelão que uma lancha logo rebocou para fora das águas da ilha.*" (...) *A lancha desapareceu nas trevas do fundo da baía. Para onde ia? Para o Boqueirão...*" (p.150) Só após a retirada dos homens é que o major compreende e deixa implícito que esses homens serão executados sumariamente como exemplo aos demais.[16]

Capítulo V - A afilhada

Quaresma depois enviou uma carta protestando contra tal medida. Por isso, foi preso e levado para a Ilha das Cobras. Quaresma completa seu processo de desilusão, não somente com a sociedade, mas até mesmo com a pátria. O narrador afirma: "*A pátria que quisera ter era um mito; era um fantasma criado por ele no silêncio do seu gabinete. Nem a física, nem a moral, nem a intelectual, nem a política que julgava existir, havia. A que existia de fato, era a do Tenente Antonino, a do doutor Campos, a do homem do Itamarati.*[17]" (p.152)

Ricardo, ao saber da prisão do amigo, tenta soltá-lo, mesmo sabendo que todos estavam contra Quaresma. Este, assim como os presos do Boqueirão, seria usado para dar exemplo àqueles que se insurgissem contra o governo. Esteve com Genelício, Albernaz, Bustamante, mas nenhum deles se dispôs a ajudar. Todos evitam comprometer-se. Olga queria ajudar, mas não sabia o que fazer. Ricardo recomendou que falasse com Floriano.

Olga não conseguiu ser recebida, mas ouviu de um ajudante-de-ordens que Quaresma era um traidor. Olga revoltou-se, interiormente, e decidiu partir. "*Ela nem lhe esperou o fim da frase. Ergueu-se orgulhosamente, deu-lhe as costas e teve vergonha de ter ido pedir, de ter descido do seu orgulho e ter enxovalhado a grandeza moral do padrinho com o seu pedido. Com tal gente, era melhor tê-lo deixado morrer só e heroicamente num ilhéu qualquer, mas levando para o túmulo intacto seu orgulho, a sua doçura, a sua personalidade moral, sem a mácula de um empenho que diminuísse a injustiça de sua morte, que de algum modo fizesse crer aos seus algozes que eles tinham direito de matá-lo.*

Saiu e andou. Olhou o céu, os ares, as árvores de Santa Teresa, e se lembrou que, por estas terras, já tinham errado tribos selvagens, das quais um dos chefes se orgulhava de ter no sangue o sangue de dez mil inimigos. Fora há quatro séculos. Olhou de novo o céu, os ares, as árvores de Santa Teresa, as casa, as igrejas; viu os bondes passarem; uma locomotiva apitou; um carro, puxado por uma linda parelha, atravessou-lhe na frente, quando já a entrar do campo ... Tinha havido grandes e inúmeras modificações. Que fora aquele parque? Talvez um charco. Tinha havido grandes modificações nos aspectos, na fisionomia da terra, talvez no clima... Esperemos mais, pensou ela; e seguiu serenamente ao encontro de Ricardo Coração dos Outros.[18]"(p.158)

---

16. Novamente temos uma inserção de fato histórico, de realidade, na ficção de Lima Barreto.
17. É possível encontrarmos idéias parecidas sobre a pátria no romance *Canaã*, publicado em 1902, de autoria de Graça Aranha, contemporâneo de Lima Barreto.
18. Esse final implica numa postura otimista, à semelhança de *Canaã*, apesar da história não terminar bem, já que o protagonista vai ser condenado à morte e parece não haver esperança. No entanto, há esperança para o país e para a sociedade, pois assim como o índio selvagem e antropófago foi superado, é provável que também esses covardes e interesseiros possam desaparecer e dar lugar a pessoas mais sensatas e dignas. Não tenho esperanças, mas é o que eu também desejo.

VI - ESTRUTURA DA OBRA

O romance é dividido em três partes, cada uma apresentando cinco capítulos.

Foco narrativo: a história é apresentada ao leitor por um narrador onisciente, utilizando foco narrativo em terceira pessoa. Em muitos momentos do relato, o narrador não consegue esconder sua simpatia pelo protagonista e por suas idéias, embora o coloque muitas vezes em ridículo, para mostrar que ele não tem consciência da disparidade que existe entre seu modo puro e ingênuo de ser e a maldade e hipocrisia do mundo que o cerca.
Ação: Encontramos nesse romance tanto a ação dinâmica, externa, quanto a ação interior, ou seja, pensamentos, dúvidas e reflexões das personagens, principalmente de Olga e de Quaresma, que são transmitidos ao leitor pelo narrador. É importante, também, notar que há digressões e comentários do narrador, que são intercalados, interrompendo e retardando a ação.
Tempo: Podemos situar o período dos acontecimentos da história de Quaresma nos primeiros anos da República e no governo de Floriano Peixoto, tendo como data final o ano de 1893, fácil de identificarmos pela referência à Revolta da Armada. Em função dos fatos verídicos, históricos, podemos classificar essa obra como um romance de época.
Espaço: A ação passa-se no Rio de Janeiro e é fácil perceber a preocupação do narrador em fixar alguns traços da cidade, com descrições das ruas, tipos de casa, destacando mais os subúrbios. A segunda parte do romance remete personagens e leitores para o campo, chamando a atenção para o abandono e o descaso dos governantes, que nada fazem para minimizar os problemas dos pequenos agricultores: ignorância, dificuldade de transporte, exploração dos intermediários, taxações, etc.

Personagens:
Policarpo Quaresma, protagonista da história, é um homem magro de mais de quarenta anos, que exerce o cargo de subsecretário do Arsenal de Guerra. É um indivíduo metódico e vive isolado, tendo apenas a companhia de um criado e de sua irmã, Adelaide. É patriota do tipo fanático. Seu nacionalismo é ufanista e xenófobo, isto é, só vê qualidades em sua pátria, evitando ver os defeitos e criticando e detestando tudo que é estrangeiro. No fundo, tal figura acaba se transformando numa sátira ao nacionalismo ingênuo. Podemos ver nessa personagem certa semelhança com D. Quixote, criação de Miguel de Cervantes, principalmente por não conseguir enxergar a realidade dura da vida e também por suas atitudes ridículas e patéticas. Enfim, como Quixote, Quaresma é um sonhador.
Adelaide, irmã de Quaresma, mais velha do que ele. Pessoa sem maldade, que em tudo acompanha o irmão, mas nada entende de seus sonhos e nunca luta por nada. Nada faz pela saúde do irmão, quando este enlouquece, nem pelo crescimento do sítio, quando ele vai lutar pelo governo. Trata-se de uma mulher passiva, que se deixa levar pela vida e pela sociedade. Não tem uma

visão própria, como Quaresma. Sinal disso é quando ela critica o irmão por estudar violão.

Ricardo Coração dos Outros, figura típica de artista popular, simples, distraído, voltado quase que só para sua arte. Contratado por Quaresma para lhe dar aulas de violão, acaba tornando-se o único amigo fiel, que não o abandonada, quando é estigmatizado com a pecha de traidor. Consta que Lima Barreto construiu a personagem com base na figura do poeta popular Catulo da Paixão Cearense.

Olga, afilhada de Quaresma e filha de Vicente Coleoni, revela-se como uma jovem de boas qualidades. É um pouco diferente das outras mulheres, já que demonstra pensamentos e sentimentos próprios, originais. Embora não entenda a profundidade dos pensamentos e sentimentos do padrinho, defende-o e luta pela sua liberdade. Aceita o casamento como uma fatalidade, mas não o deseja tanto como as outras moças de sua idade e de seu tempo. Um sinal de sua dissonância com esse mundo convencional que a cerca é não se ter casado na igreja.

Ismênia, filha do general Albernaz, é o tipo bem acabado e estereotipado da moça de seu tempo. Viveu só para o casamento, o que a conduz à loucura quando é abandonada pelo noivo.

Floriano Peixoto, segundo presidente da república, é apresentado caricaturalmente pelo narrador, que destaca seus traços negativos, como incapacidade para tomar decisões, descaso, gosto pela bajulação, etc.

VII - ESTILO DE ÉPOCA E ESTILO INDIVIDUAL

Lima Barreto e sua obra estão inseridos no Pré-Modernismo, denominação criada por Alceu Amoroso Lima para classificar o grupo de escritores que viveu e produziu no período compreendido entre 1902 e 1922, ou seja, entre a publicação de *Os Sertões,* de Euclides da Cunha, e a realização da Semana de Arte Moderna.

Nesse período podemos encontrar dois grupos de escritores:

de um lado, o grupo dos que seguiam uma tendência consagrada já pelo público, valorizando a superficialidade temática, a eloqüência verbal;

do outro, o formado por alguns escritores ilhados que, embora não se constituíssem um grupo com propostas definidas, procuravam acima de tudo manter uma abordagem problematizadora da nossa realidade, tendo ainda alguns, como Lima e Lobato, experimentado uma linguagem menos empolada.

Alguns críticos chegaram a denominar esse período de eclético, e com razão, pois nele encontramos diversas tendências estéticas ao mesmo tempo. Em um mesmo livro ou autor podemos perceber heranças do Realismo, do Naturalismo, que às vezes convivem com traços românticos e ou simbolistas.

Lima Barreto insurge-se contra a literatura bem comportada de seu tempo e apresenta duas posturas patentes em tudo que escreve. Uma delas é não fechar o olho para a realidade, denunciando tudo que considera injusto ou errado. Outra é evitar a linguagem rebuscada e procurar uma forma mais singela, que seja coerente com o conteúdo apresentado. Ele tem muito claro para si que não deseja imitar o padrão de linguagem que seu tempo lhe oferece. Os literatos, e a linguagem que utilizam, só lhe despertam desprezo. Um exemplo que podemos extrair da narrativa do major Quaresma é a maneira como o narrador se refere ao estilo empolado do marido de Olga. Veja este fragmento: "*De fato, ele* (Armando Coleoni) *estava escrevendo ou mais particularmente: traduzia para o "clássico" um grande artigo sobre "Ferimentos por arma de fogo". O seu último truc intelectual era este do clássico. Buscava nisto uma distinção, uma separação intelectual desses meninos por aí que escrevem contos e romances nos jornais. Ele, um sábio, e sobretudo, um doutor, não podia escrever da mesma forma que eles. A sua sabedoria superior e o seu título "acadêmico" não podia usar da mesma língua, dos mesmos modismos, da mesma sintaxe que esses poetastros e literatecos. Veio-lhe então a idéia do clássico. O processo era simples: escrevia do modo comum, com as palavras e o jeito de hoje, em seguida invertia as orações, picava o período com vírgulas e substituía incomodar por molestar, ao redor por derredor, isto por esto, quão grande ou tão grande por quamanho, sapintava tudo de ao invés, empós, e assim obtinha o seu estilo clássico que começava a causar admiração aos seus pares e ao público em geral.*" (p.120)

Como aqui, nesse fragmento transcrito, prevalece durante todo o romance um tom irônico, sarcástico, caricatural, atacando a superficialidade, a ignorância e o oportunismo, tanto quanto a discriminação e o preconceito. A sua crítica social revela um mundo organizado de forma a atender o interesse da classe dominante e dos espertalhões, em detrimento dos humildes, desfavorecidos, que recebem do narrador sua simpatia e admiração, permitindo-nos perceber que ocorre aí um processo de identificação.

VIII - TEMÁTICA

Em Triste fim de Policarpo Quaresma podemos encontrar a crítica à discriminação social e ao oportunismo. São também criticadas a necessidade de padrinho ou pistolão para conseguir emprego e a ignorância da grande massa, assim como os preconceitos que se formam pela falta de conhecimento.

Outro tema que podemos vislumbrar nesse romance é o choque entre o real e o ideal, mostrando como sofre quem não tem os pés no chão e vive imerso no mundo de sonho, de fantasia. O mesmo conflito pode ser visto também entre o cidadão digno e íntegro e a decadência e corrupção geral que predominam no tempo do relato, isto é, no período da primeira república.

Outros temas que destacamos: a necessidade de uma reforma agrária e da preservação do folclore e da cultura nacional; crítica à burocracia, à corrupção e à falta de atenção do governo para os problemas do homem do campo, principalmente o pequeno agricultor.

BIBLIOGRAFIA CONSULTADA

Barreto, Lima - *Triste fim de Policarpo Quaresma*, SP, 1983, Ed. Ática.
Bosi, Alfredo - *O Pré-Modernismo*, SP, MCMLXXIII, Editora Cultrix.

Exercícios no final.

MENSAGEM
de
Fernando Pessoa

I - BIOGRAFIA

Fernando Pessoa nasceu em 1888, em Lisboa, ficando órfão de pai aos cinco anos. Pouco depois, morre seu irmão, com menos de um ano. As dificuldades econômicas obrigam sua mãe a vender móveis e casa. Essa época difícil parece estar presente nos versos do poema "Aniversário", do heterônimo Álvaro de Campos:

> *No tempo em que festejavam o dia dos meus anos,*
> *Era feliz e ninguém estava morto.*
> ....
> *O que eu sou hoje é terem vendido a casa,*
> *É terem morrido todos."*

Em 1895, sua mãe se casa em segundas núpcias com João Miguel Rosa, cônsul de Portugal em Durban, África do Sul, para onde vai o poeta com a família. No ano seguinte, o menino Fernando Pessoa freqüenta aulas no convento de West Street, aprendendo as primeiras noções em inglês. Muitos vêem nesse afastamento de sua terra e de sua língua, assim como a perda do pai e do irmão, tudo associado ainda a um sentimento de frustração pela possível maior atenção do padrasto para seus filhos, a origem do fenômeno dos heterônimos. O próprio Pessoa escreveu: "*Um certo Chevalier de Pas dos meus seis anos, por quem escrevia cartas dele a mim mesmo, cuja figura, não inteiramente vaga, ainda conquista aquela parte da afeição que confirma com a saudade.*"

Em 1899, ingressa na *High School*, concluindo os estudos em 1901, quando aproveita para visitar Portugal. Nesta época, produz seus primeiros poemas em inglês. No ano seguinte, volta a Durban, matriculando-se na *Commercial School*. Em 1904, recebe o prêmio Rainha Vitória pela prova do exame de admissão à Universidade do Cabo. Em agosto de 1905, volta a Portugal, ingressa na Faculdade de Letras, vivendo com a avó e duas tias.

Em 1907, abandona a faculdade e tenta, sem sucesso, a exploração de uma tipografia. Em seguida, passa a exercer a atividade de correspondente comercial em línguas estrangeiras. É assim que consegue o seu sustento até o ano de sua morte, 1935. Era astrólogo amador, tendo feito o mapa astral de seus principais heterônimos, e como tal pensou em ganhar a vida mas não chegou a concretizar esse sonho.

Em 1912, colabora como crítico na revista *A Águia*, mas seus versos são publicados pela primeira vez em 1914, n'*A Renascença*. Em março desse mesmo ano, produziu "Ode Triunfal" do heterônimo Álvaro de Campos.

Em 1915, sai o primeiro número de *Orpheu*. A revista *Portugal Futurista* publica, em 1917, o "Ultimatum" de Álvaro de Campos. No ano seguinte,

Pessoa publica os folhetos de versos ingleses *Antinous* e *35 sonnets*. Essas obras foram criticadas favoravelmente pelo conceituado *Time* de Londres.

Com a morte de seu padrasto, sua mãe retorna a Lisboa. Volta a publicar versos em inglês em 1921: *English Poems I* e *II* e *English Poems III*. No ano seguinte, surge a revista *Contemporânea*, de que Pessoa será constante colaborador. Em 1925, morre sua mãe.

Em 1934, o Secretariado de Propaganda Nacional (SPN) de Portugal (Governo Salazar) institui o prêmio literário "Antero de Quental" para o melhor livro de poesia nacionalista que se apresenta no concurso. Por ignorância típica de festivais e concursos, sua obra ficou com o segundo lugar, enquanto o primeiro foi atribuído a uma sensaboria intitulada *Romaria*, do padre franciscano Vasco Reis.

Em 1935, o poeta é internado no hospital São Luís de Lisboa por causa de forte cólica hepática, falecendo dois dias depois, vítima de uma cirrose, provocada pelos seus excessos na ingestão de aguardente.

II - A HETERONÍMIA - FERNANDO PESSOA : Poeta Plural

O que mais intriga os leitores e fascina os estudiosos é o fenômeno da multiplicação do poeta em diversos outros escritores (70 aproximadamente) com nome, existência e estilos próprios.

Fernando Pessoa é ele mesmo (ortônimo) e, ao mesmo tempo, diversos outros poetas, como Alberto Caeiro, Álvaro de Campos, Ricardo Reis, Bernardo Soares, Vicente Guedes, C. Pacheco, Antônio Mora e Alexander Search.

Para ilustrar, gostamos de imaginar humoristicamente uma desinformada jornalista entrevistando o poeta:

- Esses poetas a quem o senhor se refere são a mesma coisa que pseudônimos?

E ele, na nossa fantasia, contesta irritado:

- Não. Pseudônimo é quando um poeta estúpido escreve como ele mesmo, e assina como se fosse outra pessoa. Eu, não. Quando escrevo como eu mesmo, assino o meu nome. Agora, quando outras pessoas escrevem por meu intermédio, então os poemas recebem as assinaturas delas próprias.

Sobre esse fenômeno único na literatura universal, vejamos o que dizem alguns estudiosos da obra pessoana:

- **Massaud Moisés:** "...é desse múltiplo e desintegrante desdobramento de personalidade que nascem os "heterônimos" de Fernando Pessoa. Nada tendo que ver com "pseudônimos", querem referir a existência de outros nomes, isto é, outros poetas, com identidade, "vida" e sentido autônomos, vivendo dentro do poeta, de forma que este torna um e vários ao mesmo tempo".
- **Adolfo Casais Monteiro:** "... cada um destes (heterônimos) poetas é na verdade caracterizadamente um poeta distinto dos outros. Não se trata de autor escrevendo sob vários pseudônimos, mas de várias pessoas habitando na mesma pessoa física; são, realmente, conforme a designação por ele próprio usada, os seus "heterônimos", e as obras deles "do autor fora de sua pessoa", expressão de "uma individualidade completa fabricada por ele."

- **J. Afrânio Moreira Duarte:** "Sempre que se trata de Fernando Pessoa vem à tona o "problema" dos heterônimos. Se os pseudônimos sempre proliferaram, em todas as épocas, quadrantes e literaturas, aqui o caso é inteiramente diverso, pois não são em verdade e ao pé da letra nomes falsos usados por um mesmo determinado e sim vários "autores" utilizando, por assim dizer, o mesmo "produtor comum", tal qual personagem do drama em gente que o poeta se dizia."

III - CONTEXTO HISTÓRICO

Sempre devemos conhecer a época em que surge um artista para melhor compreendê-lo. Fernando Pessoa nasce em Lisboa, em 1888. Em 1890, o ultimato da Inglaterra a Portugal aumenta o descrédito na monarquia e fortifica o movimento republicano. De 1905 a 1906, a ditadura de João Franco é marcada pela injustiça e pela intensificação do anticlericalismo.

O descontentamento popular se expressa com maior evidência e violência quando, em 1908, um homem do povo assassina o rei D. Carlos e o príncipe real D. Luís Felipe. Num clima de desordem e sanguinolência, sobe ao trono o jovem D. Manuel II (24 anos), que não consegue salvar a monarquia. Em 1910, cai definitivamente o regime monárquico e é instalada a República. Em 1914, o mundo se agita com o primeiro grande conflito bélico. Pessoa está com 26 anos. Em 1917, a Revolução Russa abala os alicerces do sistema capitalista, que mostrará suas rachaduras mais profundas em 1929, com a queda da bolsa de valores de Nova Iorque. Em 1919, termina o conflito mundial e é assinado o Tratado de Versalhes, sob a inspiração do presidente Wilson (EE.UU), que busca uma reorganização do mundo (notadamente Europa) dentro dos princípios da democracia liberal. No entanto, por sob essa superfície de ilusão, permanece a realidade de um grande desequilíbrio. A prova disso virá mais tarde, com a deflagração do 2º conflito mundial, que Fernando Pessoa não verá, pois sua morte ocorre em 1935. Portugal é, das nações européias, uma que mais sente esse desequilíbrio após a guerra. Assim como em outros países, cuja estrutura tradicional não foi abalada pelo liberalismo, o povo português favorece forças de tendência autoritária. Em 1918, surge a ditadura de Sidônio Pais, que nada mais é do que o anúncio prévio do movimento militar de 1926, que tomará o poder, impondo facilmente uma ditadura de influência fascista.

O fascismo cresce nesse período, atingindo um dos seus sonhos mais altos em 1933, quando da ascensão de Hitler ao poder na Alemanha.

Como se pode perceber, por essa enumeração rápida e superficial, o início do século XX é marcado pela agitação, pelo desequilíbrio, levando as pessoas, principalmente os jovens, a duvidar dos valores tradicionais de sua sociedade. Essa insatisfação com os caminhos antigos, cujas trilhas levaram à situação em que se encontram, revela-se também na arte. Não há razão para se ficar preso a um mundo que não deu certo.

IV - VANGUARDAS EUROPÉIAS

São considerados "vanguardas" os movimentos estéticos que rompem violenta e radicalmente com os cânones que lhes antecedem, buscando o novo original. No primeiro quartel do século XX (1900 a 1925), como que refletindo o que acontece nos outros campos da atividade humana, também o mundo da arte está bastante agitado. Em sintonia com o clima sócio-econômico, os jovens artistas sensíveis não querem mais uma forma e técnica acadêmicas, conservadoras. Todos buscam caminhos novos, diferentes, originais. Alguns dos mais notáveis movimentos são:

- **CUBISMO** - Em 1906, na pintura, surge o Cubismo, liderado por Picasso e Braque.
- **FUTURISMO** - Em 1909, Marinetti, em Paris, lança o movimento que busca valorizar as palavras em liberdade, temas contemporâneos; eletricidade, velocidade, máquinas, etc. Veja um trecho do manifesto: "Nós declaramos que o esplendor do mundo se enriqueceu com um beleza nova: a beleza da velocidade. Um automóvel de corrida com seu cofre adornado de grossos tubos como serpentes de fôlego explosivo... Um automóvel rugidor, que tem o ar de correr sobre a metralha, é mais belo que a Vitória de Samotrácia. [1] "
- **DADAÍSMO** - Em Zurique, 1916 Tristan Tzara reúne e potencializa a tendência desagregadora da literatura que se manifestara nas vanguardas anteriores. Gilberto Mendonça Teles define o movimento como "forma de terrorismo cultural contra todos os valores espirituais, pois tudo agora lhes parecia destituído de qualquer sentido lógico". Veja um trecho do "Manifesto de Senhor Antipirina" de Tzara: "Dadá permanece no quadro europeu das fraquezas, no fundo é tudo merda, mas nós queremos doravante evacuar em cores diferentes para ornar o jardim Zoológico da arte de todas as bandeiras dos consulados."
- **SURREALISMO** - Em 1924, André Breton lança o último movimento vanguardístico. Breton já vinha trilhando caminhos afins desde 1919, quando dirigia a *Revista Literária*, mas só em 1924 emprega o termo "Surrealismo" e lança um "manifeste du Surréalisme". Os surrealistas buscam o conhecimento total do homem. Seria sincronicidade ou mera coincidência o fato de Pessoa ter-se desdobrado em vários outros poetas para melhor se conhecer? E a maneira como ele descreve o abrupto surgimento de Alberto Caeiro, seria já a escrita automática, proposta pelos artistas surrealistas?

V - MODERNISMO EM PORTUGAL

Com o advento da República em 1910, o país ficou dividido em dois grupos: o dos insatisfeitos com a nova situação e o dos republicanos satisfeitos. Estes, em 1910, têm papel relevante na direção da revista *A Águia*, lutando por uma renascença portuguesa e estabelecendo uma postura autenticamente lusitana em torno da saudade: o Saudosismo.

O mentor da revista, Teixeira de Pascoaes, consegue despertar o entusiasmo de vários jovens literatos de Lisboa, surgidos entre 1912 e 1915, dentre eles Fernando Pessoa que chegou a colaborar na revista como crítico.

1. Estátua alada, produzida na Antigüidade, atualmente sem cabeça. Fica no museu do Louvre.

Em 1915, ainda tingida pelas cores da aurora saudosista, desponta a revista *Orpheu*, com que se inicia o Modernismo em Portugal. Logo os integrantes se livram do lastro saudosista para ampliar seus interesses, abrangendo as novidades estéticas e filosóficas que vinham do resto da Europa, notadamente da França, evoluindo para o Modernismo, termo mais adequado para designar a reunião das várias tendências vanguardísticas.

A poesia de Orpheu é alucinada e irreverente, irritantemente nova, com a finalidade óbvia de provocar a burguesia, vista como símbolo da estagnação em que vive a cultura lusitana.

Notem que no Brasil não foi diferente, tem o mesmo sentido o poema "Ode ao Burguês", de Mário de Andrade, e toda a Semana de Arte Moderna.

Como todos os artistas do Modernismo, também os escritores apresentam uma atitude de rebeldia, atacando o passado, o academicismo, revelando em contrapartida um desrespeito às normas, às regras. Essa atitude rebelde provoca uma ruptura entre os gêneros literários e entre o limite prosa/poesia através do emprego do verso livre e de uma linguagem coloquial, mais descontraída. Também fazem parte dos pressupostos modernistas a busca de uma temática contemporânea, atualizada, a valorização do humor e do nacionalismo, que se volta para a busca das próprias raízes.

VI - PESSOA ORTÔNIMO OU UM ESTILO INDIVIDUAL

Dentro dessa contingência em que nasce o escritor Fernando Pessoa, entre os diversos estilos que criou, Pessoa escolheu para si uma forma que destoa de todos os revolucionarismos de então. Seus versos são musicais, metrificados (embora com uma liberdade que os antigos não tinham) e rimados, na sua maioria, São exceção alguns textos sensacionistas[2] como "Chuva Oblíqua", "Hora Absurda" e "Impressões do Crepúsculo".

Relativamente, podemos dizer que a poesia lírica de Pessoa está mais próxima de um simbolista como Camilo Pessanha ou da inclassificável Florbela Espanca do que de Almada Negreiros. Veja do Almada alguns versos de "A Cena de Ódio":

"Larga a cidade masturbadora, febril,
rabo decepado de lagartixa,
labirinto cego de toupeiras,
de ignóbeis míopes, tísicos, tarados,
anêmicos, cancerosos e anseníados!"

O verso livre, pouco usado por ele, deixou-o para os heterônimos, Álvaro de Campos e Alberto Caeiro, assim como a linguagem coloquial. À atitude moderna de valorização da máquina e pejo de tratar de religião ou de Deus,

2. Não confundir com sensacionalista. Sensacionista é o texto que explora ao máximo as sensações múltiplas, variadas e simultâneas, que atinguem o "eu", como a chuva, as luzes e os sons, explorados no poema " Chuva Oblíqua".

Fernando Pessoa preferiu o culto da investigação e da análise interior. Leia dois fragmentos da série intitulada "No túmulo de Christian Rosencreutz":[3]

> "*Quando despertos deste sono, a vida,*
> *Soubermos o que somos, e o que foi*
> *Essa queda até Corpo, essa descida*
> *Até à Noite que nos a Alma obstrui*",
>
> "*Então, senhores do limiar dos Céus,*
> *Podemos ir buscar além de Deus*
> *O segredo de Mestre de Bem profundo;*"

Essa atitude pode ser encontrada na obra *Mensagem*, em vários momentos explícitos como no poema "O Encoberto" ou implicitamente em toda a estruturação da obra.

VII - *MENSAGEM*, um épico em pílulas ou uma bíblia hermética.

1. Introdução

Mensagem foi o único livro publicado em vida pelo poeta, no ano de 1934, quando ficou injustamente com um segundo lugar em consurso nacional. Antes disso, só publicada alguns folhetos (poemas em inglês) e poemas avulsos em revistas.

Essa obra pode ser enquadrada, como vários críticos já o fizeram, no gênero épico, por causa de seu carácter nacionalista, cantando os heróis e o passado de Portugal. É considerada por alguns como uma nova epopéia, Lusíada modernizada. No entanto, estudos recentes em diversas partes do mundo têm revelado que ela é bem mais do que isso.

Confrontando *Os Lusíadas* e *Mensagem*, notamos logo uma diferença muito grande. A epopéia renascentista revela unidade e um sequência lógica impressionante. Camões podia ter uma visão global do mundo e conceber sua epopéia refletindo esta visão. Fernando Pessoa, por ser um artista moderno, interioriza-se, e não concebe a realidade como um todo. Percebe-a fragmentada, parcial, veloz, como um *flash,* daí a fragmentação do seu poema épico em pílulas líricas. O livro é composto de poemas curtos líricos, que tanto podem ser lidos e fluídos separadamente, independente do conjunto, quanto na sequência, levando em conta o todo. Podemos ver esse livro como um colar de pérolas, onde cada uma dessas jóias, tendo o seu valor isoladamente, ganha um valor maior quando unida às outras.

Quanto à forma, chama nossa atenção o fato de Pessoa empregar versos rimados, metrificados, valorizando as medidas de quatro a sete sílabas e privilegiando as estrofes de quatro ou cinco versos, assim como os poemas de

3. O corpo de Rosencreutz foi encontrado intacto ao ser desenterrado muitos anos após sua morte.

quatro ou três estrofes, portanto curtos também. Isso reforça o aspecto conciso da obra e lhe confere maior brilho. Os poemas são como pequenos e fulgentes pedaços de vidros coloridos a formar um maravilhoso desenho no caleidoscópio da interação leitor/criador. O próprio poeta, um dia, escreveu:

> **"A tensão e pressão das condições modernas podem ter aspectos muito desagradáveis, mas têm um muito favorável - a necessidade da concisão e do deliberato interesse em uma obra literária. Foi um dos triunfos críticos de Poe ter previsto a necessidade de poemas mais curtos. (...)**
> **Não necessitamos de excluir o poema épico, mas podemos reduzilo[4] a cinco livros."**

Ele, ao escrever *Mensagem*, reduziu-o a menos ainda.

2. Estrutura da obra

Mensagem apresenta três partes: Brasão, Mar Português e O Encoberto. Essas divisões funcionam como substitutivo aos antigos cantos e contêm 44 poemas assim distribuídos:

PRIMEIRA PARTE: BRASÃO -	
	I. OS CAMPOS
	II. OS CASTELOS
	III. AS QUINAS
	IV. A COROA
	V. O TIMBRE

SEGUNDA PARTE: MAR PORTUGUÊS	
I - O INFANTE	VII - OCIDENTE
II - HORIZONTE	VIII - FERNÃO DE MAGALHÃES
III - PADRÃO	IX - ASCENSÃO DE VASCO DA GAMA
IV - O MOSTRENGO	X - MAR PORTUGUÊS
V - EPITÁFIO DE BARTOLOMEU DIAS	XI - A ÚLTIMA NAU
VI - OS COLOMBOS	XII - PRECE

TERCEIRA PARTE: O ENCOBERTO	
I - OS SÍMBOLOS:	*PRIMEIRO*: D. SEBASTIÃO
	SEGUNDO: O QUINTO IMPÉRIO
	TERCEIRO: O DESEJADO
	QUARTO: AS ILHAS AFORTUNADAS
	QUINTO: O ENCOBERTO
II - OS AVISOS:	*PRIMEIRO*: O BANDARRA
	SEGUNDO: ANTÔNIO VIEIRA
	TERCEIRO: SCREVO MEU LIVRO...
III - OS TEMPOS:	*PRIMEIRO*: NOITE
	SEGUNDO: TORMENTA
	TERCEIRO: CALMA
	QUARTO: ANTEMANHÃ
	QUINTO: NEVOEIRO

---

4. Mantivemos a grafia original, pois é uma transcrição.

3 - A estrutura e o esoterismo em *Mensagem*

Empregaremos aqui como sinônimos os termos ocultismo, hermetismo ou esoterismo, ou seja, ciência dos fenômenos que parecem não poder ser explicados pelas leis naturais. Conjunto de conhecimentos secretos, propiciados somente aos iniciados.

Notem que na estruturação de *Mensagem,* houve uma preocupação muito grande com a seleção de determinados números cabalísticos, que se encontram representados no corpo da obra.

A sua divisão entre as partes remete-nos ao triângulo, símbolo da divindade. Na visão cristã, Deus é uno, mas possui 3 aspectos distintos: Pai, Filho e Espírito Santo. No Egito Antigo adoravam Osíris, Ísis e Hórus. Os pitagóricos julgavam o três perfeito e divino por que tem princípio, meio e fim.

Outro número que se destaca é o 7, fusão do 4 (humano) com o 3 (divino), ou, ainda, o céu e a terra. Considerado o número místico por excelência, o 7 aparece em enumeráveis culturas. São 7 os dias da semana, 7 as virtudes cardeais e 7 os pecados capitais. São 7 as notas musicais, e os sacramentos da Igreja Católica. São 7 os arcanjos judaico-cristãos e também os gênios persas. Das 7 virtudes, 3 estão associadas ao espírito (fé, esperança, caridade) e 4 ao humano e social (prudência, justiça, fortaleza e temperança). São 7 os chacras (centros ou gânglios) segundo a tradição hindu, que devem ser despertados pelos que praticam ioga.

Causa estranheza, no entanto, o fato de não aparecer de modo explícito o 4, representado pelo quadrado, símbolo do humano e da terra. O mundo físico (4) é composto pelos elementos: terra, ar, fogo e água. São quatro as estações do ano e as fases da lua. São 4 os pontos cardeais e quatro os deuses maias que suportam os quatro pontos da terra: Cauac (sul), Mulac (norte), Kan (leste) e Ix (oeste). A omissão do 4 teria como causa a preocupação de FP com o quinto Império, império que não é deste mundo? É provável.

A separação em 12 unidades (na segunda parte: "Mar Português") retoma outro número mágico, 12, que representa a perfeição do Universo, o equilíbrio cósmico, podendo ser simbolizado pelo círculo. São 12 os signos do zodíaco e 12 os apóstolos de Cristo. O doze é o resultado da multiplicação de 3 X 4.

Um número também constante é o cinco, apontado pela numerologia como o número da expansão, correspondente ao planeta Mercúrio, revela gosto pelas viagens, aventuras, situações inesperadas. Está ligado ao desejo de obter experiências e de conhecer as coisas. É o número de quem não teme o perigo. Portanto, vemos que é um número muito ligado à História de Portugal e ao espírito de Fernando Pessoa. Ainda há um aspecto importante do 5 a ser lembrado, segundo o esoterismo são 5 os fluídos da alma: o sangue, o nervoso, o hormonal, o astral e o fogo serpentino ou energia kundaline.

4 - Platonismo em *Mensagem*

Imaginem Platão, na Grécia antiga, reunindo seus discípulos e lhes dizendo:

- Caros amigos, eu os reuni, aqui, hoje, para lhes contar a história de uma caverna. É o **mito da caverna.** Havia uma caverna, onde os homens nasciam, cresciam e passavam toda a existência presos de costa para a entrada e olhando para a parede do fundo.

O sol brilhava lá fora, mas eles não viam. Só percebiam a claridade (a que chamavam dia), e a ausência dela (a que chamavam noite). Um dia passou uma borboleta entre o sol e a gruta, projetando sua sombra contra a parede do fundo.

Os homens, espantados, olhavam para a **sombra** e gritavam: "Olhem a borboleta!". Para eles, prisioneiros, que nunca tinham visto uma borboleta real, a sombra passava pela própria borboleta... Porém um deles escapou e, lá fora, ficou maravilhado ao descobrir que a borboleta real, na sua essência, era muito mais bonita. Tudo, toda a natureza era muito mais bonita. Pois tudo possuía cores, cheiros, sons e três dimensões. De olhos brilhantes pela alegria da descoberta, aquele homem voltou à gruta e quis transmitir aos demais a sua descoberta, quis convencer aos demais de que o que eles viam era somente uma sombra da realidade. Julgaram-no louco e o prenderam. E Platão encerra a assembléia esclarecendo:

- Caros amigos, a caverna é esse mundo concreto em que vivemos e vocês são os homens na caverna, pois aceitam a visão de tudo que os rodeia como realidade. No entanto, tudo isso é apenas a pálida sombra, a aparência ilusória de algo melhor e mais bonito que está no mundo da essência, no "Topos Uranos". Aqui é o mundo IMANENTE, o mundo das sombras. Precisamos transcendê-lo para nos aproximar da essência de tudo.

Em *Mensagem,* notamos que Pessoa representa estes homens presos na caverna como os "felizes", "porque são só o que passa" e a vida que levam é "metade de nada", pois a vida é um caminhar constante para a morte. Vemos aí o reaproveitamento do mito da caverna de Platão. O homem que escapou da gruta é um louco, é uma exceção que atrai a simpatia do poeta, pois, na sua opinião, "sem loucura que é o homem/mais que besta sadia,/ cadáver adiado que procria?"

No poema "O quinto império" essa idéia se torna tema central. Leia-o:

Triste de quem vive em casa,
Contente com o seu lar,
Sem que um sonho, no erguer da asa,
Faça até mais rubra a brasa,
Da lareira a abandonar!

Triste de quem é feliz!
Vive porque a vida é dura.
Nada na Alma lhe diz
Mais que a lição da raiz -
Ter por vida a sepultura.

Eras sobre eras se somem
No tempo que em eras vem.
Ser descontente é ser homem.
Que as forças cegas se domem
Pela visão que alma tem!
E assim passado os quatro
Tempos do ser que sonhou,

A terra será teatro
Do dia claro, que no atro
Da erma noite começou.

Grécia, Roma, cristandade,
Europa, os quatro se vão
Para onde vai toda idade.
Quem vem viver a verdade
Quem morreu dom Sebastião?

A casa com lareira a ser abandonada é nada mais, nada menos, do que esta vida terrena, este mundo de sombras, que, fatalmente, teremos de abandonar um dia, com nossa morte. Então, porque viver presos nele, satisfeitos, como uma planta, uma raiz? Pelo contrário, são verdadeiros homens aqueles que, descontentes, dominam os impulsos da matéria (forças cegas) e procuram o "dia claro", o mundo melhor que se aproxima do mundo da essência. O sonho louco de D. Sebastião (formar um grande império cristão) sem que talvez ele mesmo soubesse a dimensão disso, era uma chama que se aproximava e que anunciava o "dia claro", o "Quinto Império".

5 - *A Demanda do Santo Graal*

As novelas cavaleirescas medievais, foram organizadas em três ciclos: bretão (arturiano), carolíngio e clássico. Só o primeiro deixou marcas na literatura de Portugal. *A Demanda do Santo Graal*, uma das poucas que nos restaram, foi a que maior influência exerceu sobre a imaginação de leitores e escritores. Trata-se de uma novela mística, embora na sua origem céltica, com o herói Perceval, não tenha sido assim. Em 1220, aproximadamente, por influência da Igreja, a lenda pagã é cristianizada, com Galaaz substituindo Perceval e os símbolos principais (o Valo, o escudo, a Espada) adquirem profundo valor místico. O próprio nome do herói, de origem bíblica (Galaad), significa o mais puro dos homens, ou seja, um novo Cristo, um novo Messias.

Na mesma linha de pensamento, a busca do Santo Vaso (Graal) representa a Comunhão sobrenatural, a suprema Eucaristia. As aventuras dos cavaleiros são importantes, por serem exemplos de suas provações e de sua força moral, enfim, por serem prova de sua ascese (exercício de devoção, de modificação e meditação religiosa), sempre presente na forma de desprezo pelo próprio corpo e pelo prazer.

Várias vezes os cavaleiros são colocados à prova, como Galaaz, por exemplo. Ao hospedar-se no castelo do Rei Brutos, é tentado pela beleza da jovem filha de seu hospedeiro. A linda jovem, enlouquecida pela paixão, invade os aposentos do herói e tenta seduzi-lo, despindo-se e oferecendo-se a ele. Galaaz passa pela provação. Por superar esta e muitas outras provas, mantendo-se sempre puro, é que se torna digno de ver o Santo Cálice antes de morrer. A morte, nesse caso, revela que é impossível suportar essa vida de sombras depois de ter visto a vida da luz.

6 - O Graal na *Mensagem* de Pessoa - (Intertextualidade)

A intertextualidade é a retomada e inserção de um texto antigo em outro mais moderno. Por exemplo, o episódio do "Gigante Adamastor" de *Os Lusíadas*, de Camões, é retomado por Fernando Pessoa no poema "O Mostrengo" de *Mensagem*. Pessoa retomou também elementos de *A Demanda do Santo Graal*.

O Graal aparece explicitamente em poemas como no dedicado a "D. Filipa de Lencastre" e "O Desejado". Notem ainda a presença da simbologia esotérica, já que D. Filipa divide com D. João I o sétimo castelo. A sétima casa, no ocultismo, é a casa do Mistério. "O Desejado" é o terceiro poema dos símbolos. Leiamos os dois:

D. FILIPA DE LENCASTRE

Que enigma havia de ter seio
Que só gênios concebia?
Que arcanjo teus sonhos veio
Velar, maternos, um dia?

Volve a nós teu rosto sério,
Princesa do Santo Graal,
Humano ventre do império,
Madrinha de Portugal.

O DESEJADO

Onde quer que, entre sombras e dizeres,
Jazas, remoto, sente-te sonhado,
E ergue-te do fundo de não-seres
Para teu novo fado!

Vem, Galaaz com pátria, erguer de novo,
Mas já no auge da suprema prova,
A alma penitente do teu povo
A Eucaristia Nova.

Mestre da Paz, ergue teu gládio ungido,
Excalibur do Fim, em jeito tal
Que sua luz ao mundo dividido
Revele o Santo Gral!

O Santo Graal aparece aqui como processo de revelação ou epifania (revelação súbita do mundo divino, iluminação) através da qual o mundo partido, dividido, se funde definitivamente numa nova eucaristia. O cálice em sua concretude, em sua realidade material (continente), consubstancia o metafísico (conteúdo simbolizado), o sagrado.

A força desse mito pode ser avaliada pela sua permanência em nossa cultura. De anseio maior da confraria da Távola Redonda, percorrendo várias gerações e culturas diferentes, esse sonho chega até nossos dias na figura do aventureiro Indiana Jones no filme *Indiana Jones e a Última Cruzada*.

Uma transformação que Pessoa provoca no mito é que este não ressurge como uma conquista individual (o herói Galaaz consegue ver o cálice), mas como um desejo coletivo, como o anseio de todo um povo, de toda uma nação. Além disso, não volta como o símbolo de uma passagem da vida terrena para a celestial, mas como a possibilidade de uma nova era aqui mesmo (Galaaz com pátria), uma confraternização que salvará esse mundo dividido. Esse é o sonho de confrarias como a Maçonaria e a Rosa-Cruz, às quais o poeta estava ligado, direta ou indiretamente.

Galaaz, como herói, em repouso, aguardando o momento propício para voltar, é associado a D. Sebastião. Não é acidental, portanto, que na terceira parte apareça o poema "O Desejado" logo após "Primeiro: D. Sebastião" e "Segundo: O Quinto Império".

Artur, rei morto, aguarda o futuro novo em Avalon, onde se oculta. Galaaz ergue-se "do fundo de não seres" para o "novo fado". D. Sebastião que caiu no areal em hora adversa, diz: "É O que eu me sonhei que eterno dura,/ É Esse que regressarei".

No quarto poema dos símbolos, seguinte ao "O Desejado", pergunta-se: "Que voz vem dos sons que vem das ondas / Que não é a voz do mar?" Não seria essa uma voz polifônica da fusão Artur-Galaaz-Sebastião que vem não deste mar daqui, mas de "ilhas afortunadas", "terras sem ter lugar", nas quais o "rei mora esperando"?

Através da fusão de mitos, Pessoa não só recupera o herói cavaleiro, como também o reveste de novas significações. No mito original, Galaaz morre e deixa o reino de Logres desamparado, que fica sem seu herói e sem o cálice. Vendo sua nação sem esperanças ou horizontes, Pessoa, para sanar essa falta de perspectiva, recupera o mito associando-o ao sebastianismo. Busca assim insuflar no povo português o antigo sonho de um grande reino, impondo aí sua visão mística, pois não se trata de um reino das Índias, mas de um continente ainda maior, aquém e além deste mundo de interesses materiais. Como afirma o próprio escritor: "*E a nossa grande Raça partirá em busca de uma Índia nova, que não existe no espaço, em naus construídas daquilo de que os sonhos são feitos.*"

Para encerrar essa abordagem sobre a intertextualidade A Demanda do Santo Graal/*Mensagem*,, leia o poema a D. Filipa com mais atenção. Veja que ela é apresentada como "princesa do Santo Graal", e o ventre humano ("aqui", nesta vida terrena) do Império (com maiúsculas para significar o império sobrenatural, "lá") . Dessa forma, ao mesmo tempo que reaproveita o mito medieval, Pessoa toma a história, fatual (aqui-sombra-imanente) como reunião de sinais que contêm, por ação divina, o significado simbólico de uma história superior (oculta, esotérica) a ser percebida só pelos iniciados.

Na história superior, não há coincidências. Tudo é fruto de uma grande sabedoria de Deus, do Grande Arquiteto do Universo ou que nome se lhe dê. Pessoa fabrica novos mitos, como o caso de D. Filipa, a quem atribui a função (segundo tradição céltico-bretã) de guardiã do sagrado, situando, desse modo, Portugal na linhagem mística do rei Artur, por isso a denomina "Madrinha de Portugal".

7 - História exotérica / História esotérica

Retomemos o assunto do penúltimo parágrafo da unidade anterior. Vamos chamar de história fatual ou exotérica aquela que você aprende na escola, a que é ensinada a todos sem restrição, e de história esotérica ou superior a que só é revelada a um grupo fechado, secreto, iniciático.

Em *Os Lusíadas*, a história é fatual, e o leitor pode sair da leitura enriquecido com algumas informações. Em *Mensagem*, no entanto, se o leitor desconhece a história fatual de Portugal, continuará sem saber nada após a leitura, porque Fernando Pessoa revê a História, revisita-a, colocando-a em outro plano, o metafísico. Nesse plano, o herói não age por vontade própria, mas por insondáveis e misteriosos desígnios. Essa visão está nítida no seguinte poema:

O CONDE DOM HENRIQUE

Todo começo é involuntário.
Deus é o agente,
O herói a si assiste, vário
E inconsciente.

À espada em tuas mão achada
Teu olhar desce.
"Que farei eu com esta espada?"
Ergueste-a, e fez-se.

Por isso, uma obra que, inicialmente, parecia a alguns apenas a expressão do nacionalismo português, logo despertou o interesse do mundo inteiro. Tal interesse não aconteceria se Pessoa se tivesse fechado num nacionalismo estéril, numa história apenas referencial. Ao contrário, o poeta se abriu para o universal através de uma visão mítica, arquetípica, em que se inscrevem os heróis transformados em agentes de uma misteriosa gesta providencial do divino.

Assim uma quase anônima princesa inglesa, que não apareceria na história fatual, exotérica, nem despertaria a atenção dos historiadores científicos, em *Mensagem*, revela-se importante ao se casar-se com D. João e morar no sétimo castelo, símbolo do mistério. Torna-se assim como D. Henrique e outros, também ela uma fundadora dessa nação predestinada por determinações superiores a se tornar o "Quinto Império".

8 - Análise das partes

A divisão da obra em três partes, cronologicamente, aborda três fases importantes da História de Portugal:

Das origens ao descobrimento -	1ª parte -	BRASÃO
Apogeu e domínio -	2ª parte -	MAR PORTUGUÊS
Declínio, decadência -	3ª parte -	O ENCOBERTO

A primeira parte da obra é rigidamente estruturada sobre o brasão português. O brasão é o conjunto de peças e figuras dispostas nos campos do escudo ou fora dele e que representam as armas de uma nação.

No brasão, conseqüentemente no poema, estão codificados conteúdos como: origens de Portugal, formação de sua nacionalidade e sua expansão territorial. Por exemplo, as cinco quinas inscritas no campo inteiro representam as chagas de Cristo, que teria aparecido a D. Afonso Henriques, em 1139, às vésperas da batalha de Ourique, mostrando-lhe a cruz e dizendo-lhe que venceria com aquele signo. Vejam que as quinas estão dispostas de modo a formar uma cruz.

Cada figura da linguagem heráldica tem um poema correspondente. Para simbolizar a coroa, Pessoa não escolheu um rei ou o equivalente no plano social, mundano, mas um escudeiro de D. Leonor Teles, Nun'ÁLvares Pereira. Ao associar Nun'Álvares á figura da Coroa, o poeta demonstra que, para ele, não era tão importante a nobreza de sangue, mas a de espírito, a da alma. Nun'Alvares (1360/1431), além de sua fama de puro e casto, renunciou a títulos e cargos, após a tomada de Ceuta, e doou todos os seus bens, recolhendo-se a um convento que ele mesmo tinha fundado. Em 1918, foi beatificado pela Igreja Católica.

O aparecimento de Cristo antes da batalha de Ourique é fato lendário, mas que ficou registrado nos anais da História de Portugal embora questionado por estudiosos de visão mais científica. O fato está registrado no escudo e na mentalidade do povo. Assim, o fato histórico se reveste de um caráter divino. O homem português é ungido como um filho dileto de Deus. Como um novo escolhido. O poema que mais claramente expressa a tópica do homem como ungido de Deus, como instrumento de uma guerra santa, é o referente à segunda quina:

D. FERNANDO, INFANTE DE PORTUGAL

Deu-me Deus o seu gládio porque eu faça
A sua santa guerra,
Sagrou-me seu em honra e em desgraça,
Às horas em que um frio vento passa
Por sobre a fria terra.
Pôs-me as mãos sobre os ombros e doirou-me
A fonte com o olhar;
E esta febre de Além, que me consome,
E este querer grandeza são seu nome

Dentro de mim a vibrar.

E eu vou, e a luz do **gládio**[5] erguido dá
Em minha face calma.
Cheio de Deus, não temo o que virá,
Pois, venha o que vier, nunca será
Maior do que a minha alma.

9 - Ponto de Vista em *Mensagem*

Na prosa de ficção o narrador pode estar na primeira ou na terceira pessoa, a isso chamamos foco narrativo. Na poesia lírica encontramos uma voz que se expressa, a ela denominamos **eu lírico**. No poema épico, como a *Odisséia* ou em *Os Lusíadas* aparecem várias vozes diferentes que contam as diversas histórias que reunidas, compõem a epopéia. É a esse fenômeno que chamamos de "ponto de vista".

Em *Mensagem,,* como na epopéia camoniana, há várias vozes falando. Encontra-se desde um falar impessoal, descritivo, como no primeiro poema da primeira parte, até uma fala pessoal, individualizada na figura do próprio poeta, como em "A Última Nau", em que diz:

"Ah, quanto mais o povo a alma falta,
Mais a minha alma atlântica se exalta
E entorna
E em mim, num mar que não tem tempo ou spaço [6]
Vejo entre a cerração teu vulto baço
Que torna."

Os poemas da subdivisão "Os Castelos" (menos um) e das "Quinas" mostram os próprios personagens históricos falando na primeira pessoa. Veja como exemplo o quinto poema das quinas, abaixo transcrito. Quem fala é o próprio rei D. Sebastião:

DOM SEBASTIÃO, REI DE PORTUGAL

Louco, sim, louco, porque quis grandeza
Qual a sorte a não dá
Não coube em minha certeza;
por isso onde o areal está
Ficou meu ser que houve, não o que há.

Minha loucura, outros que me a tomem
Com o que nela ia.
Sem a loucura que é o homem

5. O mesmo que espada.
6. Mantivemos a grafia original.

Mais que a besta sadia,
Cadáver adiado que propicia?

O emprego da primeira pessoa do plural, fundindo o **indivíduo-poeta** ao povo, cresce de importância na segunda parte (MAR PORTUGUÊS) , podendo ser evidenciado nos seguintes poemas:

I. O Infante - "Do mar e **nós** em ti **nos** deu sinal"
II. Horizonte - "O mar anterior a **nós**, teus medos"
X. Mar Português - "Por te cruzar**mos**, quantas mães choraram"
"Para que fosses **nosso**, ó mar!"

VIII - ANTOLOGIA COMENTADA

Primeira Parte: Brasão

Bellum sine bello.[7]

I. Os Campos

PRIMEIRO: *O dos Castelos* (8-12-1928)

A Europa jaz, posta nos cotovelos:
De Oriente a Ocidente jaz, fitando,
E toldam-lhe românticos cabelos
Olhos gregos, lembrando.

O cotovelo esquerdo é recuado;
O direito é em ângulo disposto.
Aquele diz Itália onde é pousado:
Este diz Inglaterra onde, afastado,
A mão sustenta, em que se apóia o rosto.

Fita, com olhar esfíngico e fatal,
O Ocidente, futuro do passado.

O rosto com que fita é Portugal.

SEGUNDO: *O das Quinas*

Os deuses vendem quando dão.
Compra-se a glória com desgraça.
Ai dos felizes, porque são
Só o que passa!
Baste a quem baste o que lhe basta

---

7. Expressão em latim que significa: "Guerra sem guerra".

O bastante de lhe bastar!
A vida é breve, a alma é vasta:
Ter é tardar.

Foi com desgraça e com vileza
Que Deus ao Cristo definiu:
Assim o opôs à Natureza
E Filho o ungiu.

II. Os castelos

PRIMEIRO: *Ulisses*

O mito é o nada que é tudo.
O mesmo sol que abre os céus
É um mito brilhante e mudo -
O corpo morto de Deus,
Vivo e desnudo.

Este, que aqui aportou,
Foi por não ser existindo.
Sem existir nos bastou.
Por não ter vindo foi vindo
E nos criou.

Assim a lenda se escorre
A entrar na realidade,
E a fecundá-la decorre.
Embaixo, a vida, metade
De nada[8] , morre.

Comentário: há uma lenda em Portugal de que Ulisses, herói da famosa epopéia grega, teria sido o fundador de Lisboa. A antiga denominação Olisipo, teria sido derivada de Ulyssis + pona = cidade de Ulisses. Fernando Pessoa abre o poema com um paradoxo, recurso freqüente em sua obra. Essa lenda é nada, porque não é verdade ou por não haver provas disso. No entanto, ao enriquecer a aridez da vida com o sonho, fecundado-a, torna-se tudo para o povo. A vida sem mito, como está no próprio texto, não tem valor, é menos que nada, é "metade de nada" e além disso, vai se corrompendo, "morre". As estrofes apresentam o esquema de rimas: ABABA.

SEGUNDO: *Viriato*[9]

Se a alma que sente e faz conhece
Só porque lembra o que esqueceu,[10]
Vivemos, raça, porque houvesse

8. Aqui temos um dado da poesia do ortônimo, a desvalorização da realidade objetiva, que é muitas vezes questionada, mesmo em cartas e apontamentos pessoais. A vida sem a lenda, sem a loucura, é menos que nada, e o homem que se prende a ela é apenas um animal saudável, um cadáver adiado.
9. Viriato era um pastor e viveu por volta de século I a.C. Quando os romanos invadiram a Lusitâna, ele participou da resistência cristã, mas foi assassinado traiçoeiramente em 140 a. C. , por oficiais subornados pelo inimigo. FP, valendo-se de conhecimentos esotéricos da confraria Rosacruz, associa o pastor Viriato à alma núcleo, que "lembra o que esqueceu", permitindo uma ligação com o divino. Logo , esse homem, esqucido pela história oficial, já era a madrugada de uma história superior, esotérica, em que Portugal estava marcado para ser grande. É a ação do fado, do destino, traçado por mãos superiores. Do ponto de vista formal, notem que as quadras apresentam o esquema de rimas: ABAB
10. Releia "Platonismo em *Mensagem*".

Memória em nós do instinto teu.

Nação porque reincarnaste,
Povo porque ressuscitou
Ou tu, ou o de que eras a haste -
Assim se Portugal formou.

Teu ser é como aquela fria
Luz que precede a madrugada,
E é já o ir a haver o dia
Na antemanhã, confuso nada.

TERCEIRO: *O Conde dom Henrique*[11]

Todo começo é involuntário.
Deus é o agente.
O herói a si assiste, vário
E inconsciente.

À espada em tuas mãos achada
Teu olhar desce.
"Que farei eu com esta espada?"

Ergueste-a, e fez-se.

QUARTO: *Dona Tareja*[12]

As nações todas são mistérios.
Cada uma é todo o mundo a sós.
Ó mãe de reis e avó de impérios,
Vela por nós!
Teu seio augusto amamentou
Com bruta e natural certeza
O que imprevisto, Deus fadou.
Por ele reza!

Dê tua prece outro destino
A quem fadou o instinto teu!
O homem que foi o teu menino
Envelheceu.

Mas todo vivo é eterno infante
Onde estás e não há o dia.

---

11. Henrique de Borgonha (1057 - 1104? 1114?). Dom Henrique lutou com Afonso VI contra os mouros, em 1086, e casou-se com a filha dele em 1093, tornando-se, assim, governador do Condado de Portucale.
12. Tareja, ou Teresa, era filha ilegítima de Afonso VI, e mãe de Afonso Henriques.

No antigo seio, vigilante,
De novo o cria!

QUINTO: *Dom Afonso Henriques*[13]

Pai, foste cavaleiro.
Hoje a vigília é nossa.
Dá-nos o exemplo inteiro
E a tua inteira força!

Dá, contra a hora em que, errada,
Novos infiéis vençam,
A benção como espada
A espada como benção!

SEXTO: *Dom Dinis* (9-2-1934)

Na noite escreve seu Cantar de Amigo
O plantador de naus a haver,
E ouve um silêncio múrmuro consigo:
É o rumor dos pinhais que, como um trigo
De império, ondulam sem se poder ver.

Arroio, esse cantar, jovem e puro,
Busca o oceano por achar:
E a fala dos pinhais, marulho obscuro,
É o som presente desse mar futuro,
É a voz da terra ansiando pelo mar.

> **Comentário**: D. Dinis (1279/1325) foi denomindao rei trovador, pois é um dos nomes mais importantes do Trovadorismo, tendo criado várias cantigas com "eu"lírico feminino (cantiga de amigo ou cantar de amigo). Estimulou o comércio marítimo e fundou a primeira universidade portuguesa em 1290.

SÉTIMO (I): *Dom João o Primeiro*

O homem e a hora são um só
Quando Deus faz e a história é feita.
O mais é carne, cujo pó
A terra espreita.

Mestre, sem o saber, do Templo[14]
Que Portugal foi feito ser,
Que houveste a glória e deste o exemplo
De o defender.

> D. João foi o décimo rei de Portugal, coroado em 1385, iniciando a dinastia de Avis. Era filho bastardo de D. Pedro I. D. João era mestre da ordem monástica e militar de Avis. Em seu reinado iniciou-se a espansão marítima e deu-se a tomada de Ceuta em 1415.

---

13. Dom Afonso Henriques nasceu em 1140. Lutou na batalha de Ourique (1139). Conseguiu a independência de Portugal e o reconhecimento de Leão em 1143. Ampliou o território, ficando conhecido como "O Conquistador". Morreu em 1185.
14. Ler ou reler 7. "História exotérica e esotérica".

Teu nome, eleito em sua fama,
É, na **ara**[15] da nossa alma interna,

A que repele, eterna chama,
A sombra eterna.[16]

SÉTIMO (II): *Dona Filipa de Lencastre*[17] (2-9-1928)

Que enigma havia em teu seio
Que só gênios concebia?
Que arcanjo teus sonhos veio
Velar, maternos, um dia?

Volve a nós teu rosto sério,
Princesa do Santo Gral,[18]
Humano ventre do Império,
Madrinha de Portugal!

III. As Quinas

PRIMEIRA: *Dom Duarte, rei de Portugal*[19]

Meu dever fez-me, como Deus ao mundo
A regra de ser rei almou meu ser,
Em dia e letra escrupuloso e fundo.
Firme em minha tristeza, tal vivi.
Cumpri contra o Destino o meu dever.
Inutilmente? Não, porque o cumpri.

SEGUNDA: *Dom Fernando, infante de Portugal*[20] (21-7-1913)

Deu-me Deus o seu gládio, por que eu faça
A sua santa guerra.
Sagrou-me seu em honra e em desgraça,
Às horas em que um frio vento passa
Por sobre a fria terra.

Pôs-me as mãos sobre os ombros e doirou-me
A fronte com o olhar;

15. O mesmo que altar.
16. Temos aqui um hipérbato, ou seja, uma inversão dos termos da oração, que assim ficaria em ordem direta: "A eterna chama que repete a sombra eterna".
17. Dona Filipa foi modelo de virtudes domésticas e grande educadora. Casou-se com D.João, o mestre de Avis, de quem teve vários filhos, todos altamente dotados, conhecidos como a "ínclita geração".
18. Vaso sagrado em que José de Arimatéia teria recolhido o sangue de Cristo. Leia "A Demanda do Santo Graal" e "O Graal na *Mensagem* de Pessoa". Mantivemos como sempre a grafia do poeta.
19. Dom Duarte (1391-1438), eloqüente primogênito de D. João I. Sucedeu ao pai, dedicando-se também às letras. Seu reinado foi breve, infelizmente atingido pela peste em Tomar.
20. Conde de Flandres, filho de Sancho I, D. Fernando teve papel importante na diplomacia pela consolidação política do reino.

E esta febre de Além, que me consome,
E este querer grandeza são seu nome
Dentro em mim a vibrar.

E eu vou, e a luz do gládio erguido dá
Em minha face calma.
Cheio de Deus, não temo o que virá,
Pois, venha o que vier, nunca será
Maior do que a minha alma.

TERCEIRA: *Dom Pedro, regente de Portugal*

Claro em pensar, e claro no sentir,
É claro no querer;
Indiferente ao que há em conseguir
Que seja só obter;
Dúplice dono, sem me dividir,
De dever e de ser -

Não me podia a Sorte dar guarida
Por não ser eu dos seus.
Assim vivi, assim morri, a vida,
Calmo sob mudos céus,
Fiel à palavra dada e à idéia tida.
Tudo mais é com Deus!

QUARTA: *Dom João, infante de Portugal*[21]

Não fui alguém. Minha alma estava estreita
Entre tão grandes almas minhas pares,
Inutilmente eleita,
Virgemente parada;
Porque é do português, pai de amplos mares,
Querer, poder só isto:
O Inteiro mar, ou a orla vã desfeita -
O todo, ou o seu nada.

QUINTA: *Dom Sebastião, rei de Portugal*[22]

Louco, sim, louco, porque quis grandeza
Qual a Sorte a não dá.
Não coube em mim minha certeza;
Por isso onde o areal está
Ficou meu ser que houve, não o que há .

---

21. D. João (1342-1391) era filho de D. Pedro I e foi o penúltimo rei da casa de Borgonha. Ambicioso, foi exilado em Castela, morrendo na prisão.
22. D. Sebastião nasceu em 1554, subindo ao trono muito jovem, em 1568, tendo desaparecido sem que lhe encontrassem o corpo no ano de 1578, na batalha de Alcácer-Quibir. Ja era visto em vida como um predestinado a ampliar o reino de Deus aqui na terra, como o canta Camões em *Os Lusíadas*: "... esperança / de aumento da pequena Cristandade,/ Dada ao mundo por Deus".

Minha loucura, outros que me a tomem
Com o que nela ia.
Sem a loucura que é o homem
Mais que a besta sabia,
Cadáver adiado que procria?

Segunda Parte: Mar Português

X . MAR PORTUGUÊS

Ó mar salgado, quanto do teu sal
São lágrimas de Portugal!
Por te cruzarmos, quantas mães choraram,
Quantos filhos em vão rezaram!
Quantas noivas ficaram por casar
Para que fosses nosso, ó mar!

Valeu a pena? tudo vale a pena
Se a alma não é pequena.
Quem quer passar além do Bojador
Tem que passar além da dor.
Deus ao mar o perigo e o abismo deu,
Mas nele é que espelhou o céu.

Comentário:
Bojador, cabo da costa ocidental da África. Durante muitos anos era o ponto mais distante a que os portugueses conseguiram chegar. Gil Eanes, em 1434, costeando a África, conseguiu ultrapassá-lo. O esquema de rimas das duas estrofes é: AABBCC

BIBLIOGRAFIA CONSULTADA

- **Camões**, Luís Vaz de - *Os Lusíadas*, RJ, 1968, Edições de Ouro.
- **Pessoa**, Fernando - *Mensagem*, 2ª edição, RJ, 1989, Ed. Bertrand Brasil S.A. Esta obra é de leitura e consulta obrigatória. A introdução do prof. Carlos Felipe Moisés é importantíssima para um melhor entendimento da obra.
- **Pessoa**, Fernando - *O Guardador de Rebanhos e outros poemas*, SP, 1989, Ed. Cultrix, com introdução do Prof. Massaud Moisés.
- **Pessoa**, Fernando - *O Eu profundo e os outros Eus*, FP, ed. Nova Fronteira, 11ª edição, RJ, 1980.
- **Pessoa**, Fernando - *Fernando Pessoa*, col. "Nossos Clássicos", ed. RJ, 1965.
- **Prado Coelho**, Jacinto do - *Diversidade e Unidade em FP*, SP, 1977, Verbo-Edusp, 5ª ed.
- **Simões**, J. Gaspar - *Vida e Obra de FP*, Lisboa, s/ data, Liv. Bertrand.
- **Osakabe,** Aquira - "Fernando Pessoa e a Tradição do Graal", in *Remate de Males nº 8*, revista do Departamento de Teoria Literária da UNICAMP.

Exercício no final.

MEMÓRIAS SENTIMENTAIS DE JOÃO MIRAMAR
de
Oswald de Andrade

Obra utilizada para citação: **Andrade**, Oswald de - *OBRAS COMPLETAS 2* (*Memórias sentimentais de João Miramar* e *Serafim Ponte Grande*) RJ, 1972, Ed. Civilização Brasileira S.A.

I - BIOGRAFIA

José Oswald de Sousa Andrade nasceu na cidade de São Paulo no ano de 1890 e aqui morreu em 1954. Desde muito jovem, revelou um temperamento questionador, inquieto. Estudou no colégio São Bento, tendo terminado o ginásio em 1908. Em 1911, fundou um hebdomadário, *O Pirralho*, jornal crítico, combativo e humorístico, que circulou durante vários anos, embora deixasse de circular algumas vezes. Nesse mesmo ano, fez uma viagem à Europa, tomando contato com as vanguardas européias. Voltou no ano seguinte e, tomado pelo interesse de atualizar a cultura brasileira, tendo por exemplo as novidades européias, começou a agitar o meio cultural. Além das idéias futuristas, veio acompanhado de uma jovem francesa, considerada lá a rainha dos estudantes. Em 1916, iniciou o que seria mais tarde o romance invenção *Memórias sentimentais de João Miramar*.

Ligou-se ainda moço à boêmia literária e freqüentou, sem muita dedicação, o curso jurídico, concluído finalmente em 1919. Participou, em 1917, da grande polêmica que envolveu a pintora revolucionária Anita Malfatti e o crítico Monteiro Lobato. Nesse mesmo ano, casou-se com uma jovem normalista, em seu leito de morte, vítima de um aborto.

Em 1920, fundou o jornal *Papel e Tinta*. Nesse mesmo ano, reconhecendo em Mário de Andrade a novidade estética, o artista moderno que procurava, revelou-o ao público e à crítica.

Em 1922, além da publicação do romance *Os Condenados* (primeiro de uma coleção intitulada *Trilogia do Exílio*) teve participação ativa na participação e deflagração da famosa e polêmica Semana de Arte Moderna, realizada no Teatro Municipal de São Paulo. Em 1924, conclui *Memórias sentimentais de João Miramar*. No mesmo ano, retorna a Europa, lançando lá o seu movimento nativista Pau-Brasil, com um manifesto e um livro de poemas do mesmo nome. A França só valorizaria esse trabalho 60 anos mais tarde.

Em 1928, mais uma vez, Oswald lançou novo movimento vanguardista. Agora era a vez do Movimento Antropófago, acompanhado do lançamento da *Revista de Antropofagia*, levando ao extremo suas propostas do movimento Pau-Brasil. Em 1930, após a revolução, assumiu uma posição esquerdista, militando ativamente em prol da luta operária e antifascista. Data desse período a fundação do jornal *O Homem do Povo*, elaborado em parceria da escritora Patrícia Galvão (Pagu).

Em 1954, faleceu, mantendo ainda seu espírito irreverente e combativo, mas sempre bem humorado, apesar das dívidas e dos problemas.

II - BIBLIOGRAFIA

ROMANCES: *Os condenados* (1922); *Memórias sentimentais de João Miramar* (1924); *Estrela de absinto* (1927); *Serafim Ponte Grande* (1933); *A escada vermelha* (1934).

POESIA: *Pau-Brasil* (1925), *Primeiro caderno de poesia do aluno Oswald de Andrade* (1927); *Poesias reunidas* (1945).

ENSAIOS: *Ponta de lança* (1945?); *A Arcádia e a Inconfidência* (1945); *A crise da filosofia messiânica* (1950); *A marca das utopias* (1966).

TEATRO: *O homem e o cavalo* (1934); *A morta* (1937); *O rei da vela* (1937).

III - INTRODUÇÃO

Memórias sentimentais de João Miramar é provavelmente a maior experiência vanguardista da prosa de ficção brasileira. Rompe radicalmente com a linearidade e estabelece a narrativa em pedaços, pequenos fragmentos caleidoscópicos a que nem devemos usar o termo capítulo, mas episódio como o fez o poeta e crítico Haroldo de Campos. Acreditamos que o melhor que poderíamos fazer em matéria de apresentação era transcrever grande parte do texto introdutório "À Guisa do Prefácio", que leva a assinatura de Machado Penumbra.

Antes, porém, uma pequena explicação. Como sabemos que esse "prefaciador" é também uma figura criada pelo autor, Oswald de Andrade, que também criou o pseudo-memorialista Miramar, devemos ler estas linhas com muito cuidado, com muita atenção, procurando perceber nas entrelinhas, pois Penumbra representa o passado, o academismo, a tradição e a redundância, enquanto Miramar representa a modernidade, a ruptura, a informação nova. Leia, portanto, com vagar e atenção:

"João Miramar abandona momentaneamente o periodismo para fazer a sua entrada de homem moderno na **espinhosa carreira das letras**[1]. E apresenta-se como o produto improvisado e portanto imprevisto e quiçá chocante para muitos, de uma época insofismável de transição.[2] Como os tanks, os aviões de bombardeio sobre as cidades encolhidas de pavor, os gases asfixiantes e as terríveis minas, o seu estilo e a sua personalidade nasceram das clarinadas caóticas da guerra.[3]

Porque eu continuarei a chamar guerra a toda esta época embaralhada de inéditos valores e clangorosas ofensivas que nos legou o outro lado do Atlântico com as primeiras bombardas heróicas da tremenda conflagração européia.

(...)

Torna-se lógico que o estilo dos escritores acompanhe a evolução emocional dos surtos humanos. Se no meu foro interior, um velho sentimentalismo racial vibra ainda

---

1. Encontramos aqui, no discurso de Penumbra, um chavão, ou seja, uma expressão já muito empregada, demonstrando o desgaste e esgotamento dessa língua tradicional que Miramar vem questionar. A intenção é parodiar o estilo que se pretende criticar e substituir.
2. É claro que Oswald pensou, organizou e executou seu texto de forma a parecer mesmo um improviso, um trabalho descuidado, relaxado.
3. Aqui há um ponto de contato com a estética futurista italiana, associada à guerra, à modernidade, ao mundo da técnica e da máquina.

nas **doces cordas alexandrinas**[4] de Bilac e Vicente de Carvalho[5], não posso deixar de reconhecer o direito sagrado das inovações, mesmo quando elas ameaçam espedaçar nas suas mãos hercúleas o ouro argamassado pela idade parnasiana. VAE VICTIS?

Esperemos com calma os frutos dessa nova revolução que nos apresenta pela primeira vez o **estilo telegráfico**[6] e a metáfora lancinante. O Brasil, desde a idade trevosa das capitanias, vive em estado de sítio. Somos feudais, somos fascistas, somos justiçadores. Época nenhuma da história foi mais propícia à nossa entrada no concerto das nações, pois que estamos na época do desconcerto. O Brasil, país situado na América, continente donde partiram as sugestões mecânicas e coletivistas da modernidade literária e artística, é um país privilegiado e moderno. Nossa natureza como nossa bandeira, feita de glauco verde e de amarelo jade, é propícia às violências maravilhosas da cor. Justo é pois que nossa arte também o queira ser.

Quando à **glótica**[7] de João Miramar, à parte alguns lamentáveis abusos, eu a aprovo sem, contudo, adotá-la nem aconselhá-la. Será esse o Brasileiro do Século XXI? Foi como ele a justificou, ante minhas reticências críticas. O fato é que o trabalho de plasma de uma língua modernista nascida da mistura do português com as contribuições das outras línguas imigradas entre nós[8] e contudo tendendo paradoxalmente para uma construção de simplicidade latina, não deixa de ser interessante e original. A uma coisa apenas oponho legítimos embargos - é à violação das regras comuns da pontuação[9]. Isso resulta em lamentáveis confusões, apesar de, sem dúvida, fazer sentir "a grande forma da frase", como diz Miramar *pro domo sua*.

Memórias sentimentais de João Miramar - por que negá-lo? - é o quadro vivo de nossa máquina social que um **novel romancista**[10] tenta escalpelar com a arrojada segurança dum profissional do subconsciente das camadas humanas.

Há, além disso, nesse livro novo, um sério trabalho em torno da "volta ao material" - tendência muito de nossa época como se pode ver no Salão d'Outono, em Paris.

---

4. Novo chavão ou clichê.
5. Tanto Olavo Bilac, quanto Vicente de Carvalho, foram dois dos mais populares poetas parnasianos, que valorizam a perfeição formal e a língua culta, no seu padrão mais elevado.
6. Essa expressão vai fixar-se como termo indicador de uma das mais notáveis características do estilo oswaldiano. Como num telegrama, não se coloca tudo e muitas vezes, por economia, omitem-se os termos de ligação sintática, cabendo ao leitor decodificar e entender a mensagem.
7. Quer dizer língua, em sentido figurado. Trata-se de uma metonímia.
8. Os parnasianos abominavam o emprego de barbarismos, isto é, termos oriundos de outros idiomas como futebol, detalhe, abajur, procurando sempre utilizar termos provenientes diretamente do latim ou do grego, ou seja, o vernáculo.
9. A pontuação nos textos modernistas de Bandeira, Mário ou Oswald, é sempre bastante livre, deixando de aparecer em muitos lugares em que era tradicionalmente exigida, obrigatória.
10. O mesmo que novo romancista. Novel, aqui, além de ser um chavão, constitui sinal de pedantismo. Em toda a obra percebemos uma intenção de parodiar a língua e o estilo dos puristas e ridicularizar a gramatiquice.

Pena é que os espíritos curtos e provincianos se vejam embaraçados no decifrar do estilo em que está escrito tão atilado quão mordaz ensaio satírico.[11]

MACHADO PENUMBRA. (p.9/10)

IV- RESUMO DO ENREDO

Valendo-se de orações curtas, predominantemente nominais, dispostas na forma de versos, o narrador apresenta no primeiro episódio imagens que marcaram sua infância: "*Mamãe chamava-me e conduzia-me para dentro do oratório de mãos grudadas.*" Recorda os apitos dos guardas, à noite, e do manequim que havia em sua casa: "*- Senhor convosco, bendita sois entre as mulheres, as mulheres não têm pernas, são como o manequim de mamãe até embaixo. Para que pernas nas mulheres, amém*[12]." (p.13)

Imediatamente corta, como num filme, e abre outro episódio, o segundo, em que recorda sua infância em São Paulo e, principalmente, de um "*livro que tinha cara de bichos esquisitos*" e as noites de verão, tempo em que proliferavam os grilos e as baratas.

No terceiro, seu pai adoece e morre. Sua mãe muda com ele para uma casa,, onde uma velha fazia doces. À noite, a mãe toda de luto chamava para rezar: "*No desabar do jantar noturno a **voz toda preta de mamãe**[13] ia me buscar para a reza do Anjo que carregou meu pai.*" (p.14)

Entre as lembranças, encontramos uma ida do garoto ao circo e de sua grande alegria. Mais tarde, começa a estudar e, influenciado pelo livro que contava a história heróica de Carlos Magno, machucou o coleguinha Maneco com uma espada de pau, que sua mãe tratou de colocar no fogo. Recorda-se Miramar da preta velha Maria da Glória com seu guarda-chuva e andar bamboleante.

Ao crescer, Miramar é retirado da escola mista, pois marmanjos não podem ficar junto das meninas. Vai para outra escola, onde tem aulas com o professor ateu "Seu Carvalho". Ao trazer para casa as novidades aprendidas ("*No silêncio tique taque da sala de jantar informei mamãe que não havia Deus porque Deus era a natureza.*"), preocupa e aborrece a mãe, que o transfere de escola.

Miramar vai estudar com Monsieur Violet, e fica conhecendo Madô, por quem sente atração. Ela desperta sua sensualidade, mas ele ainda não sabe o que fazer e nem como. Lembra-se que, um dia, viu o professor morto no caixão, rodeado de velas e de gente. Madô chorava num canto e ele nunca dissera a ela o que gostaria de dizer.

Nova escola, onde tem aulas de desenho com "Seu Peixotinho" e há um padre diretor vermelho e gordo. Nessa escola, Miramar trava amizade com o

---

11. A realidade provou que ele tinha razão e, ainda hoje, muitos de nós sentimos dificuldade em degustar o biscoito fino elaborado pelo satírico escritor. É uma obra ótima para ser lida a dois ou até mais, discutindo, investigando, debatendo. Não pode ser objeto de uma leitura passiva, mas ativa e recriadora.
12. Este é um belo exemplo de monólogo interior ou fluxo da consciência interior, no qual podemos captar o mundo e o espanto infantil através da fusão de suas impressões com os termos da oração.
13. Podemos ver aqui um caso de hipálage, linguagem figurada, pois a voz não é preta, mas é a mãe que está toda preta, por causa do luto. Simultaneamente também ocorre sinestesia pois voz é uma sensação auditiva que aqui se funde com preta, sensação visual.

ruivo José Chelinini, cínico e de modos autoritários. Miramar sente mais atração pela agitação dos bondes, forjas e demais barulhos urbanos do que pelos estudos, como queria sua mãe.

Nova mudança. Miramar e a mãe vão morar com a tia Gabriela. Uma noite, receberam visita de parentes, vindos da Fazenda Nova-Lombardia. Tinham uma governanta implicante, criados e criadas negrinhas e as primas morenas. (Os episódios 14 e 15 a seguir, serão transcritos integralmente.)

14. UM PRIMO

Mamãe conversava muito com tia Gabriela porque elas eram viúvas. E o Pantico inquietava minha tranqüilidade com anos menos e carrinhos feitos para descidas ladeiras[14] amigo íntimo do copeiro arranjador de almanaques nas farmácias[15]. (p.18)

15. CONSELHOS

No quarto de dormir ralhos queridos não queriam[16] que eu andasse com meu primo. Pantico não tivera educação desde criança e por isso amava **vagamundear**[17]. Que diriam as famílias de nossas relações que me vissem em molecagens gritantes ou com servos? Só elas é que devíamos freqüentar[18].

Eu achava abomináveis as famílias das nossas relações.

Comenta o narrador que Pantico recebeu uma carta de Nair (irmã dele, prima de Miramar) que estuda num internato com suas irmãs bochechudas, Célia e Cotita. Na carta, Nair conta que as meninas, por não dispor de meninos, namoram umas com as outras, com uma delas fazendo o papel de menino. Na escola, José Chelinini põe em cheque o que Miramar aprendeu com a mãe. Chelinini, filho de comerciante, vive com os bolsos cheios de moedas. O Pita sopra as lições de latim e de inglês para Chelinini, ganhando sorvete depois como recompensa.

Miramar fuma com seu amigo Gustavo Dalbert, músico, que o chama de poeta, dizendo que ainda vão morar juntos em Paris. Comenta o narrador que tinha outro amigo artista, o Bandeirinha, que era barítono. (Episódio 19 segue na íntegra.)

14. Notem como a fusão rápida, abrupta mesmo, de quatro características do primo, num jorro só, conferem velocidade futurística à frase. E deixa muito ao leitor para imaginar, para criar sobre o que aí está. Por exemplo, qual a vantagem de se tornar amigo íntimo do copeiro?
15. Antigamente era comum, numa operação de marketing, as farmácias distribuírem revistas ilustradas, com informações e curiosidades, chamadas almanaques.
16. Há um jogo paronomástico, ou seja, um efeito de trocadilho entre "querido"e "não queriam".
17. Neologismo criado a partir do conhecido termo vagabundear, transformado pela associação com "mundo", vagar pelo mundo.
18. Só a primeira frase é do narrador. A partir do ponto já inicia a fala da mãe, mas sem aviso ao leitor, caracterizando então o discurso indireto livre. A última frase é só do narrador e emitida no presente, ou seja, na maturidade, quando se põe a redigir suas memórias.

19. BICICLETA DE ONÃ[19]

De Águas Enxutas, por sob galhos quituteiros de tias longes, o Pantico desterrado em férias, escreveu-me: "Já mandei duas cartas para mamãe pensando que elas chegaram quanto antes mas até hoje não chegaram.

Estou aqui sem nenhum divertimento. O rio é muito perigoso e pequeno. E também não tem meninos. Passo os dias que nem na fazenda que não tinha nada para fazer senão vícios[20]. Vou fazer como lá se mamãe não quiser mandar a bicicleta que já estou pedindo".

Miramar termina o curso. Formatura. Alunos ouvem discurso do poeta e misantropo Seu Madureira. José Chelinini vai para o comércio.

Miramar vai ao teatro ouvir cantar Gisella Doni. Junto com Dalbert Miramar curte a vida boêmia urbana. Conhece um João Jordão que, nem era artista, mas ganhou subsídio do governo para estudar pintura em Paris. Comenta que Bandeira lia Belmiro Braga. Às vezes, ouviam os versos de autoria de Bandeira, depois iam jantar pizza de tomate e queijo com vinho ao som de Chopin que tocavam numa pensão de artistas.

Miramar consegue travar conhecimento com Gisella, que lhe dá seu endereço. "*Morava em cinco andares Rua de São Bento.*" Às noites, ia vê-la, mas ela parte e ele vê chegar o primeiro Natal longe dela, consolando-se com uma dedicatória em fotografia.

Dalbert também consegue subsídio e parte para a Europa. Pantico vai par a América: "*Pantico norte-americava*[21]". A mãe de Miramar adoece e resolve mandá-lo também para a Europa. Parte Miramar guardando na retina as imagens dos homens em fila carregando o navio: "*E brutos carregavam o navio sob sacos em fila.* " (p.25) Outra imagem que fica é a do cartão postal do Rio de Janeiro, quando por lá passa o navio: "*O Pão de Açúcar era um teorema geométrico*". (p.25)

Também viajam no navio Madame de Sevri, italiana de olhos imóveis; um argentino de óculos e cara bexiguenta; a magra e virginal Mademoiselle Sarah, cantora; e algumas mulheres grávidas. A costa brasileira desaparece. O capitão do navio anda de olho nas protuberâncias de Madame de Sevri. Miramar conhece Madama Rocambola. Todo dia jantam às oito horas e Miramar sente-se atraído por Rolah:"*E Rolah trazia ao meu céu de cinema um destino invencível de letra de câmbio*[22]". (p.26) À noite Madama Rocambola dançava como mulata no dancing do bar e Miramar consegue um beijo de língua da sua estrela Rolah.

Miramar chega à França e encontra Dalbert, que se comporta de modo muito seco. Passeiam pelas ruas molhadas à beira do Sena, e Miramar admira o amigo por saber pedir "goudron-citron" e porque conhece pessoalmente Sarah Bernhardt.

---

19. Personagem bíblico, que praticava coitos interrompidos. De seu nome derivou "onanismo", termo empregado para designar a prática da masturbação masculina.
20. Devidamente relacionado com o título do capítulo, não pode haver dúvida sobre o fato de ser masturbação.
21. São abundantes os neologismos desse tipo na narrativa oswaldiana.
22. Há vários índices aqui, que só se esclarecerão mais tarde, sempre de maneira fragmentária, reconstruída na mente do leitor. Miramar tomará dinheiro emprestado para entrar na aventura de produzir um filme para a estrela Rolah. Isso o levará à falência e ao divórcio.

Miramar dá um passeio pela Europa: Alemanha, fala de München, depois de Milão, Vaticano, Veneza, Mont-Cenis, Aix, Sorrento. (O episódio 48 segue na íntegra.)

48. CHUVA DE PEDRA

Estiadas amáveis iluminavam instantes de céus sobre ruas molhadas de pipilos nos arbustos dos squares. Mas a abóbada de garoa desabava os quarteirões.

E um dia o dinheiro chegou demais dentro dum telegrama com resposta paga de minha rápida volta.[23]

Comentários:
Vamos aproveitar esse "*flash*", para falar da influência da estética futurista de Marinetti, que muito marcou a Geração de 22. Marinetti propunha uma arte literária que abolisse a pontuação, os adjetivos e advérbios, favorecendo o substantivo em sua tonalidade essencial. Insistia que "para envolver e captar tudo o que há de mais fugidio e incaptável na matéria, é preciso formar filetes cerrados de imagens ou analogias" e insistia que era preciso orquestrar as imagens, dispondo-as a partir de um máximo de desordem porque toda ordem era fatalmente um produto da inteligência. É projeto de "palavras em liberdade". No entanto, simultaneamente, há aqui muita projeção de técnicas pictóricas que lembram Cézanne e Picasso, o que justifica o termo cubo-futurismo que alguns críticos empregam para referir-se ao estilo de Oswald de Andrade. Vejamos o primeiro período: *Estiadas amáveis iluminavam instantes de céus* (Descrição do dia, do clima, fim de chuva, nuvens se afastam, pode-se ver o céu em alguns momentos) **/corte/** *sobre ruas molhadas* (outro fragmento de imagem, descrição) *de pipilos nos arbustos dos squares* (outro fragmento de imagem, descrição também, mas desviando o foco das ruas para um " close" nos pingos da chuva que ainda tombam das árvores). **/corte/** *Mas a abóbada de garoa desabava os quarteirões*(Destaca o efeito visual que as nuvens produzem formando como que um teto abobadado sobre nós). Como vêm, o que é síntese no escritor precisa de muito mais que o dobro de espaço para ser analisado. É uma técnica que deveria ser muito mais fácil à geração da imagem, atual, do que aos leitores de 1924.

Miramar retorna ao Brasil, revê a prima Célia que, com a adolescência, perdera as bochechas e ganhara inícios de seios. Ele devora-a com os olhos. Ele visita a fazenda Nova Lombardia, lugar que vira nascer seu pai, e compara o sertão interiorano com os filmes de *Far-west*. Inicia namoro com Célia, que acaba em casamento e sonho de viagem à Europa. A viagem fica no sonho e Miramar ainda tem de tolerar lamentação da sogra pela perda do marido e pela ausência de Pantico, agora em internato europeu. O casal deseja ficar a sós, mas não consegue porque logo vêm Cotita e Nair falar de banalidades.

Finalmente o casal parte em viagem para o Rio, sendo levado até a estação da Luz pela gente do Britinho, pelo Dr. Pepe Esborracha, médico de Pindobaville, e primos longínquos. Zarpam de Santos e chegam ao Rio: "*Copacabana era um veludo arrepiado na luminosa noite varada pelas frestas da cidade*". "*Célia achava que eu devia ter uma vocação nobilitante. Eu não*

23. Miramar recebe dinheiro dentro dum telegrama exigindo sua rápida volta e para que não houvesse qualquer desculpa ou atraso, veio também a resposta paga.

tinha nenhuma. Pensava vagamente em entrar para um club de box depois de ter sido minha compleição elogiada por um ***entraîneur***[24] *da Rua do Catete.*

Célia não se sensibilizava ante meus racontares de possibilidades hercúleas entre pesos trampolins argolas. Retorquia mesmo que não achava isso digno de um fazendeiro. Eu era apenas um fazendeiro matrimonial[25]*".* (p.42)

O casal recebe a visita do Dr. Pilatos, com seus ahs! e ohs!. Miramar recebe carta de Pantico, dizendo que já conhece inglês e francês. Célia fica grávida. Apesar de não ter qualquer interesse, Miramar vai a uma conferência de cientistas, em que predomina o discurso pedante. Machado Penumbra foi muito cumprimentado. Miramar conhece o fino poeta Sr. Fíleas, e o convida, assim como Penumbra, a aparecerem em sua casa. Comparece também o Dr. Pepe Esborracha.

Miramar e Célia recebem carta da sogra, que está na Europa, dizendo que tirou Pantico do colégio porque um padre deu um tapa nele. Diz ainda que tem recebido a visita do Sr. Chelinini, antigo colega de Miramar no colégio. Informa ainda que Nair e Cotita estudam piano com Seu Philippe.

Comentário:O leitor já deve ter percebido que viajar pela Europa era uma necessidade da burguesia brasileira, como se isso, por si só, bastasse para dar ares de atualidade e cultura ou posição social. Outro costume que aqui aparece era o das moças saberem tocar piano, prática ironizada por Mário de Andrade no seu *poema "Ode ao burguês": "e gemem sangues de alguns mil-réis fracos / para dizerem que as filhas da senhora falam o francês / e tocam os Printemps"com as unhas!"*.

Dr. Pilatos com ohs e ahs emitira a Célia elogio à facúndia de Miramar. As Britinhas, vizinhas fazendinhas, traziam sátiras à sociedade da época. Miramar compra uma William Six 40 HP com motor negro. Enquanto a sogra permanece em Fointanebleau (que ela ignorantemente escreve na carta Fontanablêao), o casal vai para a casa da Higienópolis. O Dr. Pepe Esborracha e o sábio Pilatos aí vão sempre para jantar, a convite de Célia. Aos sábados, Miramar vai com o poeta Fíleas ver pores do sol para lá de Santana.

(Veja o extremo de síntese no capítulo 75, que se constitui de uma única frase.)

75. NATAL

Minha sogra ficou avó.

Comentários:
Oswald já deixara claro em manifesto anterior que era contra a morbidez romântica e o detalhe naturalista. Preferindo a síntese, o acabamento técnico, o equilíbrio geômetra. Desejava substituir a perspectiva visual e naturalista por uma perspectiva de outra ordem: sentimental, intelectual, irônica, ingênua. Em vez de comunicar o esperado, previsível, "eu me tornei pai" ou "o meu filho nasceu", optou pela frase acima, evitando discorrer sobre a ida ao hospital, sobre os problemas do parto.
Acrescente-se a isso o lado irônico, pois dizer que minha sogra ficou avó coloca em dúvida o fato de eu ser pai, o que não pode ser garantido com a mesma firmeza.

---

24. O mesmo que treinador. Trata-se de um galicismo. É comum na estética modernista o emprego de estrangeirismos, como sinal de cosmopolitismo, atualidade, modernidade.
25. O narrador deixa claro que não tem qualquer vocação para cuidar de fazenda, apenas casou-se com uma dona de fazenda. Fica sugerido que a atração física pela prima não elimina o interesse econômico.

Miramar recebe uma carta do administrador da fazenda, repleta de erros e sinais de pouca sutileza: "*Junto com esta um jacá de 15 frango que é para a criancinha se não morrê. / Confirmo a minha de 11 próximo passado que aqui vai tudo em ordem e a lavoura vai bem já estou dando a segunda carpa.*" (p.48)

A filha recebe o nome da mãe, Celiazinha. A família passa uns meses na fazenda. Célia recebe carta de Nair que, entre outras notícias, informa que Cotita mandou foto dela ao Sr. José Chelinini, escrevendo atrás: "*Se não for sua, serei de Deus!*" Também reclama do Pantico: "*Isto aqui* ***está pau pra burro***[26] *principalmente depois que o Pantico chegou.*" (p.49)

Inicia-se a guerra. Por pouco a sogra de Miramar não foi desrespeitada pelos dragões do Kaiser. Ajudou-a o "tal" Sr. José Chelinini. As mutiladas notícias da guerra davam a França como invadida e Paris ameaçada. Gente como Machado Penumbra julga que a guerra vem destruir falsos valores como democracia, semitismo, antimilitarismo. Uma notícia tem a ver com o futuro de Miramar: "*Os jornais noticiaram de repente que acossada pela conflagração achava-se em Pernambuco a bordo do Darro a jovem estrela cinematográfica Mlle. Rolah.*" (p.51)

83. OUTRO TAPA

O Pantico tomado por espião foi espinafrado num café de Bruxelas.

Pilatos diz a Miramar que o país está à beira de um abismo econômico, mas o Mendes Mindela, sócio de Trancoso Carvalho, discorda, alegando que São Paulo é como um gato, pode cair do quinto andar e ainda sair miando. Miramar informa que sua sogra mandou renovados e redobrados pedidos de dinheiro, além de lamentar a sorte de Pantico, prisioneiro dos alemães. Célia recebe carta de Pantico, em que chama Chelinini de bandido e promete matá-lo. Revela que já foi preso duas vezes e que pretende voltar ao Brasil, quando os alemães deixarem.

Reúnem-se na fazenda Bambus, além de Miramar, o Dr. Pepe Esborracha, Pilados, D. Teresinha (velha roliça e baixa) e a filha Bilu, feia loura de 14 anos. Todos acham que o Kaiser é uma cavalgadura. Miramar vai a Santos para renovar o crédito da família com Trancoso Carvalho & Comp. Comenta que viu um navio alemão no cais, perto de um navio inglês em conserto e por perto, formigando de marinheiros, um destroyer brasileiro. Por isso, intitula o episódio "Neutralidade".

Dr. Mandarim Pedroso, tesoureiro do Banco Nardeste de Engole Marmanjos, referiu-se ao genro do Dr. Pilatos com o termo "incógnitos". Pilatos fica ofendido e recorda seu passado difícil, dizendo-se autodidata e garantindo: "*As academias orientalistas abrir-me-ão as portas, oh! ah!*" (p.54)

Miramar vai de Forde para Aradópolis, junto à fazenda Nova-Lombardia, levando Pilatos e Fíleas. A convite do Grêmio Bandeirantes, Machado Penumbra faz conferência pedante. Toma a palavra Minão da Silva, jovem orgulho mulatal do

26. Gíria da época, quer dizer que está chato demais.

grêmio, que com muitos erros diz que o conselheiro Zé Alves, elogiado por Penumbra, não morreu, mas "apenas desapareceu de nossa competência".

90. PARTICIPAÇÃO

"*O Conde José Chelinini Della Robbia Grecca e D. Gabriela Miguela da Cunha participam a V. Exa. o seu casamento. Nice*[27] ."

Dr. Pepe não gostou dessa união e diz que o Pantico deveria ter afastado o piratão do Chelinini com arma na mão. Célia, no entanto, alega que não vai romper porque mãe é mãe. Todos a aprovam. Fílieas fala a Miramar da imortalidade da poesia e da mortalidade dos poetas. Em troca, ouve Miramar falar de sua admiração por aquele corpo branco de Rolah. O narrador recebe Madama Rocambola no Brás e consegue uma casinha com piano em Perdizes para suas emboscadas. Agora, todas as manhãs, ele surgia na sala de visitas, esperando-a. "*Ela demorava-se mas descia rápida e atirava-se contra mimnha boca sensual e medrosa.* (...) *Uma vez olhou-me muito, deixou o tamborete e num gesto esbelto, descobriu-se toda levando até os ombros o ligeiro roupão em que se envolvia. E branca e nua dos pequenos seios em relevo às coxas cerradas sobre a floração fulva do sexo, permaneceu numa postura inocente de oferenda.*" (p.57) Após fazer amor com Rolah, Miramar vai ao bar Pinoni, onde sempre encontra na mesma mesa promíscua Dr. Pilatos e Machado Penumbra. Põe-se a beber com eles. Pilatos vai com Miramar, certo dia, até Perdizes e, mais tarde, no Instituto, diz numa roda de amigos que para expressar o que a humanidade tem de mais fatal teríamos que colocar ao lado de Cleópatra e Catarina de Médicis a estrela de cinema Mlle. Rolah.

Miramar transfere a família para Santos, porque a amante foi chamada para trabalhar no litoral pela contratante Empresa Cinematográfica Cubatense. As fitas são preparadas em laboratório sob atenção do narrador. Carta de Célia ao marido informa que a filha adoeceu, mas foi curada pelos remédios do Dr. Pepe Esborracha que ia vê-la todos os dias. Termina reclamando: "*Por que é que não me escreves*?"

"*Célia era rica, eu pobre. Agora, com o duzentos por cento que seguramente renderiam os films em que me pus sócio, eu ficaria mais rico que Célia.*" (p.60) Os outros sócios eram Banguirre y Menudo e um taciturno sírio. Uma italiana cuida da montagem. Miramar conta com o apoio econômico do pai das Britinhas e sua influência de comissário junto a Carvalho Trancoso. Sonhando com a riqueza, assinam o contrato que transforma a Emp. Cubatense na Piaçaguera Lightning and Famous Company Pictures of São Paulo and Around. Enquanto escrevem e assinam o contrato, Rolah espera no volante da William Six do narrador[28] .

---

27. Vários episódios são construídos por meio desse recurso técnico, a inclusão de cartas, convites, poemas, através dos quais anda a ação ou reproduz-se um clima emocional específico. Esse procedimento favorece também a síntese, a economia.
28. A cena demonstra que a amante já vai tomando conta dele e do que possui. Podemos concluir também que a criação da empresa tem por fim unicamente satisfazer os sonhos de estrelado da amante.

Miramar e Célia discutem por causa de dinheiro. Ela o censura por causa da aventura cinematográfica. Ele sugere que ela recomende à mãe para gastar menos. O casal recebe um cartão de Nair, está passeando de barco em Porto-Fino, na Itália. Miramar dá um retrato rápido do clima de negociações, empréstimos com agiotas e bancos, com juros e assinaturas de promissórias, empresas assinando reformas de dívidas e empresários jogando à noite e exibindo carros, como se as dívidas nada significassem.

Nair escreve informando que foram a Veneza, andaram de gôndola. Censura o hábito dos homens de lá andarem sem chapéu, acham um escândalo.

Enquanto o filme está sendo montado, Miramar continua encontrando-se com Rolah à beira-mar. Por isso, ele acaba montando uma **garçonnière**[29] no José Menino para seus encontros amorosos. Usando os negócios como desculpa, fica tempo sem ver Célia, só telefonando.

Voltam ao Brasil: Nair, Cotita, tia Gabriela e seu marido, José Chelinini. Jantar em família, em que comparecem também os pais e o irmão de Chelinini. O Conde e Nair concordam que só falta o Pantico para a alegria ser universal.

Miramar viaja num Ford, ouvindo a Candoca Brito reclamando que as moças de hoje trocaram a leitura pelo fox-trot e pelo tennis. Pelas estradas desfilam verdes cafezais. Celiazinha recai do resfriado e volta a ser tratada pelo Dr. Pepe. O Conde chama Miramar, solicitando indicação para um endosso. Ele propõe que peçam ao Brito, mas insistem no telefone sem conseguir contatá-lo: "*Britinho abúlico desaparecera num mistério sem sinal de fumaça*". Trancoso perdeu a confiança em velhos clientes, reclama Miramar. Mas a Cia Ind. e Segurista de Imóveis Móveis aceita negócio, depois de exame do advogado Bica-Bam-Buda[30] .

A Cia de cinema entra em crise. O sírio pegou o Banguirre y Menudo em "*estrepulia sentimental*" com a italiana. Liqüida-se a empresa e a dupla Miramar e Brito perdem "*25 contos de réis reais*". Miramar fica sabendo por carta que Rolah está só e a seu dispor, pois a mãe foi para o Rio. Sua emoção é expressa num capítulo-episódio-poema que vai aqui transcrito na íntegra:

126. QUITAÇÃO

Pulsações ligeiras alucinando
Lábios e pálpebras
O coração esperou
Cisne gracioso que seminudava no chalet de banhos

José Menino era um sol
na terra loura e azul

---

29. Apartamento montado só para encontros amorosos e farra. Oswald teve um que lhe foi dado pelo pai.
30. Ressaltamos o aspecto gozador, satírico, com que o autor nomeia as personagens: Rocambola, Esborracha, Bica-Bam-Buda.

Miramar é chamado urgente à fazenda dos Bambus, pois Célia levou uma chifrada do boi preto. Lá chegando, ouve reclamações dela, pelas suas ausências. Acaba lhe dizendo que recebeu carta anônima e pede que lhe conte a verdade: "*Não há nada mais triste do que ser enganada*". (p.73)

Miramar recebe carta petulante e cheia de erros de Minão da Silva. Nela, diz que foi convocado para serviço militar em Goiás, mas pede sua interferência para conseguir ficar em Caçapava no "*Regemento de Infantaria Montada*".

Rolah faz teste no laboratório da Itacolomi Film. Miramar acompanha-a e saem de lá aos beijos, encaminhando-se para uma joalheria.

Conde Chelinini ocupa o escritório abandonado de Miramar na Rua Quinze. A sogra vai para o Glória Hotel do Rio. Enquanto isso, "*Célia e Celiazinha cresciam ao sol dos pomares brasílicos*". (p.76)

Chega o carnaval e Miramar sai para o **corso**[31] com Rolah e Madama Rocambola. Descreve o desfile e a felicidade sa amante.

Comenta o narrador que tanto ele quanto Britinho, Pilatos, o Conde e outros, precisaram pedir empréstimo a agiotas e assinar promissórias para brincarem no carnaval. No baile, Mlle Rolah deslumbra Machado Penumbra.

Carta de Célia a Miramar contando que foram ao clube, estimuladas pelo Dr. Pepe. A filha vestira-se de Fada do Bem e divertiu-se muito com a Bilu, jogando *confetti* e lança-perfume. Termina cobrando: "*Espero que você venha no fim do mês, como prometeu*". (p.78) (Corta diretamente para o episódio seguinte, 139, intitulado "A DENÚNCIA", constituído de três parágrafos:

"*Entrei em Higienópolis para jantar e sobre a mesa um telegrama azul exigia minha imediata presença nos Bambus. Célia sabia tudo laconicamente.*

Rolah pediu-me que telefonasse trin-trin[32] *contando o que havia.*

O trem a manhã e a chuva eram um corador de roupa branca. E parti na direção do trolly da serra fazendeira num cheiro de curral e de selva." (p.78/9)

Carta de Nair à irmã e cunhado conta como foi o carnaval no Rio com a mãe e a Cotita.

Miramar inicia o processo de divórcio e ouve da autoridade que ele está sujo na praça, tanto pelas falências e protestos quanto pelas escandalosas aventuras com a estrela de cinema. Em Higienópolis, todos comentam a desonra e a falência. Miramar come e dorme longe de Célia, tendo que ouvir insultos constantes da tia Gabriela.

Madama Rocambola entrega a Miramar, em Perdizes, um papel em que Rolah lhe dá o fora. O narrador fala de seus problemas com a justiça e sua luta para fugir aos oficiais de justiça que vêm notificá-lo ou intimá-lo: "*Romarias escadais de horas bureaus assinadores do conhecimento tomado e lavrado dos vencimentos invencíveis. Saques e protestos e intimações e juízos e termos e*

31. Desfile de carros típicos que se fazia no carnaval de antigamente. As pessoas desfilavam nos automóveis atirando confete e serpentina nos ocupantes dos carros vizinhos, numa divertida e alegre batalha. Era também uma forma de se exibir.

32. Onomatopéia. Proporciona um clima de ingenuidade piegas típica de relacionamento amoroso ainda na fase de maior envolvimento.

advogados e prazos e ofícios e praças e petições no contemporâneo Forum de N. S. Jesus Cristo." (p.82)

Britinho e Miramar tentam acordo, mas banqueiros não aceitam. Também Trancoso Carvalho & Comp não admitem acordou ou reforma. Britinho se mata. O Conde desaparece e Nair aparece casada com o filho do Bretas, do Rio. Ambos exigem "*direitos hipotecários sobre as fazendas salvas*". Sai a separação definitiva de Miramar e Célia ganha, além de outros direitos, o de ficar com a filha. Morre a tia Gabriela.

Num jantar de Ano Novo, entre jornalistas, Miramar conhece Mandarim Pedroso, apresentado por Penumbra como "*grego de tendências emotivais'* e provável "*Vice-Presidente do Recreio Pingue-Pongue*".

Célia morre de uma pneumonia. O narrador tenta recuperar a filha, agora herdeira, mas Nair dá-lhe sumiço. Pantico retorna, está magro e mudado. Vai com Miramar para Nova-Lombardia.

Miramar consegue a filha, indo morar com ela num apartamento no Arouche. Lá a menina se diverte com o vizinho Mister Penélope, que assoa o nariz fazendo som de trombone. Ri também a menina do jeito da criada japonesa e alegra-se com as revistas para colorir.

Dr. Mandarim Pedroso faz discurso no clube, elogiando a juventude do Recreio Pingue-Pongue, por ler Rui Barbosa e Olavo Bilac, além de praticar desportos "*seguindo a lição da Grécia*".

Celiazinha, voltando da escola, explica ao pai que D. Pedro I era um perdulário e que o II era um grande preguiçoso. Chega carta de Pilatos, da Itália, contando que já esteve em Portugal e que, indo a Santa Margherita, viu o seguinte cartaz: "José Chelinini, professor de Shimmy-trott". Procurou evitar encontro com o caradura.

Encerram-se as memórias com uma entrevista, em que Miramar declara que vai interromper seu escrito, alegando como motivo que está viúvo de D. Célia e que os viúvos devem ser circunspectos.

V- SÍNTESE DO ENREDO

Em suas memórias, de modo fragmentário e sintético, Miramar recorda sua infância, a morte do pai, o despertar da sensualidade, a vida escolar, e a doença da mãe, seguida de sua viagem à Europa.

Morre a mãe, ele volta da viagem, apressadamente. Reencontra sua prima Célia, por quem se sente atraído. Casa-se com ela, tornando-se proprietário de fazendas, mas não se torna um fazendeiro. Pelo contrário, envolve-se numa aventura cinematográfica por causa de sua amante, uma atriz, Rolah, filha de Madama Rocambola, senhora roliça como o nome. A empresa vai à falência, provocando o suicídio do Brito, amigo seu que também ficou afundado em dívidas com o empreendimento.

Célia descobre o adultério que, somado aos desastres financeiros, provoca a separação do casal. Célia fica com a filha, que tem o mesmo nome. Rolah termina com Miramar. Célia morre e ele recupera a guarda da filha. Celiazinha e Miramar passam a morar num apartamento da Praça do Arouche, hoje largo do Arouche.

VI - ESTRUTURA DA OBRA

Esse genial romance-invenção é composto de 163 episódios ou flashes, construídos de modo aparentemente improvisado, apresentando poemas, cartas, dedicatórias, convites, entrevista, registros de fluxo da consciência, recordações que vão sendo alinhavadas por um **foco narrativo** em primeira pessoa. Esses fatos recuperados pela memória do narrador vão sendo apresentados de modo ora brincalhão, ora poético, atingindo algumas vezes a sátira irreverente, mas não ainda tão desbocada como em *Serafim Ponte Grande*. A obra é uma verdadeira colagem, um perfeito quebra-cabeças ou caleidoscópio, isto é, são pequenos pedaços de narrativa, que devidamente fundidos pelo leitor cuidadoso, constituem-se numa história possível, em que vemos a infância, adolescência, maturidade de João Miramar. Seria interessante que o jovem leitor ouvisse canções da MPB, como "Alegria, alegria" de Caetano Veloso, ou outras semelhantes de Luís Melodia e do astro ascendente Chico César, procurando observar técnicas semelhantes, que têm suas raízes na literatura modernista da fase heróica, também denominada Geração de 22. Assim também, a nossa fase heróica do Modernismo tem suas raízes não só nas vanguardas européias (Cubismo, Futurismo), mas também na obra genial de Mallarmé.

O **tempo** não merece o rótulo de cronológico, nem de psicológico, embora esse último possa ser empregado, por ser tudo retomado e reconstruído pela memória. Talvez fosse necessário criar uma nova nomenclatura para tal tempo, já que ele se encontra estilhaçado e só pode ser reconstituído parcialmente na mente do leitor pelos dados fornecidos pelo narrador. Quem sabe o termo cinematográfico fosse a solução, porque nas fitas de cinema, grande parte do tempo fica elíptico seja pelos cortes, seja pelo fato dos fotogramas registrarem parte dos momentos, enquanto os outros não registrados deixam de fazer falta porque a visão humana é incapaz de perceber isso.

São muitos os **espaços** que servem de cenário para o desenrolar dos fatos, São Paulo, Rio, destacam-se como cenário urbano, com seus ruídos e vida intelectual e boêmia, assim como suas fofocas e queda de uma tradição (ironizada pelo narrador) por causa da evolução moderna: "*Enquanto nos casarões ramazevedos das avenidas, despeitadas solitárias metiam a ronca nas de morfino viver que parisiavam aventuras com velhos meninos domésticos e outros*". Destacam-se ainda as fazendas (Bambus, Nova-Lombardia) e diversas localidades da Europa, por onde todos viajam.

Personagens:

João Miramar, narrador, protagonista, personagem amoral, "*bon vivant*", mulherengo, amante dos prazeres e pouco afeito a trabalho, estudo ou qualquer atividade científica.

Célia, rica herdeira, prima e esposa do narrador, era filha do paulista Coronel Belarmino Elesbão Arruda da Cunha e da Condessa Gabriela Chelinini, que adquiriu esse último sobrenome ao casar com amigo de escola do narrador, o cínico e enrolador José Chelinini.

Machado Penumbra, prefaciador da obra e personagem representante da intelectualidade tradicional, presa a um discurso conservador e antiquado.
Rolah, jovem atriz, sedutora, que cativa e afunda Miramar financeiramente, abandonando-o em seguida.
Sr. José Elesbão da Cunha, comerciante em Antuérpia, irmão de Célia.
Sr. Carlos Bretas, capitalista carioca, cunhado de Célia.
Dr. Pôncio Pilatos da Glória, geógrafo, primo de Célia.
Nair da Cunha, cunhada de Miramar, casada com Bretas.
Cotita, cunhada de Miramar.
Outros: Pantico, irmão de Célia; Brito, amigo de Miramar e Pepe Esborracha, médico, amigo da família.

VII - ESTILO DE ÉPOCA E ESTILO INDIVIDUAL

O Modernismo brasileiro teve sua origem nas vanguardas européias, principalmente nas experiências com a linguagem e na crítica às rígidas estruturas mentais das velhas gerações. As principais experiências vanguardistas foram:

- 1906 - Cubismo, movimento ligado à pintura, liderado por Braque e Pablo Picasso que evitam a arte mimética, partindo para a fragmentação do objeto retratado e para a eliminação da perspectiva.
- 1909 - Futurismo, lançado em Paris pelo italiano Marinetti, que prega o fim da temática lírica passadista, preconizando uma arte voltada para os elementos que compõem a vida urbana moderna do século XX.
- 1916 - Dadaísmo, movimento libertário na arte, liderado por Tristán Tzara, que determina o fim de quaisquer regras e defende a absoluta liberdade e originalidade do artista. Considerado como fruto da selvageria da Primeira Guerra, esse movimento levanta-se fundamentalmente contra as convenções estéticas, contra as formas de organização social, contra o passado, contra tudo, num impulso de revolta e destruição.
- 1924 - Surrealismo, movimento liderado por André Breton, que, com base nas idéias de Freud, defende uma arte voltada para a utilização do inconsciente.

Como resultado da fusão das propostas vanguardistas européias e de um desenvolvimento próprio nasceu o nosso Modernismo, que na sua fase heróica, à semelhança do Romantismo, marcou-se pela rebeldia e pela liberdade. Por isso, rejeitou as normas estéticas do passado, principalmente do Parnasianismo, e lutou pela liberdade, pelo direito à pesquisa e ao experimentalismo. Quem melhor executou esse trabalho fundamental foi Oswald de Andrade.

Na busca de outros caminhos, descobriu-se uma nova utilização da linguagem, agora mais próxima da fala, buscando um falar mais brasileiro, que desrespeitava as normas de uma gramática muito lusitana e pedante para o gosto dos autores modernos. Aproximou-se a poesia da prosa e vice-versa, por isso na prosa de *Memórias sentimentais* encontramos diversos episódios que são poemas. Em contrapartida, deparamos com diversos fragmentos de prosa altamente poética, dotados de numa visão irônica e maliciosamente ingênua: "*Montanhas espetavam tetas para a sede azul do céu*" ou "*Copacabana era um veludo arrepiado na luminosa noite varada pelas frestas da cidade*".

Esse rompimento dos limites ocorreu também quanto aos gêneros literários tradicionais. Por isso fica difícil rotular *Memórias sentimentais de João Miramar* de qualquer coisa.

Outros traços estéticos marcantes da modernidade foram a fragmentação, a simultaneidade, o humor, assim como a crítica à burguesia. Todos esses elementos podem ser encontrados em profusão na prosa de Oswald de Andrade.

Leia o fragmento seguinte para ter uma visão de como outro modernista apresentava essas idéias:

(Trecho de *A Escrava que não é Isaura*, de Mário de Andrade)

"Começo por conta de somar:

Necessidade de expressão + necessidade de comunicação + necessidade de ação + necessidade de prazer = Belas Artes."

(..)

"O que realmente existe é o subconsciente enviando à inteligência telegramas e mais telegramas..."(...) "E o poeta lança a palavra solta no papel. É o leitor que se deve elevar `a sensibilidade do poeta não é o poeta que se deve baixar à sensibilidade do leitor. Pois que este traduza o telegrama!" (1922)

Além das características mencionadas acima, é fundamental destacar na obra de Oswald a linguagem elíptica e cinematográfica, valendo-se muito do efeito de corte e simultaneidade ("*Caboclos bailes retretas fitas pokers com assassinatos de calça cáqui para records de pontaria humana na estrada.*") e de sinédoques ou metonímias ("***Chapelões e revólveres** de último modelo saíam mecanicamente das telas bulhentas e passeavam calmos nas ruas irrigadas do pó vermelho*". (p.39)). **Chapelões e revólveres** está substituindo homens (que portavam grandes chapéus e revólveres).

Abundam nos textos oswaldianos os seguintes traços que devem constar como parte de seu estilo pessoal:

- pontuação livre, apresentando ausência de vírgulas exigidas pela gramática tradicional: "*No silêncio da sala de jantar, informei mamãe que não havia Deus, porque Deus era a natureza*";
- economia telegráfica, presente no mesmo fragmento acima, com a inserção da onomatopéia "tique taque", em corte brusco, moderno, pois num estilo tradicional provavelmente o escritor assim o colocaria: No silêncio da sala de jantar, somente quebrado pelo tique taque do relógio.
- emprego de paronomásia "*polca porca*";
- Neologismos: "*beiramávamos*", "*bandeiranacionalizavam*", "*ramazevedos*", "*parisiavam*".
- metáfora inusitada de influência cubista: "*O Pão de Açúcar era um teorema geométrico*" ou "*O trem a manhã e a chuva eram um corador de roupa branca*";

- uso de aliteração e assonância: "*Comemos amoras em moitas*" (p.39), "*E o gru-gru dos grilos grelam gaitas*" (p.47).
- emprego da paródia formal, utilizando crítica e ironicamente o estilo e os efeitos técnicos dos escritores passadistas, acadêmicos, principalmente através das falas, cartas, discursos de personagens como Machado Penumbra, Minão da Silva e Mandarim Pedroso.

VIII - TEMAS E PROBLEMÁTICA

O tema principal implícito na estruturação do texto e em vários episódios é a crítica a uma literatura passadista, conservadora e desgastada, assim como à linguagem rebuscada, pedante e pouco brasileira. Em contrapartida, valoriza uma linguagem mais ágil, moderna, descontraída, mais brasileira, assim como uma forma de elaboração estética fragmentária como a arte cinematográfica ou a pintura cubista, exigindo participação ativa do leitor.

Outro tema recorrente tanto aqui quanto em toda a obra do irrevente Oswald de Andrade é a crítica a uma sociedade burguesa, fútil, superficial e mexeriqueira: "*Enquanto nos casarões ramazevedos das avenidas, despeitadas solitárias metiam a ronca nas de morfino viver que parisiavam aventuras com velhos meninos domésticos e outros.*" (p.70)

A problemática da obra oswaldina foi, provavelmente, não ter encontrado seguidores nem continuadores e isso dificultou a formação nos leitores de códigos suficientes para ler e compreender essa literatura moderna. A irreverência e o deboche, características não só de sua arte parodística, mas também de sua vida, associadas ao vanguardismo, fizeram que sua obra ficasse em ostracismo, do qual ele mesmo se queixou em vida, como está registrado em *Ponta de Lança*: "*Criou-se então a fábula de que eu só fazia piada e irreverência, e uma cortina de silêncio tentou encobrir a ação pioneira que dera o Pau-Brasil, donde, no depoimento atual de Vinicius de Moraes, saíram todos os elementos da moderna poesia brasileira. Foi propositadamente esquecida a prosa renovada de 22, para a qual eu contribuí com a experiência das Memórias sentimentais de João Miramar*".

RECOMENDAÇÃO

Sugerimos o estudo
das páginas 5 a 15 de ***Paródia, paráfrase & cia***, de Affonso Romano de Sant'Anna, Ed. Ática.

BIBLIOGRAFIA CONSULTADA

- **Amzalak,** José Luiz e Geraldo Chacon - *Literatura PUC 96* (Resumos e análise das obras) - Ed. Buritis.
- **Andrade**, Oswald de - *OBRAS COMPLETAS 2* (*Memórias sentimentais de João Miramar* e *Serafim Ponte Grande*) RJ, 1972, Ed. Civilização Brasileira S.A.
- **Cândido,** Antônio e J. Aderaldo Castello - *Presença da Lit. Brasileira,* SP, Dif. Européia do Livro, 1971.
- **Sant'Anna**, Affonso Romano de - *Paródia, paráfrase & cia*, SP, 1985, Editora Ática.

LEIA O TEXTO COM ATENÇÃO:

"Saques e protestos e intimações e juízos e termos e advogados e prazos e ofícios e praças e petições no contemporâneo Forum de N. S. Jesus Cristo." (*Memórias sentimentais de João Miramar*, Oswald de Andrade)

23) Que figura de linguagem ressalta no fragmento transcrito e em que consiste?

24) Que efeito esse recurso produz no leitor?

LEIA O TEXTO COM ATENÇÃO:

146. VERBO CRACKAR
Eu empobreço de repente
Tu enriqueces por minha causa
Ele azula para o sertão
Nós entramos em concordata
Vós protestais por preferência
Eles escafedem a massa
Sê pirata
Sede trouxas
Abrindo o pala
Pessoal sarado.

Oxalá que eu tivesse sabido que esse verbo era irregular.

(*Memórias sentimentais de João Miramar*, Oswald de Andrade)

25) Levando em conta toda a história de Miramar, qual o momento de sua vida está presente no texto transcrito?

26) Que traços estilísticos da prosa de Oswald de Andrade estão presentes no texto?

OLHAI OS LÍRIOS DO CAMPO
de
Érico Veríssimo

Utilizamos para citação: **Veríssimo**, Érico - *Olhais os lírios do campo*, Porto Alegre, 1980, Editora Globo.

I - BIOGRAFIA

Érico Veríssimo nasceu em Cruz Alta, no Rio Grande do Sul, em 1905, filho de uma família tradicional e rica, mas que se arruinou no início do século. Assim, o escritor conheceu de perto a decadência e as dificuldades econômicas, que podem ter estimulado algumas de suas melhores páginas, como o sofrimento do menino Eugênio em *Olhai os lírios do campo*. Exerceu na sua mocidade diversas profissões: ajudante de comércio, lojista de farmácia, bancário. Lia Machado de Assis, Bernard Shaw e J. Swift.

Em 1930, transferiu-se para a capital, Porto Alegre, onde ficou conhecendo a maior figura do modernismo gaúcho, Augusto Meyer, que o introduziu no jornalismo literário. Seu primeiro trabalho, "Ladrão de Gado", foi publicado pela *Revista do Globo*, em que passou a trabalhar como redator e mais tarde como secretário do Departamento Editorial da Livraria do Globo. Em 1932, iniciou brilhante e popular carreira com a edição de *Fantoches*. Dois anos depois, recebia o Prêmio Machado de Assis pelo seu romance *Música ao longe* e em 1935 teve outro romance seu, *Caminhos cruzados*, premiado pela Fundação Graça Aranha. A partir de 1938, tornou-se fenômeno literário nacional com *Olhai os lírios do campo*.

O fenômeno deixou de ser nacional e atravessou as fronteiras. Érico teve suas obras publicadas nos EUA, França, Inglaterra, Alemanha, Itália, México, Áustria, Noruega, Hungria, Holanda, Romênia, Argentina e na antiga URSS.

Érico não militou na extrema-esquerda, nem cerrou fileiras com a direita, mas também não podemos dizer que ficou em cima do muro. Daniel Fresnot definiu-o bem: "...o que caracteriza melhor o autor é aquilo que os americanos chamam de *left-liberal* - ou seja, o liberal de esquerda, em oposição ao radical, o revolucionário; mas também, e principalmente, em oposição ao *conservative e right-wing*, o reacionário". Por isso, foi perseguido por alguns críticos engajados de seu tempo, acusado de não ser um escritor político como Jorge Amado. Érico, no entanto, nunca se comprometeu com o governo, nem se permitiu viajar para países socialistas de braço com presidentes. Além disso, durante as ditaduras (Érico conheceu duas), quando instaurada a censura prévia, Érico não permitiu que livro seu passasse pela leitura prévia do censor. Outra demonstração de sua postura política foi a recusa de uma honraria concedida pelo governo militar, alegando publicamente que não podia aceitar nada de um governo que acabara de invadir a Universidade de Brasília. Seu romance *Incidente em Antares*, também, pode ser tomado como prova de seu posicionamento e de seus ideais.

Faleceu repentinamente, vítima de um infarto, em 1975, quando elaborava o segundo volume de suas memórias, *Solo de Clarineta*.

II - BIBLIOGRAFIA

Romances: *Clarissa*, 1933; *Música ao longe* e *Caminhos cruzados*, 1935; *Um lugar ao sol*, 1936; *Olhai os lírios do campo*, 1938; *Saga*, 1940; *O resto é silêncio*, 1943; *O tempo e o vento* (Trilogia: *O continente*, *O retrato*, *O arquipélago*) de 1949 a 1962); *O senhor embaixador*, 1965; *O prisioneiro*, 1967; *Incidente em Antares*, 1971.

III - INTRODUÇÃO

A obra de Érico Veríssimo tem sido habitualmente dividida em três ciclos[1]:

I. narrativas voltadas para costumes gaúchos e intimismo, de 1932, com *Fantoches* a 1940, com *Saga*;

II. obras com conotações histórico-sociais, de 1949 a 1962, caracterizado fundamentalmente pela trilogia *O tempo e o vento*.

III. obras com preocupações sociopolíticas, de 1965, com *O senhor embaixador*, a 1971, com *Incidente em Antares*.

A obra que vamos analisar pertence, portanto, ao primeiro ciclo, caracterizando-se como regionalista, em que se faz presente preocupação com a análise psicológica[2].

IV - ENREDO

PRIMEIRA PARTE

Capítulo 1

Um médico do Hospital Metropolitano pede à irmã Isolda para avisar Dr. Eugênio, na chácara do sogro, em Santa Margarida, que Olívia quer vê-lo. Ela está às portas da morte e tem consciência disso. Eugênio chora no telefone ao receber a má notícia e apega-se a uma esperança: "*É possível que Olívia se salve.*" (p.4) Ao sair, tem um momento de covardia, hesita, pensa no que dizer à sua mulher, Eunice, que está lendo no jardim. Alega que é por causa do Ernesto. Ela parece tudo ver: "*Tu sabes que eu faço questão de não me meter na tua vida. Faze como entenderes. Em todo caso, obrigada pelo aviso.*" (p.6) No carro, Eugênio quase se confessa com o motorista, *pois "sabe que pertence mais à classe de Honório que à de Eunice*". (p.6)

Comentários:
Um narrador onisciente, em terceira pessoa, mostra espaços distantes e revela o interior das personagens.
Ernesto é apenas um nome do primeiro capítulo, mas logo o leitor vai descobrir no capítulo seguinte que se trata do irmão do protagonista. Também ficará sabendo porque Eugênio se sente mais próximo da classe operária.

1. Érico revelou numa entrevista à revista *Banas* que não houve de sua parte nenhum plano preconcebido.
2. É sempre bom lembrar que foi Machado de Assis o responsável pela introdução, no Brasil, da preocupação com o aprofundamento da análise psicológica. Entre os seus herdeiros modernos, além de Veríssimo, podemos citar Graciliano Ramos e Lygia Fagundes Telles, entre muitos outros.

Capítulo 2

Num *flash back*, o leitor depara com Eugênio criança sendo vaiado na escola. Ele abaixa-se para pegar a bola de pano e ouve a gozação: "*O Genoca tá com as carça furada no* ***fiofó***[3]". (p.7)

Era vergonhoso ser pobre. Vestia-se mal e a professora tinha cobrado mensalidade atrasada em voz alta, diante de todos os alunos. Saiu atrasado, mas não conseguiu evitar as gozações dos colegas, pois eles se emboscaram numa esquina. Ao se livrarem dos colegas, Eugênio e o irmão Ernesto foram para casa. Ernesto acendeu um cigarro, sob a crítica de Eugênio, que nada fazia de errado por medo de Deus que tudo via. Chegam em casa e a mãe, D. Alzira, lava-lhes os pés. Eugênio tinha pena do pai, o alfaiate Ângelo, mas não conseguia amá-lo. A mãe tentava fazê-lo amar a Deus, mas ele só sentia medo. Procurava fazer tudo direito com medo de pecar. Um dia, vendo o pai ser humilhado pelo seu Jango, que viera cobrar uma dívida, Eugênio "*pensou em se fazer homem, estudar, ficar doutor e ganhar dinheiro, para livrar a família daquela vergonha, daquela miséria.*" (p.15) O **minuano**[4] uivava[5] lá fora enquanto jantavam arroz com guisado de **charque**[6]. Chega o Florismal com a notícia de que as "*coisas estão feias na Europa*". (p.16) E *acrescenta "A Alemanha invadiu a Bélgica*". (p.17)

> **Comentário**:
> Já temos aqui alguns elementos característicos da prosa regionalista: a presença da natureza local (minuano) e da cultura típica (guisado de charque).

Naquela noite, Eugênio deitou imaginando que "*Deus era o dono do mundo. O Kaiser queria vencer a Europa inteira. O Destino era o culpado de todas as coisas ruins que aconteciam no mundo.*" (p.19) Era uma nova trindade. Adormeceu lembrando-se da vaia e sentindo na nuca a respiração de Ernesto. Antes de dormir, ainda ouviu o pai lastimar-se: "*Ai! Isto não é vida.*" (p.20) Estas palavras doeram muito em Eugênio.

O narrador interrompe a retrospectiva, que funciona como se fossem lembranças de Eugênio, e volta ao momento em que o protagonista seguia de carro para ver Olívia. O carro deslizava velozmente. Ele pensava em Olívia e tudo que ela tinha significado: "*Olívia lhe deu tudo quanto uma mulher pode dar ao homem que ama*". (p.20) Ele sentia que estragara toda sua vida, pois só pensara em subir, em vencer. Agora, notava que de nada adiantou o casamento rico com Eunice Cintra. Continuava sendo um homem medíocre com a mesma antiga e dolorosa sensação de inferioridade.

Capítulo 3

"*Era setembro. Naquela manhã de domingo*", sentado no portão do internato, Eugênio, com quinze anos, sentia as mudanças no corpo e em sua

3. O dicionário registra "ânus" como sinônimo de fiofó, no entanto, no uso normal temos verificado que as pessoas usam o termo para designar também toda a região glútea.
4. Vento frio e seco do inverno.
5. Linguagem figurada. Prosopopéia ou personificação, que consiste em dar vida a seres inanimados.
6. Termo proveniente do quichua para designar carne salgada em forma de mantas, muito usada pelos gaúchos.

vida. Estava ficando homem, embora se achasse feio e rude. Por isso sofria muito pela paixão desesperançada que sentia por Margaret, filha do diretor. Sentia de modo pungente o seu sexo e se inquietava com os sermões do Rev. Parker.

Em retrospectiva, o narrador nos revela Eugênio de novo, na adolescência, aprofundando na descrição de seus pensamentos, nos quais sempre repassa a dor da pobreza e da humilhação. Só pôde estudar no "Columbia College", porque sua mãe lavava toda a roupa da escola. Os colegas tratavam-no com desdém. Só encontrava alguma atenção em outro humilhado, Mark Tearle, professor mais moço e mais novo do colégio. Era chamado de "Pancada" pelos rapazes, porque era neurótico de guerra. Em uma noite de tempestade, Eugênio não conseguia dormir. Os relâmpagos ativaram a neurose de Mark Tearle, que saiu desesperado. Eugênio e Mário, seu colega de quarto, viram pela janela como ele enlouquecido saíra pelo portão da escola. Caiu chuva forte. No outro dia, encontraram o corpo dele com o peito atravessado por uma bala: "*O revólver com uma cápsula detonada se achava perto da mão direita do suicida.*" (p.38)

Retornando ao presente, revela o narrador as preocupações de Eugênio.

"*Passam grandes cartazes de propaganda. Marcos. Um caminhão enorme. O auto atravessa uma ponte.*

Eugênio pensa em Olívia. E ao lado dela vê agora uma criança que lhe sorri. Anamaria. Como pôde passar todo este tempo sem pensar nela?[7]

A minha filha...[8] - **balbucia**[9] *ele num desfalecimento, como quem acaba de fazer uma suave descoberta. Se Olívia morrer, que será de Anamaria?*

Eugênio passa a mão pelo rosto, que um frio suor inunda." (p.39)

> **Comentário**:
> Podemos perceber que predomina a ação interior, revelando todos os sentimentos sofridos do adolescente no passado, de forma que com essas informações possamos compreender as preocupações do homem adulto no presente, assim como seu complexo de inferioridade. Os elementos exteriores (rua, quarto, portão, ponte, auto, etc) aparecem de vez em quando para que o relato não fique vago em demasia e o leitor possa visualizar e comprender tanto o lado físico quanto o psíquico.

Capítulo 4

"*Quando, naquela tarde ao sair da Faculdade de Medicina, o Alcibíades se aproximou dele e tomou-lhe do braço com intimidade, Eugênio sentiu um grande contentamento.*" (p.39)

Alcibíades é moço vaidoso, rico e elegante. Vai pela rua dizendo ao Genoca que pretende comprar um ***Cadillac***[10] 1924 e montar uma ***garçonnière***[11] , pois

7. O narrador vinha falando e repentinamente, sem aviso, diz essa frase que percebemos não ser dele, mas do protagonista, que assim deve ter pensado. É, portanto, um caso de discurso indireto livre.
8. Já aqui, temos o discurso direto, pois o narrador nos avisa através do termo "balbucia", tecnicamente denominado verbo de elocução, como disse, falou, retrucou, etc.
9. Articular imperfeitamente e com hesitação.
10. Automóvel de luxo, importado. A indústria automobilística nacional começou somente na década de 60.

arrumou uma pequena e fica sem jeito de levá-la a um ***rendez-vous***[12] vagabundo. Quando chegaram à Praça Mal. Deodoro, Alcibíades encontrou o famoso Acélio Castanho, apresentando-o a Eugênio. Castanho era famoso pelos seus artigos em jornal e pela sua inteligência e cultura respeitada até pelos **lentes**[13] da Academia de Direito. "*Em breve estariam na Rua dos Andradas, onde ele seria visto na companhia dos outros dois. Uma parte de seu ser se sentia contente e lisonjeada a essa idéia. Mas dentro do Eugênio feliz agitava-se um Eugênio minúsculo, irreverente, uma figurinha que ria e careteava, fazendo troça do Eugênio vaidoso, do Alcibíades fútil e do Castanho professoral. Uma sensação de glória e de importância sufocou no entanto o pequeno demônio, apagando-o*[14]." (p.45)

A satisfação de Eugênio é destruída pela figura humilde do pai alfaiate que vem ao encontro dos três. Finge ignorá-lo, mas o pai afasta-se servil para a beira da calçada, tira o chapéu e o cumprimenta. Ele tem vontade de morrer, olha em frente e faz de conta que não é com ele. Interiormente, no entanto, está arrasado e sofre muito com complexo de culpa. Os amigos nem deram pelo incidente. À noite, em casa, durante o jantar, Eugênio evita olhar para o pai. A mãe está de olhos vermelhos, provavelmente de chorar por ele ou por Ernesto, que atualmente está um farrapo humano: bebe, vive desempregado, anda com mulheres ordinárias, e até já esteve na cadeia. Os olhos de Eugênio e do pai acabam se cruzando. Ângelo, não demonstrando ressentimento pelo que o filho fez, pergunta-lhe se não deseja que costure um terno novo para ele. Sentindo-se mal, Eugênio recusa e sai para dar uma volta, escapando a um clima que é para ele sufocante.

O automóvel atravessa um pontilhão, enquanto Eugênio imagina-se de mãos dadas com a filha, indo para o palacete do sogro: "*Não podem entrar. Olívia vai morrer. E a vida continuará, apesar de tudo*". (p.52)

Comentário:
Já deu para notar que o narrador está repetindo a mesma técnica: vai narrando a viagem de Eugênio ao encontro de Olívia, assim como suas preocupações, acrescentando sempre novos elementos. Paralelamente, retoma a vida pregressa do protagonista, mostrando (até agora) sua infância, sua adolescência no internato, e neste capítulo, sua vida de estudante de Medicina, no segundo ano de curso.

Capítulo 5

"*Terminara a cerimônia da entrega dos diplomas.*" Eugênio sai, segurando o pergaminho e uma agradável sensação de orgulho, de força, de confiança em si mesmo. Estava formado! Encontra Olívia, sua amiga de curso, encostada em uma coluna com um ramalhete de rosas vermelhas. "*Olívia era a única mulher*

11. Apartamento montado para encontros amorosos, grosseiramente chamado por alguns também de "matadouro". O termo é de origem francesa, provindo de "garçon", isto é, rapaz. Ao pé da letra o termo designaria apenas apartamento de rapaz, ou de solteiro.
12. Termo francês para "encontro", designando aqui locais para isso, como um hotel para encontros clandestinos, também chamado de alta rotatividade.
13. Professor de escola superior.
14. Impossível aqui não nos lembrarmos de Machado de Assis e sua técnica para revelar ao leitor os pensamentos mais secretos das personagens, geralmente através de representações figuradas e concretização do abstrato.

da turma e formara-se também com sacrifício. Trabalhando num laboratório de análises clínicas, ganhava ordenado que mal lhe dava para o sustento próprio e para custear os estudos." (p.54) Ele pergunta o que está fazendo e ele brinca: "*Estou esperando que um cavalheiro me convide para o seu automóvel!...*" (...) "*Automóvel não tenho - disse ele. - Mas se aceita o meu braço...*" Saem ambos e trocam confidências.

No carro, Eugênio pensa: "*Olívia vai morrer... Deus não existe. Ou existe e é cruel. Não. Cruel sou eu... (...) Atira a cabeça para trás contra o encosto do banco. O auto desliza sobre o cimento.*" (p.63)

Capítulo 6

"*Eugênio lutava por vencer o medo, comandar os nervos. Uma situação insuportável.*" (p.63) Tem de fazer uma cirurgia difícil. Lá fora estouram os tiros. A revolução aconteceu e todos só falam nisso. As notícias de mortes chegam durante todo o tempo da operação. Estão com ele a irmã Isolda e Olívia. "*Eugênio picou o peritônio do paciente com a ponta da tesoura e começou a cortar... Aconteceu então o que dum modo obscuro ele esperava e temia. Manou da incisão, em maré montante, uma lama escura e viscosa, formada de pus, de exsudatos e de conteúdo duodenal. (...) Eugênio ergueu os olhos para Olívia num mudo mas desesperado pedido de socorro. (...) Estrondos surdos ao longe. Decerto agora estavam atirando com canhões. Eugênio imaginou as casas ruindo, a cidade destruída, uma granada atingindo a sua casa. Via a mãe estendida no chão, coberta de sangue. Olhou para as luvas sujas daquele líquido horrendo, teve vontade de gritar. Tudo aquilo era brutal. Os homens estavam podres.*" (p.67)

O paciente morre em sua mão e ele sai arrasado, mesmo sabendo que era um caso extremamente difícil e que o mesmo ocorreria com qualquer outro. Felizmente, Olívia dá-lhe apoio, saindo com ele, levando-o até onde mora, na casa dos Falk, um casal alemão sem filhos. O narrador corta para o presente e mostra Eugênio no carro, lembrando-se da primeira noite de amor com Olívia. Foi exatamente nessa noite após a fracassada cirurgia.

Capítulo 7

Saiu do quarto da amiga muito tarde. Chegou em casa às quatro horas da manhã, encontrando D. Alzira preocupada. Ela faz uma porção de perguntas para ver se descobre a causa. Ele responde que não foi por causa da revolução, que não teve notícias de Ernesto. Recorda que antes tiveram uma briga porque o irmão aparecera no jornal, com foto e nome inteiro, porque fez arruaça. Eugênio então exigiu que ele se decidisse a sair de casa, porque senão ele próprio iria para uma pensão. Foi assim que o irmão desapareceu e nunca mais foi encontrado. Recorda a morte do pai, que ocorreu um ano antes desse momento. O narrador deixa o passado e retoma Eugênio no carro, mas pensando no irmão desaparecido, recordando a morte da mãe e seu último pedido foi pelo irmão, a quem ele não fez muito esforço para encontrar. Volta a pensar em Olívia, pois é mesmo nela que está pensando, mesmo quando pensa em qualquer outra coisa. "*Olívia vai morrer. Talvez a esta hora já esteja morta. Oh Deus! Esta viagem não acaba mais, nunca mais?*" (p.81)

Capítulo 8

"*Quando Eugênio entrou no quarto, a criança se debatia num novo acesso de tosse.*" O pai do menino apanhara-o na rua, sem qualquer instrumento que o pudesse auxiliar. Examinou-o e viu que era um caso adiantado de laringite diftérica. O garoto estava a menos de um passo da morte. Eugênio tomou medidas tão rápidas, seguras, decididamente, que ele mesmo se admirou, não se reconhecendo. Mandou o pai procurar um carro, foi à vizinha e com voz segura exigiu um telefone, ligando para o Hospital do Sagrado Coração, mandando que já deixassem tudo preparado e encontrassem Olívia para também estar lá quando ele chegasse. Tudo deu exatamente como previra e logo estava terminada a traqueotomia, que salvou a vida do menino. Feliz, convidou Olívia: "*Vamos jantar juntos no "Edelweiss"?*

- Cada um paga a sua parte - condicionou Olívia." (p.85)

"*A vida é boa! - pensava Eugênio. Ele tinha salvo uma criança. Começou a cantarolar baixinho uma canção antiga que julgava esquecida. (...)*

- Por que será - perguntou ele a Olívia - por que será que às vezes de repente a gente tem a impressão de que acabou de nascer... ou de que o mundo ainda está fresquinho, recém-saído das mãos de quem o fez?" (p.85)

Saem e ele estava tão distraído que quase foi atropelado por um veículo que tinha na porta "V. Cintra". Durante o jantar, bebe um pouco mais e volta mais alegre ainda. Retornam ao hospital e encontram o menino bem melhor. A mãe muito agradecida beija-lhe muito as mãos. Olívia comenta o fato ao Dr. Seixas, médico pobre, que sempre cuidou da família de Eugênio. "*Era um homem grande, barbudo e de ar agressivo. Vestia-se mal e era o médico mais pobre que eles conheciam. Sua voz era áspera, peluda*[15], *lia-se bondade em seus olhos claros.*" (p.90)

Eugênio acompanhou Olívia a sua casa e ouviu dela que aceitara o convite do Dr. Bellini para passar alguns meses na colônia Nova Itália para organizar a maternidade do hospital que ele logo iria inaugurar. Após um breve instante de ciúme, ele a beijou e ela "*mais uma vez se entregou, como quem quer aliviar o sofrimento dum doente com uma injeção sedativa.*" (p.93)

No carro, Eugênio olha o relógio e vê que são vinte para as oito. Recorda-se que uma vez Mr. Tearle lhe dissera que "*quando alguma coisa acontece sempre passam vinte minutos de ou faltam vinte minutos para alguma hora. Alguma coisa deve ter acontecido.*" (p.94) O auto continua correndo e ao longe aparecem as primeiras luzes da cidade.

Capítulo 9

"*O enfermeiro largou o telefone e voltou-se para Eugênio.*

- Temos serviço, doutor. Uma sujeita cortou o pulso e está se esvaindo em sangue." (p.95) Dirigem-se ao local e tratam de uma criada que acidentalmente

15. Sinestesia, figura de linguagem caracterizada pela fusão de sensações diversas. Aqui temos "voz" que é percebida pela audição, sendo qualificada por "áspera, peluda", que dizem respeito ao sentido do tato.

cortara o pulso com um abridor de latas. "Ela balia como um cordeiro doente[16]". Ao terminar, Eugênio nota que além deles entrara uma outra pessoa no quarto. Uma jovem loira, cabelos cor de palha, metida num roupão vermelho. Chamou-o e ele a seguiu, como um cachorrinho obediente. A moça provoca-o e ele fica vermelho, sem jeito. Ela, no diálogo, diz-lhe ironicamente algumas frases assim: "*O senhor é um exemplar raro duma espécie quase desaparecida. Um homem que fica vermelho e atrapalhado só porque se acha sozinho diante duma mulher que não conhece...*" "*Sou uma mulher que gosta de provocar reações. Os cientistas fazem experiências com rãs, com cobaias... Eu prefiro utilizar nas minhas, seres humanos.*" Ele se levanta e sai irritado, mandando-a para o inferno quando lhe oferece uma nota nova de cinqüenta mil-réis.

Comentário: Repete-se a técnica dos outros capítulos. Iniciou com flash back e na segunda parte do capítulo, valendo-se do itálico, para marcar bem, o narrador concentra-se na figura de Eugênio no veículo.

Eugênio pensa na filha, Anamaria, que tinha suas feições: carinha redonda, olhos graúdos, nariz redondo, a franja de chinesinha, preta e lustrosa. Nisso, lembra-se de Eunice, dizendo que não queria ter filhos, porque achava isso vulgar, animalesco e deformador da beleza do corpo. Recorda o início do namoro com ela, enquanto Olívia estava na clínica do Dr. Bellini, em Nova Itália. Lembra-se do primeiro jantar, em que não tinha dinheiro para pagar a conta que foi acertada por ela. Lembra-se do comentário de colegas que despertaram o seu interesse: "*E por que não? Não queria deixar-se vencer pela vida. Não correra atrás de Eunice. O destino os aproximara. Ele não tinha culpa.*" (p.107) Recorda o noivado e o casamento que logo lhe revelou que tinha sido um erro. "*O auto rola. E numa síntese milagrosa de alguns segundos Eugênio relembra o seu noivado com Eunice.*" (p.108)

Capítulo 10

"Era a primeira vez que se encontravam a sós no quarto de Olívia depois que ela voltara de Nova Itália." Eugênio comporta-se nervosamente, arrependido de tudo, com grande complexo de culpa. Ela, pelo contrário, está serena e tranqüila. Sua voz demonstra uma aceitação fácil de tudo. No momento de se despedir, sem achar palavra adequada, Eugênio abraçou-a, beijou-lhe os olhos, a testa, a face, a boca. "*Passaram juntos aquela noite. Eugênio julgou vislumbrar um elemento de desespero nas carícias de Olívia. Ela nunca se lhe entregara com um tão comovido abandono. Dir-se-ia que estava se despedindo não somente dele, mas também da vida.*" (p.116) No dia seguinte, no hospital, Eugênio recebe um bilhete de Olívia, comunicando que tinha voltado para Nova Itália. Correu até a casa dela, mas já tinha partido.

No carro, Eugênio pede a Honório que se apresse. Consulta o relógio, faltam vinte para as nove. "*Algo de extraordinário acaba de acontecer. Olívia ressuscitou. Olívia não pode morrer. Vinte para as nove! Olívia está salva!*

16. A aproximação dos seres humanos com animais também aparece em José Lins do Rego e Graciliano Ramos, demonstrando uma herança do Naturalismo.

- Depressa, Honório, depressa...

O suor escorre pelo rosto de Eugênio. O auto se precipita maciamente sobre os trilhos dos bondes." (p.118)

Capítulo 11

O narrador retoma um jantar na casa dos Cintra, três anos depois do dia em que Eugênio salvara um menino através de uma traqueotomia. Além da Eunice (já estão casados) e do sogro, participam também o engenheiro Filipe Lobo, sua mulher Isabel (que é amante de Eugênio) e a filha Dora.

Durante o jantar, o protagonista recorda que lera um anúncio no jornal: "*A Dra. Olívia reabriu seu consultório. Edifício Hora, 3º andar, sala 38.*" Após o jantar e uma conversa cheia de insinuações ríspidas contra Filipe por causa de seu sonho faraônico de construir um prédio de 30 andares (o Megatério), assim como de olhares ardentes de Isabel, dirigidos ao amante, Dora canta ao piano uma canção de amor. A emoção que põe na interpretação pode ser resultado de seu amor por um estudante judeu pobre, a que os pais se opunham. Depois, Dora sai um pouco para disfarçar sua tristeza e Eugênio vai atrás dela, encorajando-a. Sentia-se um hipócrita. "*Tornara-se amante da mãe e vinha fazer à filha protestos paternais de amizade. Odiou-se.*" (p.128) Eunice, ao piano, executa *Les nuages*, de Debussy[17] .

O capítulo termina, como sempre, com Eugênio no carro em movimento, já na cidade e próximo do hospital.

Capítulo 12

"*Encontravam-se uma vez por semana no consultório de Eugênio, aos sábados à tarde, quando os escritórios daquele terceiro andar do Edifício México estavam todos fechados.*" (p.132)

Isabel entra nervosa e cria clima de insegurança, dizendo que Castanho a viu entrar no edifício e que pode desconfiar de alguma coisa. Eugênio aborrece-se e seu desejo desaparece com o surgimento das lágrimas da amante. Ao chegar à fábrica do sogro, onde ocupava um cargo decorativo, foi chamado para ver o que um empregado escrevera no lavatório. Logo que chegou ao local "*viu, horrorizado, que a polia grande de uma das máquinas naquele instante apanhava o corpo dum operário. Ouviu-se um grito agudo. O corpo rodopiou enrolado na polia e depois, como um boneco de pano, foi lançado ao ar, caindo longe no meio de outras máquinas. (...) Os homens correram numa só direção. Trouxeram depois um corpo ensangüentado e o puseram aos pés de Eugênio, como se - deus cruel - ele tivesse pedido aquele sacrifício. Fazendo um enorme esforço para vencer o tremor das pernas, ele se inclinou. Não havia mais nada a fazer. O crânio do operário estava todo esfacelado, seu rosto absolutamente irreconhecível. O corpo perdera quase a forma humana. No chão ao redor do cadáver, se formava uma poça de sangue.*" (p.137) À noite, em casa, o sogro nada fala do acidente, somente declara que vai ao clube. Eunice diz que vai assistir uma conferência de Castanho sobre tragédia grega. Eugênio declara

17. Claude Debussy (1862-1918), compositor francês. É talvez o maior nome na música impressionista, apresentando algumas composições leves, delicadas, de grande tranqüilidade.

que não quer sair, mas quando todos partem, ele vai à procura de Olívia, que o recebe com a mesma doçura e tranqüilidade de sempre, como se nada tivesse acontecido: "*Eu tinha começado a fazer chá para dois, com o pressentimento de que vinhas hoje*". (p.142) Quando ele lamenta pelo tempo que ela ficou sozinha em Nova Itália, ela sorriu: "*Deixaste comigo a melhor das recordações naquela nossa última noite*". Depois, levou-o ao quarto, onde em um berço branco dormia uma criança. Comovido, trêmulo, aéreo, ele se reconheceu na criança adormecida. "*Os seus traços estavam naquele rosto fresco e sereno, era como se lhe fosse dado ver-se a si mesmo com dois anos, como num retrato que ainda guardava.*" (p.146)

O carro passa pelo parque e Eugênio se lembra que há bem poucos dias passeou por ali com Olívia e Anamaria. Chega ao hospital. Irmã Isolda murmura: "*A Dra. Olívia morreu ao anoitecer, na santa paz do Senhor. O corpo está sendo velado na capela.*" (p.148)

SEGUNDA PARTE

Capítulo 13

É noite. Silêncio no quarto e Eugênio pensa na morta com a filha adormecida no colo. Sente que está numa encruzilhada. "*Voltar à antiga condição seria a morte e ele precisava viver por amor de Anamaria, por amor de Olívia, por amor de si mesmo.*" (p.151)

"Uma porta se abre e ele tem um sobressalto. Entra um vulto. É D. Frida que vem buscar Anamaria. Eugênio, sozinho, relê a carta que Olívia escreveu para ele pouco antes de morrer. Nela, fala de amor e de humanismo, criticando os que preferem valorizar os bens materiais e "*esquecem o que têm de mais humano e sacrificam o que a vida lhes oferece de melhor: as relações de criatura para criatura. De que serve construir arranha-céus se não há mais almas humanas para morar neles?*

Quero que abras os olhos, Eugênio, que acordes enquanto é tempo. Peço-te que pegues a minha Bíblia que está na estante de livros, perto do rádio, leias apenas o Sermão da Montanha. Não te será difícil achar, pois a página está marcada com uma tira de papel. Os homens deviam ler e meditar esse trecho, principalmente no ponto em que Jesus nos fala dos lírios do campo que não trabalham nem fiam, e no entanto nem Salomão em toda a sua glória jamais se vestiu como um deles." (p.154)

Eugênio termina a leitura com os olhos cheios de lágrimas e se vai pensando na última frase.

Capítulo 14

"Num daqueles dias Eunice ofereceu um jantar a Túlio Altamira, pintor paulista muito discutido que havia pouco expusera suas telas no salão do Círculo de Cultura de que ela era secretária." Compareceram também Acélio castanho, o engenheiro Filipe e sua mulher, Isabel. Todo o capítulo se concentra numa tediosa discussão sobre arte e política, envolvendo principalmente Filipe, Altamira e Castanho. Eugênio permanece o tempo todo alheio e distante. Isabel, triste, sente que ele foge dela. No final, Castanho, bastante agressivo ofende o pintor, dizendo que ele é mau desenhista e mau colorista. O fascista Filipe pede a opinião de Eugênio:

"*E você com quem fica, Genoca? Com Mussolini ou com Stalin?*

E Eugênio se surpreendeu a repetir as seguintes palavras que ouvira uma noite dos lábios de Olívia:

- Antes de Mussolini e de Stalin já existiam as estrelas e depois que eles tiverem passado elas ainda continuarão a brilhar.

Eunice voltou a cabeça para o marido e ficou a contemplá-lo com a testa franzida, cheia de surpresa." (p.168)

Capítulo 15

"*Ele estava numa rua sombria, parado à calçada, olhando o desfilar das meninas dum orfanato. Eram criaturinhas pálidas, apagadas e tristonhas, vestidas de pelúcia xadrez, com grosseiras meias de algodão a cobrir-lhes as pobres pernas magras.*" (p.169)

Eugênio acorda angustiado e abre a janela. A noite estava clara e estrelada. Silêncio total no quarto ao lado, em que Eunice dormia. Será que sua filha continuaria na vida sem pai e mãe, sem amparo? Ele continuava em sua covardia, sem querer romper com aquele conforto, com tudo que lhe proporcionava prazer e bem-estar. Continua sendo o genro de Vicente Cintra. Tornou a lembrar-se do sonho. Uma necessidade urgente de ver a filha fez que ele saísse de casa pelas ruas desertas. Eram cinco da manhã. No meio do caminho lembrou-se de que para ver a filha teria de acordar os Falk. Apesar disso continuou seu caminho. Entrou na ponta dos pés e ficou no quarto de Olívia, relendo as cartas que ela escrevera na Nova Itália, mas não lhe enviara. Cada uma apresentava sempre novas informações. Quase sempre aborda a problemática da fé em Deus. Ela sempre tem fé e esperança. Afirma numa delas que devemos procurar a nossa felicidade através da felicidade dos outros, pois a bondade não deve ser uma virtude passiva.

"*Eugênio levantou-se e foi abrir a janela. O dia começava a clarear.*" (p.175)

Capítulo 16

Quando estava de saída, a filha encheu-o de perguntas: "Pu que tu vai imbóia, pai? Pu que tu tem de tabaiá, pai? Pai... Onde é que está a mãe? " Isso fez que Eugênio tomasse uma decisão definitiva: "É hoje ou nunca. Hoje ou nunca. Custe o que custar."

Chega em casa e encontra Eunice lendo. Conversam e finalmente ele desabafa tudo.

"*- Ainda há mais alguma coisa - continuou ele. - Tenho na minha vida outra mulher... Corou ao dizer estas palavras.*

- Todos os homens têm... - interrompeu-o Eunice. - Até os empregados do comércio.

- Uma mulher que me fez compreender o meu erro horroroso e que me deu coragem para procurar corrigi-lo e pensar numa vida decente.

(...)
Eunice mirou-o com expressão interrogadora.
- Tenho uma filha com ela.
- Uma filha?
(...)
- Vou-me embora hoje mesmo. Depois combinarei detalhes com teu pai... Levo só o que é meu, exclusivamente meu... Gostaria que tu pedisses desquite, fica melhor que parta de ti. Podes alegar incompatibilidade de gênios. Ou o que quiseres...
Levantou-se e sem mais uma palavra saiu da sala." (p.180/1)

Capítulo 17

Eugênio conta sua história ao Dr. Seixas e fica um pouco frustrado com a atitude do velho médico. Em seu consultório, no entanto, descobriu-se uma outra pessoa: "*Eugênio se surpreendia a tomar pelos pacientes um interesse não só profissional como também humano. Era-lhe agradável ver que alguém de certo modo lhe pedia auxílio, precisava de seus serviços e que se lhe proporcionava a oportunidade de ser útil a outrem. As horas daquela tarde lhe passaram quase despercebidas. Ao escurecer se foi o último cliente. Era um empregado do comércio, sofria do estômago e tinha pavor de câncer.*" (p.183)

Eugênio sossegou-o. Ao deixar o consultório, ia o médico de alma limpa e com uma curiosa sensação de liberdade. Agora, jantava e dormia com os Falk. D. Frida, um dia , tinha ficado doente e Olívia cuidou dela com todo desvelo, por isso, tomou-se de afeição pela moça e dera-lhe duas salas independentes em sua casa, além de toda a liberdade. Seu marido, Hans Falk, era como as mais costumeiras caricaturas de alemão: amigo do cachimbo e da salsicha, era gordo e não dispensava a cerveja. Tinha uma calva lustrosa, nascera em Munique e viera para o Brasil com vinte e cinco anos. Agora estava com cinqüenta e cinco, tinha saudades da "*Alemanha de antes da Guerra, tão diferente do terceiro Reich de que os jornais lhe davam sombrias notícias*". (p.185)

Na mesa de jantar, o lugar de Olívia permanece intacto, com os talheres e até o guardanapo com sua inicial "O". Após o jantar, Anamaria vai para a cama e dorme segurando a orelha do pai. Depois que ela dorme, Eugênio sai de mansinho e vai reler as cartas de Olívia. Numa delas, a amada fala da importância social dos médicos e do enorme trabalho que ainda há por fazer em matéria de higiene. Espera que, um dia, um dos dois possa iniciar um trabalho sério nesse sentido. Em outra, comenta que viu nele qualidades potenciais que estavam sufocadas pela humilhação. Outra carta apresenta crítica aos interesses materiais: "*Viver como certos homens vivem é simplesmente inumano. Procurar a riqueza por amor é fugir da vida.*" (p.188) Nessa mesma carta, compara a fábula da cigarra e da formiga com o texto bíblico que fala dos lírios do campo, pois a cigarra não se preocupa em acumular bens materiais, mas só em viver feliz. "*Estas são coisas que penso e que nunca quis te dizer, preferindo fazer que as sentisses por ti mesmo. Porque só valem as experiências que fazemos com a nossa própria carne.*" (p.189) Já ia pegar um livro para ler, quando o telefone tocou. Chamado urgente que fez com que ele apanhasse chapéu e maleta, saindo para a rua.

Capítulo 18

Isabel marca um encontro com Eugênio para exigir uma explicação. Ele assegura que não há outra mulher, que estava cego e que agora vê que não podem continuar se encontrando. Despedem-se. À noite, depois de atender um doente na cidade baixa, o médico passou em frente ao "Megatério" e estava admirando-o quando viu Dora e seu namorado judeu, Simão. O rapaz tinha sido perseguido por um professor e estava indignado com a situação dos judeus: "*Dizem que os grandes capitalistas que infelicitam o mundo são judeus. Mas acontece que eles não são judeus e sim apenas capitalistas, isto é, uma classe que não tem pátria.*" (p.200) Indigna-se porque seus pais e os de Dora não aceitam esse namoro. Eugênio propõe falar com Filipe. O rapaz demonstra-se pessimista:

"*- O Eng. Filipe Lobo só compreende as criaturas de cimento e aço.*

Fez com a cabeça um sinal na direção do arranha-céu. E os três ficaram de novo em silêncio olhando para o "Megatério". " (p.202)

Capítulo 19

Algumas vezes, retorna o Eugênio fraco, inseguro e covarde. Como na madrugada em que ficou cuidando de um paciente até sua morte inevitável. O sofrimento da mulher dele, assim como sua agonia final, marcaram fundo no sentimento do médico, que mais tarde tenta confortar-se com o velho médico Seixas: "*O que eu não posso compreender, o que nunca perguntei à Olívia, é por que é que sendo tão bom e misericordioso, o Deus dela permite que na terra haja tanta miséria e tanto sofrimento.*" (p.204) Dr. Seixas não tem resposta para suas dificuldades. Aliás, diz o velho médico que já deixou de fazer perguntas à vida. Fala a Eugênio que quando a gente tem uma ferida o melhor que se faz é não mexer nela, como ele fica fazendo o tempo todo.

Naquela tarde, Eugênio pensa várias vezes em Eunice, até com certa simpatia. Encontra o engenheiro Filipe, que o leva até o alto do "Megatério", defendendo sempre suas idéias fascistas e megalomaníacas, recusando aceitar qualquer argumento humanista de Eugênio e, principalmente, não aceitando que ele dê palpites sobre o caso de sua filha com o judeu. Em casa, relê mais uma das cartas de Olívia, em que ela conta seus debates com um italiano ateu, Dr. Candia, que conheceu na Nova Itália. Nessa carta, ela deixa registrado todo um plano de campanha para um mundo melhor, mais humano[18].

Capítulo 20

"*Uma manhã Simão foi buscar Eugênio a toda a pressa para ir socorrer-lhe o pai, que se debatia numa nova crise de angina do peito.*" (p.215) O médico toma conhecimento da vida miserável que levam. Terminada a consulta,

18. O plano é praticamente um decálogo humanista, que revela bem a postura do autor frente ao mundo e às injustiças sociais, sem se aliar ao comunismo ou ao misticismo religioso. É impressionante o jogo dialético das idéias do ateu (Candia) e da crente (Olívia), intermediados pela posição ainda não definida de Eugênio.

Eugênio recusa-se a cobrar, aborrecendo Simão que alega não querer caridade ou piedade.

Chegando em casa, Eugênio encontra o Dr. Seixas: "*Seu Genoca, arranjei outro abacaxi pra você. Temos que carnear uma rês*[19] *na Santa Casa*". (p.220)

Durante o trajeto falam da falta de uma assistência médica adequada para os pobres. Seixas, ao chegar ao hospital, berra: "*Mas é preciso fazer alguma coisa!*" e acrescenta: "*Alguém tem que começar!*" (p.221) No mesmo hospital, Dr. Seixas conduz Eugênio para ver um doente que é seu conhecido. Ele se emociona pois julga que pode ser seu irmão. Há alguns dias, mandou colocar no jornal um anúncio, pedindo notícias dele. Mas não era, tratava-se de Florismal, conhecido de sua família, que está com poucos dias de vida, mas mantém ainda sua pose de pessoa otimista e segura. Poucos dias depois, falece e Eugênio paga todas as despesas de seu enterro.

Em casa, um alegria, a filha cheia de graça e encanto tinha cuidado de um gatinho, fazendo "curativo" em sua patinha ferida. Ao folhear mais uma vez o álbum de fotografias de Olívia, revê uma foto misteriosa de um tal de Carlos com as datas 1921-1923 e sente ciúmes. O passado de Olívia é um mistério que o protagonista está tentando desvendar. Sente que as pessoas estão esquecendo Olívia. "*E aquela noite sonhou que Olívia tinha sido apenas um sonho em sua vida.*" (p.228)

Capítulo 21

Chegou o inverno e Eugênio verificou, com surpresa, que sua clientela aumentara com o escândalo de sua separação. Procuravam-no principalmente os operário e pobres porque sabiam que ele não cobraria. Mas vinham também os socialistas por simpatia, já que o médico largara um casamento rico, para tratar dos pobres. Os rapazes o procuravam porque era jovem e sentiam mais confiança. E logo surgiram lendas em torno de seu nome, acompanhadas de despeito que logo põe na boca dos detratores os comentários maledicentes. Dr. Seixas entrou intempestivo no seu consultório e informou: "*O Dr. Eugênio Fontes está ficando importante. Já andam falando mal dele.*" "*Dizem que você é comunista*". (p.229)

O narrador mostra diversos tipos de pacientes a se consultarem com Dr. Eugênio e a sua maneira de tratar de cada um, assim como as reflexões que faz sobre a miséria humana. Eugênio conversa com Dr. Seixas, que lhe conta a vida desventurosa e cheia de lances romanescos do Dr. Dubov. Passam por um cemitério e têm uma visão imprevista e chocante: o cadáver nu do Dr. Dubov, apenas com o tarbuche branco na cabeça, pois, segundo o costume israelita, o judeu não deve comparecer à presença de Deus com a cabeça descoberta, por causa dos pensamentos impuros. Dr. Seixas, ao ver aquilo, não consegue conter uma exclamação: "*Eta **índio***[20] *feio, meu Deus!*"

---

19. O linguajar do Dr. Seixas é sempre grosseiro, dando uma impressão errada a seu respeito, pois parece que é uma pessoa que não liga para o ser humano, referindo-se a ele com pouco respeito. Na essência, no entanto, é pura bondade e desinteresse.
20. Regionalismo gaúcho, que equivale a sujeito, cara, homem, etc.

"Naquele dia Eugênio voltou do cemitério com sua experiência enriquecida. No fim de contas ele não era ninguém e sua vida lhe parecia insignificante em sua falta de episódio e de aventura." (p.244)

Examinando as fichas de seus pacientes, relembrando seus dramas, Eugênio sente que só agora começava a ser um médico de verdade.

Uma noite foi chamado com urgência para tratar de uma criança num bairro pobre. Chegaram a uma casa de tábua, perdida no fundo de um terreno alagadiço. Estava frio e chovia. "*Sair à rua numa noite assim era desagradável - pensou ele - mas morar permanentemente num lugar úmido e insalubre como aquele, era mil vezes mais horrível."* (p.250) Lutou com a doença até amanhecer. Quando o dia clareou, o céu estava limpo e a criança fora de perigo. Eugênio saiu assobiando com energia. "*Estava contente porque tinha salvo a vida duma criança. Dera mais um passo para a sua própria salvação."* (p.250)

Capítulo 22

Eugênio é procurado em seu consultório por Simão e Dora. Ela está grávida e o rapaz apavorado. Pede a Eugênio para fazer o aborto, mas o médico se recusa, ouvindo muitas ofensas do moço, que sai com a namorada para procurar médico ou parteira que não tenha tanto escrúpulo. Eugênio tenta impedir, mas não tem coragem de empregar violência. Tenta atender algumas pessoas mas fica preocupado e sai para avisar Filipe, a quem já tentara falar por telefone, mas estava em reunião. Eugênio vai ao escritório do engenheiro e é obrigado a esperar para poder falar-lhe. Quando conta tudo é agredido verbalmente pelo amigo que o chama de covarde por não ter impedido e diz que lhe vai atribuir toda a responsabilidade. O médico perde a calma e a sua natural timidez, explodindo também: "*Pois como médico e como homem, ouviu? eu responsabilizo você pelo que aconteceu, pelo que está acontecendo e pelo que... pelo que ainda vai acontecer... (...) Dora tem razão. Você quer mais bem ao "Megatério" do que a ela. Abandonou-a para cuidar do seu arranha-céu. Porque é um vaidoso, um exibicionista, um sujeito desumano. Vá! Veja se agora o seu arranha-céu, o seu dinheiro e o seu renome podem remediar o mal que está feito*". (p.260)

Todos procuram a moça por toda parte a tarde inteira e não encontram. O Dr. Seixas, à noite, aparece com a má notícia de que descobriu a moça morta, após forte hemorragia, provocada pelo aborto que tinha sido feito pela parteira Anunciata.

Capítulo 23

Após um dia de muito trabalho, Eugênio chega em casa cansado e um tanto desiludido, mas a filha dá-lhe novo vigor. Nessa noite, ela declara que já está mocinha e não vai mais dormir com dona Frida. Exige dormir com o pai. Assim, às sete horas ele já está na cama, com Anamaria pendurada em sua orelha.

Termina o inverno. O dia amanhece lindo. O médico é acordado pelos gritos da filha e do Hans, pois o pessegueiro, de que ele cuida com muito carinho, acordou florido. Dr. Seixas vem vê-lo à noite e ouve histórias sobre seus pacientes. Eugênio compara alguns deles a personagens literárias muito conhecidas, como Fausto, Hamlet e Pigmalião. O Fausto era um velho que estava se casando com moça de dezoito anos e fora lhe pedir remédio para remoçar. O Hamlet era um moço cheio de dúvidas e desejos suicidas que não realizava porque tinha dúvida se era a melhor solução. Pigmalião era um paciente a quem salvou de tentativa de suicídio, que tinha apanhado uma moça na rua, dando-lhe tudo, ensinando-a leitura e educação, apaixonando-se por ela e, finalmente, casando-se com ela em grande prova de amor. Mas a ingrata abandonou-o, fugindo com um sargento da Brigada. E quando o jovem médico começa a tirar conclusões e fazer reflexões, ele parte: *"Vou-me embora porque você hoje deu para filosofar. Sou um homem simples. Prefiro não pensar na vida."* (p.274)

Capítulo 24

"*Era a noite de 31 de dezembro. Hans Falk olhava com ansiedade para o relógio de cuco. Faltavam dez minutos para a meia-noite.*" (p275) Enquanto, na casa dos Falk, Eugênio comemora com eles e a filha a passagem do ano, o rádio noticia a inauguração do "Megatério". Eugênio pensa com tristeza que esse edifício foi construído sobre o cadáver da filha do construtor. Pouco depois de meia-noite aparece Dr. Seixas que é convidado por Eugênio a brindar a vida. Mas o velho e ríspido médico com seu jeito pessimista resmunga: "*Não bebo à saúde dessa vaca - respondeu áspero. - Cortei as relações com a vida!*" (p.279) Depois saem os dois, mantendo uma longa conversa sobre a existência e os problemas da vida.

No dia seguinte, Eugênio fica sabendo pelos jornais que Eunice vai casar-se com Acélio Castanho no Uruguai. Pensando em planos futuros de fazer alguma coisa pelos outros, como auxiliar crianças abandonadas, Eugênio sai a passeio com sua filha.

"*Anamaria puxou-lhe a manga do casaco freneticamente.*
- Pai bobo! Pai bobo! Pai booobo!
Eugênio baixou os olhos, ainda meio ausente.
- Hem?
- Vamos embora duma vez. Os marrecos estão com fome.
- Ah...
E, de mãos dadas, pai e filha saíram para o sol." (p.290)

V- SÍNTESE DO ENREDO

Eugênio é avisado por telefone que sua amante está morrendo no hospital. Diz qualquer desculpa à esposa, Eunice, e sai de carro desesperado. No caminho, vai lembrando sua vida de pobreza e humilhação, seus estudos feitos com grande dificuldade, seu casamento por interesse com a filha do rico Vicente Cintra. Desde o início de sua carreira, Eugênio tornou-se amante de sua colega de curso e de profissão, a calma e boa Olívia, dona de um profundo sentimento religioso, embora não freqüente igreja, nem seja beata. Ela morre antes da chegada de Eugênio, deixando-lhe a filha de ambos, Anamaria, algumas cartas e uma porção de recordações que vão mudar sua vida. Eugênio rompe com a mulher rica e com o conforto, dedicando-se à sua filha e ao exercício honesto e digno de sua profissão.

VI - ESTRUTURA DA OBRA

Olhai os lírios do campo é um romance, quanto ao **gênero**, e está divido em duas partes, contendo 24 capítulos. A primeira parte abrange capítulos de 1 a 12 e a segunda de 13 a 24.

A obra apresenta um narrador de onisciência relativa, que apresenta as ações, empregando **foco narrativo** em terceira pessoa, mostrando o interior e o exterior das personagens. Dissemos que sua onisciência é relativa porque algumas informações parecem escapar-lhe como o desaparecimento de Ernesto.

Predomina o **tempo psicológico** de modo absoluto e fácil de ser percebido, pois em uma viagem de carro de sua casa até o hospital, que duraria umas três horas, ele recordou toda sua vida antes daquele momento. O relato tem sua linearidade quebrada não só pelo jogo de lembranças (primeira parte), mas também pelo inserção de cartas deixadas por Olívia (segunda parte).

O **espaço** urbano privilegiado é a cidade de Porto Alegre, com todos os problemas que envolvem a vida urbana capitalista moderna. De um lado o ambiente refinado dos ricos, como a casa de Vicente Cintra e sua filha, os salões, os clubes, e de outro lado, as casas miseráveis como a do judeu Simão e de pacientes que Eugênio vai atender muitas vezes tarde da noite.

Personagens:

- **Eugênio**, protagonista, homem de origem humilde que se debate em profundo sentimento de insegurança e de complexo de culpa. Vive com preocupação centrada em como os outros o vêem e o julgam, transformando-se por influência de Olívia e sua filha. É uma personagem esférica, que se transforma de covarde e egoísta em um homem seguro e generoso.
- **Alzira**, mulher pobre, mãe de Eugênio, pessoa dedicada, protótipo de mãe, que tudo faz pelos filhos e que perdoa todas as suas faltas. Exemplo disso é o seu carinho pelo filho mais velho, Ernesto.
- **Ernesto**, irmão mais velho de Eugênio. Em vez de dedicar-se aos estudos, como o irmão, torna-se um bêbado e arruaceiro, envergonhando Eugênio, que provoca sua saída de casa. Ele desaparece sem deixar qualquer vestígio e não é reencontrado até o fim do relato.
- **Ângelo**, pai de Eugênio, alfaiate pobre, sempre metido em dívidas e em uma grande vergonha por não poder pagá-las. É humilde e jamais recrimina o filho por ter vergonha dele. Assim como a esposa, sacrifica tudo pelos filhos.
- **Olívia**, mulher de origem absolutamente misteriosa. Fez desaparecer todos os documentos e sinais de sua vida anterior ao relacionamento com

Eugênio. Ele tenta investigar, mas nada descobre. Estudou medicina com ele, conquistou-o, mas ele só dá conta desse grande amor, depois de ter casado com mulher rica e descoberto seu erro. Olívia, mesmo depois de morta, ainda dirige a construção interior de Eugênio, seja através das cartas ou da pessoa de sua filha, Anamaria.

- **Eunice**, moça rica e superficial, voluntariosa, que por um capricho resolve caçar e casar-se com um jovem médico pobre e inseguro.
- **Dr. Seixas**, médico pobre, que sempre cuidou da família de Eugênio. "*Era um homem grande, barbudo e de ar agressivo. Vestia-se mal e era o médico mais pobre que eles conheciam. Sua voz era áspera, peluda, lia-se bondade em seus olhos claros.*" (p.90)
- **Filipe**, engenheiro, homem também de origem pobre, mas que não se transforma, como Eugênio. Filipe é um tipo de personagem que podemos classificar como plana, chata, pois não sofre transformações. Filipe, admirador de Hitler e Mussolini, cresce economicamente, mas vai destruindo sua família e a sua felicidade por só ter preocupações com a vida material e a posição social. É a antítese de Olívia.

VII - ESTILO DE ÉPOCA E ESTILO INDIVIDUAL

Érico Veríssimo é um dos autores mais populares do Modernismo no Brasil, estando inserido na segunda fase ou geração, surgida na década de trinta. Por isso mesmo, pode ser denominada "Geração de 30". Outra denominação que se lhe pode dar é a de Neo-Realismo, pela quantidade de traços estéticos semelhantes. Assim como o Realismo e o Naturalismo, os escritores modernistas da segunda fase valorizam a temática contemporânea e uma visão mais objetiva e crítica das relações sociais. Também valorizam a preocupação com a forma e focalizam o homem vulgar com seus defeitos e covardias, ou seja, em vez do herói romântico que vence, mesmo quando morre, temos o anti-herói, como Eugênio, um menino humilhado e um adulto inseguro. A literatura em prosa desse período marcou-se por um profundo regionalismo e pelo engajamento ideológico, colocando o ato de escrever e a obra literária como arte de combate contra a opressão e a exploração do homem pelo homem. Veríssimo, através do narrador, chama a sociedade de mundo de lobos, fazendo trocadilho com o sobrenome de Filipe, ao imaginar a reação de todos quando soubessem da gravidez de Dora.

Assim como na obra de seu contemporâneo Graciliano Ramos, também na obra de Veríssimo o seu protagonista (anti-herói) é sempre um problema, pois não aceita o mundo, as pessoas ou a si mesmo. O estilo de Veríssimo é sempre tradicional, sério, educado, evitando o uso de palavrão, que fica sempre na insinuação, na reticência. Sua sintaxe é rigorosa, empregando a incorreção apenas no registro da fala de personagens infantis ou incultas, mas não no discurso do narrador.

Outro traço peculiar, principalmente nos romances de seu primeiro ciclo, é o profundo mergulho na análise psicológica das personagens, que fez com que o associássemos Machado de Assis, durante o resumo do enredo.

Assim como em *Vidas Secas* e *São Bernardo*, de Graciliano Ramos, percebemos uma herança da tendência naturalista na atribuição de características animais aos seres humanos. Não há, no entanto, submissão à estética de Zola, pois no Naturalismo o indivíduo é subjugado pelo meio, momento e raça, enquanto Eugênio não se deixa vencer, lutando e se transformando para melhor, humanizando-se.

VIII - TEMÁTICA

O tema central é a crítica ao crescimento material, econômico, social, sem a correspondente evolução espiritual, moral, humanista. Subjaz também um profundo desejo de que a medicina seja socializada e seja banida toda e qualquer forma de violência e de injustiça social. O programa de Olívia deixa claros alguns outros anseios, mas todos associados aos já mencionados. Vamos mencionar a maior parte deles, porque ainda são necessários e válidos:

- congregar os homens de boa vontade partidários do pacifismo, dando-lhes a cada um sua tarefa;
- usar como armas o amor e a persuasão;
- saber opor à violência uma coragem serena;
- mobilizar todas as forças morais contra a guerra e usá-las na guerra aos outros males sociais;
- fazer que homens de espírito são, desinteressados e lúcidos subam aos postos de governo e fiquem senhores da situação;
- educar as crianças, procurando dar-lhes desde o jardim da infância uma consciência social;
- procurar influir em todos os meios de comunicação moderna: literatura, cinema, teatro, imprensa, rádio, TV, fazendo o boicote de tudo quanto é mau e vicioso.

BIBLIOGRAFIA CONSULTADA

- **Bosi**, Alfredo - *História concisa da Literatura Brasileira*, SP, MCMLXXVII, Ed.Cultrix.
- **Fresnot**, Daniel - *O pensamento político de Érico Veríssimo*, RJ, 1977, Ed. do Graal Ltda.
- **Veríssimo**, Érico - *Olhais os lírios do campo*, Porto Alegre, 1980, Editora Globo.

EXERCÍCIOS:

27) Compare a fala de Eunice *"Tu sabes que eu faço questão de não me meter na tua vida. Faze como entenderes. Em todo caso, obrigada pelo aviso."* com a de um colega de escola do Eugênio: *"O Genoca tá com as carça furada no fiofó"*. Que conclusão se pode extrair da comparação.

28) A história de Eugênio divide-se em duas partes distintas. Que fato ou episódio serve de marco divisório?

a) o nascimento de Anamaria
b) o casamento com Eunice
c) o rompimento com sabel
d) a morte de Olívia
e) a morte de Dora

29) As lembranças e reflexões de Eugênio, principalmente na primeira parte, asim como as cartas de Olívia, na segunda parte, exercem uma função importante na estruturação da narrativa. Explique esse função.

LAÇOS DE FAMÍLIA

de

Clarice Lispector

I - BIOGRAFIA

Clarice nasceu em Tchetchelnik, Ucrânia, na antiga URSS, em 1926. Veio ainda recém-nascida para o Brasil, passando sua primeira infância em Recife, mudando-se com a família, aos oito anos, para o Rio de Janeiro, onde fez o curso ginasial. Entre as suas leituras de adolescência, costumam estar relacionados os escritores Graciliano Ramos e Herman Hesse. Em 1943, já era aluna da Faculdade de Direito e escrevera o seu primeiro romance, *Perto do Coração Selvagem*, que foi apresentado à editora José Olympio, que o recusou. No ano seguinte, com o apoio do marido, conseguiu publicá-lo pela editora A Noite, recebendo o Prêmio Graça Aranha. Nesse mesmo ano, partiu Clarice com o marido, que era diplomata, para Nápoles, trabalhando num hospital da Força Expedicionária Brasileira. Voltou ao Brasil e escreveu *O Lustre*, publicado em 1946. Depois de longas estadas na Itália, Suíça e nos Estados Unidos, fixou residência no Rio, onde faleceu em 1977.

II - BIBLIOGRAFIA

Romance: *Perto do coração selvagem* (1944), *O lustre* (1946), *A maçã no escuro* (1961), *A cidade sitiada* (1949), *A paixão segundo G. H.*(1964), *Uma aprendizagem ou O livro dos prazeres* (1969), *Água viva* (1973), *A hora da estrela* (1977), *Um sopro de vida* (1978).

Conto:*Alguns contos* (1952), *Laços de família* (1960), *A legião estrangeira* (contos e crônicas) (1964), *Felicidade clandestina* (1971), *Imitação da rosa* (1973), *A Via-crucis do corpo* (1974), *A bela e a fera* (1979).

III - INTRODUÇÃO

Nos contos de *Laços de família*, o leitor jamais encontrará aventuras mirabolantes ou peripécias spilbergianas que o anestesiem do cotidiano vulgar. Pelo contrário, Clarice, com suas narrativas, vai levar o leitor de volta ao seu viver diário e monótono, mas, de modo mágico, poderá levá-lo a descobrir ali o extraordinário que ele não soube ou não conseguiu enxergar. Muito mais do que ações externas, dinâmicas, importa em suas estórias (para usar o termo cunhado por seu contemporâneo Guimarães Rosa) o movimento interno, lento, ou, menos que movimento, um estalo, uma súbita tomada de consciência do amor, como acontece com Ana, ou do próprio corpo, como acontece à graciosa e interessante adolescente do conto "Preciosidade". Esse estalo ou tomada de consciência presente em suas obras tem recebido a denominação de **epifania**[1].

Essa tomada de consciência, muitas vezes estranha, atinge regiões íntimas do ser e para que o leitor a entenda (ou sinta) requer muito mais uma empatia direta do que análise lógica. O que se descortina nas entrelinhas de Clarice é um mundo mágico de encanto e sensibilidade feminina que costuma fechar-se hermeticamente para os machistas e os matemáticos. Por isso, pretendemos neste trabalho não só buscar a análise por necessidade pedagógica, mas também oscilar entre ela e o abandono da intuição e da vivência pessoal para que os jovens estudantes possam descobrir que os textos de Clarice podem fugir à compreensão dos estudiosos e deixar-se captar pela sensibilidade leiga.

IV - RESUMO DO ENREDO

Excetuando o conto "O jantar", que apresenta ponto de vista ou foco narrativo de primeira pessoa, todos os demais são registrados em terceira pessoa.

1. DEVANEIO E EMBRIAGUEZ DUMA RAPARIGA

Um narrador em terceira pessoa, onisciente, revela ao leitor uma mulher a pentear-se preguiçosamente, examinando-se atentamente no espelho da penteadeira. Está bastante sensível. Empregando o discurso direto e indireto livre, permite que se perceba o sotaque lusitano da personagem. Ficamos sabendo que a mulher está só em casa, sem filhos e marido: "*Cá fora, duma janela mais alta, caiu à rua uma cousa pesada e fofa. Se os miúdos e o marido estivessem à casa*[2], *já lhe viria à idéia que seria descuido deles.*" (p.17)

Passou todo o tempo nesse estado de langor, distraindo-se em seus pensamentos ou dormindo, só acordando quando o marido volta do trabalho e entra quarto adentro. Ela trata com rispidez o marido, quando este vem beijá-la. Ele inicialmente se zanga, mas depois lhe diz que ela pode estar doente. Gostando dessa idéia, deixa-se ficar o dia inteiro na cama, só levantando para ir ao banheiro.

O registro do tempo não é feito de maneira clara, definida, talvez pelo fato da personagem estar absolutamente relaxada. O narrador diz que "*nessa noite*" a mulher fantasticou até dormir ao lado do marido e que "*acordou com o dia atrasado*", mas adverte que "*no sábado à noite foram*" jantar com um negociante, conhecido e protetor de seu marido. Provavelmente, o sábado a que se refere é anterior ao dia de preguiça e ele, o sábado, volta com suas imagens, transportado ao presente pelos devaneios da mulher. Lembra-se ela da sua embriaguez, do negociante pisando em seu pé disfarçadamente, da inveja que sentiu por causa de uma mulher de chapéu, do prazer nauseante pelo contato de uma mosca com sua pele nua.

---

1. Revelação de algo essencial, repentina e instantaneamente, que se torna visível, transfigurando-nos.
2. Observem que também a sintaxe é tipicamente lusitana. Dificilmente algum brasileiro diria "à casa" em vez do comum "em casa".

Quando consegue trazer seu pensamento para a realidade presente, a mulher compromete-se a fazer uma boa limpeza na casa, não no dia seguinte ("*amanhã não*"), porque as pernas ainda deverão estar moles, mas no outro dia: ("*depois de amanhã*"). No presente, porém, ela só consegue experimentar seu prazer de preguiça e olhar a lua deslizando pelo céu de verão "*Que bem se via. A lua alta e amarela a deslizar pelo céu, a coitadita. A deslizar, a deslizar... Alta, alta. A lua. Então a grosseria explodiu-lhe em súbito amor; cadela, disse a rir.*" (p.28)

Comentário: Certo dia, aproveitando-se da ausência dos filhos, uma mulher tira o dia para não fazer nada. Na verdade, concentra-se na percepção de si mesma. Deixa de lado o superego e deixa o id manifestar-se, dando-se o prazer de um gostoso relaxamento físico e moral.

2. AMOR

"*Um pouco cansada, com as compras deformando o novo saco de tricô, Ana subiu no bonde. Depositou o volume no colo e o bonde começou a andar. Recostou-se então no banco procurando conforto, num suspiro de meia satisfação.*" (p.29) Ana repassa mentalmente sua vida e sente-se satisfeita com os filhos, com a cozinha, com o apartamento. Via tudo como se fossem árvores que crescessem cuidadas por sua mão pequena e forte.

Sua juventude anterior parecia-lhe agora estranha. Dela havia saído para descobrir que também sem a felicidade se vivia. Criara em contrapartida uma vida de adulto. Precisava tomar cuidado era com certa hora da tarde, perigosa porque a casa ficava vazia sem necessidade de seu trabalho. Por isso, saía para fazer compras.

O bonde continuava seu caminho. Uma imagem feriu os olhos de Ana. Era um cego[3] que mascava chicles. O bonde, numa arrancada súbita, fez com que Ana deixasse cair seu embrulho. Os ovos se quebraram e gemas amarelas e viscosas pingaram entre os fios da rede do saco de tricô. Ana deu um grito. O condutor fez parar o bonde. Todos os passageiros a olharam. O bonde voltou a se balançar nos trilhos. Ninguém mais a olhava, mas o mal estava feito. *"O que chamava de crise viera afinal.*" (p.33)

Distraída em seus pensamentos, Ana passou do seu ponto. Desceu bem depois e entrou no Jardim Botânico. Observando a natureza, pareceu-lhe ter caído numa emboscada que lhe fora preparada secretamente. Tudo se apresentava sensual. *"Era um mundo de se comer com os dentes*", tão fascinante que lhe provocava náusea. Ana nem conseguiu ver o tempo passar. Entardeceu. Os portões se fecharam. O cego como que a guiara até esse mundo de insinuações, mas lembrando-se dos filhos, sentiu-se culpada, levantou-se e balançou os portões que já se tinham fechado, espantando o vigia que apareceu para abri-los, sem entender como não a vira.

Ana voltou para casa e preparou o jantar. Veio o marido, vieram os irmãos e suas famílias. Depois do jantar, quando todos já se tinham recolhido, ela ficou à janela olhando a cidade. Um barulho na cozinha assustou-a. Foi correndo e era o

3. O cego é arquetipicamente símbolo do inspirado, do participante do divino, que ignora as aparências ilusórias do mundo, conhecendo a realidade secreta e profunda, interdita aos simples mortais. Tirésias era cego, como Homero. São incontáveis os exemplos de bardos e cantores cegos na tradição popular.

marido que deixara derramar o café. Ele, num gesto que não era seu, levou-a pelas mãos para o quarto, como se estivesse afastando-a do perigo de viver. *"Antes de se deitar, como se apagasse uma vela, soprou a pequena flama do dia."* (p.41)

Comentário: A quebra da banalidade rotineira aconteceu. A mulher percebeu que poderia dar a si mesma momentos de prazer, assim como o cego. A limitação proporcionada pela sua cegueira não impedia que ele mascasse chicles. Portanto, sua limitação (pela sua condição de mulher e de dona-de-casa) provocada pelas suas atividades obrigatórias e repetitivas também não precisavam impedir que ela buscasse satisfazer seus impulsos interiores. É o sua epifania. Por isso rompe com seu hábito. Desce em outro ponto. Vai ao jardim e vê amor, desejo em tudo. No entanto, o medo do novo e do desconhecido leva Ana a refugiar-se voluntariamente na segurança do já conhecido, ou seja, na redutora rotina doméstica.

3. UMA GALINHA

"Era uma galinha de domingo. Ainda viva porque não passava de nove horas da manhã." (p.43) Comprada no sábado, ficara quieta até aquele momento, mas, inesperadamente foge pelos telhados vizinhos. A família, chamada com urgência, viu o almoço[4] junto de uma chaminé. O dono da casa parte em sua perseguição. "*Que é que havia nas suas vísceras que fazia dela um ser? A galinha é um ser. É verdade que não se poderia contar com ela para nada. Nem ela própria contava consigo, como o galo crê na sua crista. Sua única vantagem é que havia tantas galinhas que morrendo uma surgiria no mesmo instante outra tão igual como se fora a mesma.*" (p.44)

Ao ser apanhada, na afobação, a galinha põe um ovo. A menina grita, pedindo à mãe para não mais matar a galinha, dizendo que ela, ao pôr um ovo, demonstrava querer o bem deles. Todos rodeiam a galinha de carinho, mas esquentando o ovo, nem suave nem arisca, nem alegre nem triste, sem consciência de seu novo estado, ela era apenas uma galinha. Corroborando com o pedido da menina, o pai afirma que, se a mulher matar a futura mãe, ele nunca mais comerá galinha em toda sua vida.

Dessa forma, a galinha tornara-se a rainha da casa. Seu reinado e importância vão gradualmente decaindo até que um dia é morta e o tempo continua passando.

Comentário: Nesse conto, podemos perceber que a repetição tende a vulgarizar o extraordinário, anulando-o finalmente. A galinha, após seu momento epifânico de afirmação extraordinária, foi sendo aceita como tal até que volta à sua condição de alimento tradicional.

4. A IMITAÇÃO DA ROSA

"*Antes que Armando voltasse do trabalho a casa deveria estar arrumada e ela própria já no vestido marrom para que pudesse atender o marido enquanto ele se vestia, e então sairiam com calma, de braço dado como antigamente. Há quanto tempo não faziam isso?*"[5] (p.47) Assim, o narrador aproxima-nos das preocupações interiores da protagonista, Laura, que aguarda o marido para ir jantar à casa dos amigos, Carlota e João. Laura imagina-se já na casa dos

---

4. Temos aqui metonímia, linguagem figurada que consiste no emprego de um termo (almoço) no lugar de outro (galinha) por uma relação de contigüidade.
5. Observem bem que o narrador não narra ou descreve, mas revela o pensamento da personagem, os seus desejos íntimos.

amigos, conversando com Carlota. Pensa que as pessoas felizmente ajudavam a fazê-la sentir que agora estava "bem[6]".

Laura deixa de arrumar a penteadeira para mirar-se no espelho. Tem os cabelos presos atrás das orelhas grandes e pálidas. Olhos e cabelos marrons e a pele morena e suave dão a seu rosto maduro um ar modesto de mulher. Sente falta dos filhos que nunca teve. Com seu gosto pelo método já tinha planejado tudo, organizado tudo:

1º) calmamente vestir-se;
2º) esperar Armando já pronta;
3º) o que era?

Pensa que é isso mesmo que vai fazer. Lembra-se do tempo de colégio e dos modos diferentes dela e de Carlota. Recorda sua leitura atenta, embora sem entender, de "*Imitação de Cristo*[7]." Não entendeu, mas sentira que quem imitasse Cristo estaria perigosamente perdido. Lembra-se de que se esquecera de tomar o copo de leite. O médico lhe dissera para tomar leite entre as refeições, evitando ficar com o estômago vazio, pois assim evitava ansiedade[8]. Apesar de não estar ansiosa, ela bebe o leite, obedecendo de olhos fechados. O embaraçante é que o médico tinha sido contraditório, pois, ao mesmo tempo, recomendara-lhe para abandonar-se, tentando tudo suavemente, sem esforço. Na humilde opinião de Laura, uma ordem anulava a outra. Era como comer farinha e assoviar ao mesmo tempo. Por isso, para obedecer, bebia o leite com "naturalidade", fingindo falta de interesse, como se não estivesse se esforçando.

Após tomar o leite, sentou-se no sofá como se fosse uma visita na sua própria casa. Com o copo na mão, Laura pensa no marido e no passado quando se sentia super-humana e tranqüila no seu isolamento brilhante, e o marido, tímido, vinha visitá-la levando frutas que a enfermeira comia. Laura sente-se agora normal como todo mundo: *"Não mais aquela perfeição, não mais aquela coisa que um dia se alastrara clara, como um câncer, a sua alma."* (p.52) Sente uma ponta de sono, mas reflete que não pode dormir. Tem muito a fazer. Ah, como admirava as pessoas que diziam "não tenho tempo". Agora ela era uma dessas. Quer tudo pronto antes de sair. Planeja organizadamente:

1º) esperar que a empregada estivesse pronta;
2º) dar-lhe o dinheiro para ela já trazer a carne de manhã;
3º) começar minuciosamente a se lavar e a se vestir, entregando-se sem reserva ao prazer de fazer o tempo render. De volta à paz noturna da Tijuca iria de braço dado com Armando para o ponto de ônibus.

Por um momento, deixa Laura seus devaneios e cai na realidade ao dar com os olhos num jarro de flores[9]. Eram pequenas rosas silvestres que tinha

---

6. O emprego das aspas aqui funciona como indicação de que a palavra apresenta um sentido especial, que se revelará mais tarde.
7. Obra mística medieval, composta de textos para meditação.
8. As aspas da palavra "bem" recebem aqui um reforço com "médico" e "ansiedade". Agora já podemos interpretar esses índices como sinais de doença mental.
9. É curioso observar que a flor simboliza o amor e a harmonia, características da natureza primordial. Simboliza ainda a infância e o estado edênico. Provavelmente por isso, nesse conto, a loucura é associada a termos que indicam claridade, luminosidade.

comprado na feira, um pouco pela insistência do vendedor, um pouco por sua ousadia. *"Nunca vi rosas tão bonitas, pensou com curiosidade*[10]*."* (p.57) Durante algum tempo fica com o pensamento girando em torno da beleza das rosas e da sensação de constrangimento que se apossa dela. Depois, ao ouvir os passos da empregada que já está pronta para sair, tem uma idéia original: pediria a Maria para passar por Carlota e deixar-lhe as rosas de presente. Seria interessante. Carlota se surpreenderia com a delicadeza de seus sentimentos e veria que ela também tinha suas "*ideiazinhas*". E além disso, a beleza das rosas incomodava. Assim, ficaria livre delas. Fala à empregada de sua intenção, mas, ao embrulhar as rosas, arrepende-se e diz a si própria que não as dê, pois são lindas e são suas. O médico lhe dissera para não preocupar-se em fingir que estava bem, porque ela estava bem. Fica presa por muito tempo a diversos argumentos e impulsos opostos que a induziam a dar e recusar as rosas. Foi por isso que, quando a empregada pegou as rosas, Laura por um mínimo instante de avareza encolheu a mão retendo as rosas um segundo mais consigo.

Depois que Maria parte, pensa ainda em voltar atrás na sua intenção de dar as rosas. Elas faziam-lhe falta. As flores haviam deixado um espaço claro dentro dela. Perde-se Laura nos seus pensamentos enquanto passa o tempo. Vem a noite com os primeiros ruídos da escuridão e as primeiras luzes. Chega Armando e Laura lhe diz:

- Voltou, Armando. Voltou[11].

Explica que não pôde impedir e que as rosas foram a causa disso.

"*Ela estava sentada com o seu vestidinho de casa. Ele sabia que ela fizera o possível para não se tornar luminosa e inalcançável. Com timidez e respeito, ele a olhava. Envelhecido, cansado, curioso. Mas não tinha uma palavra sequer a dizer. Da porta aberta via sua mulher que estava sentada no sofá sem apoiar as costas, de novo alerta e tranqüila como num trem. Que já partira.*" (p.69)

> **Comentário:** A loucura está associada a claridade, a luminosidade. Laura sente-se inatingível, inalcançável, em seu estado de alienação. Se pensarmos que as rosas são o ponto de partida para a retomada de tal estado, não seria muito difícil fazermos também a associação entre a loucura e o estado de perefeição. Outra associação interessante é a do trem que, reforçado pela idéia de ter partido, lembra a razão, a consciência. Parece-nos que Laura só pode ter segurança na loucura. Fora dela, debate-se na indecisão e insegurança perante as outras pessoas e no seu desejo sempre inatingido de ser respeitada e considerada

5. FELIZ ANIVERSÁRIO

"*A família foi pouco a pouco chegando. Os que vieram de Olaria estavam muito bem vestidos porque a visita significava ao mesmo tempo um passeio a Copacabana.*" (p.71) A nora de Olaria colocou seu melhor vestido para mostrar que não precisava deles. o marido não veio porque não queria ver os irmãos, mas mandara a mulher e os três filhos para evitar que todos os laços fossem cortados.

---

10. A rosa é símbolo de perfeição acabada, de uma realização sem defeito. Pode-se empregá-la para meditação como uma mandala, considerando-a como um centro místico.

11. O que voltou é a loucura. Vejam a sutileza do texto de Clarice que em nenhum momento utiliza este termo, mas vai construindo sua semântica com cada frase, com cada palavra, até que seu conceito se instale no leitor.

Zilda, a filha com quem a aniversariante morava, colocou várias cadeiras ao longo das paredes como numa festa em que se vai dançar. A nora de Olaria sentou-se numa delas de cara fechada.

Chegou depois a nora de Ipanema com dois netos e uma babá. Enquanto Zilda preparava salgadinhos, as duas noras sentaram-se em filas opostas de cadeiras e à cabeceira da mesa grande a aniversariante que completava oitenta e nove anos. Aí tinha sido colocada por Zilda, logo depois do almoço, desde as duas horas. Durante duas horas ficou a ver os balões e os guardanapos coloridos ou o vôo de uma mosca em torno do bolo. Às quatro chegaram as noras. Quando a nora de Ipanema pensou que não agüentaria mais a situação, entrou José e a família. E logo a sala ficou cheia de gente como se todos estivessem esperando embaixo para subir os três lances de escada no mesmo momento e inaugurar a festa. A aniversariante não movia um músculo. Era grande, magra, imponente e morena. Parecia oca.

"*- Oitenta e nove anos, sim senhor! disse José, filho mais velho agora que Jonga tinha morrido.*" (p.73)

"*- Oitenta e nove anos! ecoou Manoel que era sócio de José. É um brotinho!, disse espirituoso e nervoso, e todos riram, menos sua esposa.*

A velha não se manifestava." (p.74)

Alguns não trouxeram presentes. E os presentes que alguns trouxeram de nada serviriam à velha. Como a velha não correspondia aos comentários feitos pelos filhos, eles continuaram sozinhos a festa, comendo os sanduíches como se estivessem com fome. Zilda suava, ninguém se ofereceu para ajudá-la. José e Manoel conversam. Em certo momento, José diz que não é dia de falar de negócios, porque hoje é o dia da mãe. Ninguém se lembra de que somente Zilda arcou com todas as despesas e canseiras. Finalmente, apagam a inútil luz do corredor e cantam desencontrado parabéns a você, uns em português, outros em inglês. Terminada a cantoria, Zilda acende a lâmpada. Gritam vivas e mandam a aniversariante cortar o bolo. Subitamente a velha brandiu a faca, jogando o corpo para frente, e deu no bolo uma talhada assassina.

"*Eles se mexiam agitados, rindo, a sua família. (...) Ela era a mãe de todos. E como a presilha a sufocasse, ela era a mãe de todos e, impotente à cadeira, desprezava-os. E olhava-os piscando. Todos aqueles seus filhos e netos e bisnetos que não passavam de carne de seu joelho, pensou de repente como se cuspisse.*" (p.78) Odiava aquela prole que não tinha sua força. Não imaginava como pudera gerar aqueles seres horríveis que não tinham capacidade sequer para uma boa alegria. Eram uns comunistas, uns ratos. Virou a cabeça e com força cuspiu no chão. De repente, para espanto de todos a velha ordenou com raiva que lhe dessem um copo de vinho! E quando uma neta roliça e baixinha perguntou se isso não faria mal à vovozinha, ela agrediu:

- Que vovozinha que nada! explodiu amarga a aniversariante. Que o diabo vos carregue, corja de maricas, cornos e vagabundas! Me dá um copo de vinho, Dorothy!, ordenou." (p.80) Dorothy dá-lhe apenas um pouco de vinho no fundo do copo. Todos se preparam para a tempestade, mas a velha não reclama e nem mesmo toca no vinho. A festa está no fim. Uma nora sacode as migalhas da roupa e diz que já está na hora de ir. A velha interiormente se pergunta se a filha pensa que o bolo substitui o jantar. O neto Rodrigo, único que merece

admiração da aniversariante, puxa a mãe pela mão. José resolve fazer um discurso de despedida, mas embaralha-se nas palavras. Acha-se inteligente e malicioso quando encerra seu pretenso discurso com a frase: "Até o ano que vem!"

A frase volta a ser repetida já na rua, quando se afastam de modo embaraçoso, repetindo frases feitas. Enquanto isso, lá em cima, a velha indaga-se se hoje não haverá jantar.

Comentário: Essa estória é perfeita para dissecar as relações familiares hipócritas, revelando um retrato quase que arquetípico de situações provocadas pela tradição cultural do encontro forçado de parentes, não pela necessidade de se ver, mas para satisfazer a imposições de uma tradição da nossa cultura.

6. A MENOR MULHER DO MUNDO

O explorador francês Marcel Pretre penetra no coração da África Equatorial e descobre no Congo Central, entre os pigmeus, a menor mulher do mundo. Ela tem apenas quarenta e cinco centímetros e está grávida. Marcel chama-a Pequena Flor.

A notícia sai no jornal com foto de Pequena Flor em tamanho natural. As pessoas não podem ficar indiferentes a tão impressionante informação. Uma mulher nem consegue ficar olhando a imagem porque lhe dá aflição. Uma garotinha acha que ela é tristinha. Um menino pensa em como seria engraçado colocar Pequena Flor no leito do irmão enquanto ele dormisse para que se assustasse ao acordar. Depois, continua ele, poderiam brincar com ela. A sua mãe, ouvindo-o, lembra-se da história de uma cozinheira que lhe dissera que as meninas de um orfanato esconderam a morte de uma menina para poderem brincar com ela, dando-lhe banhos e comidinhas, pois não tinham boneca. Do relato parte para a reflexão sobre a nossa forte necessidade de amar, de ser feliz e de brincar, que pode nos levar até ao crime.

Enquanto isso, na África, o explorador examina Pequena Flor. Esta se ri de felicidade, principalmente porque não foi comida. O seu povo vive atormentado pelo medo de ser comida do povo banto. Outro sentimento que a aquece por dentro é o que poderíamos chamar de amor. Amor pelo homem branco, de botas e anel. Ela não separa, do seu sentimento amoroso, o de admiração e interesse. Comenta o narrador que talvez o explorador se sentisse decepcionado com isso, mas que isso é fruto de um refinamento cruel nosso que insistimos em separar o amor e desejar que "*seja de mim, de mim!, que se goste e não de meu dinheiro*". (p.95) Procurando disfarçar seu embaraço emocional e recuperar a disciplina de trabalho, o explorador entrevista Pequena Flor e toma notas. A menor mulher do mundo revela ao explorador que é bom ter uma árvore para morar, que seja sua mesmo.

Comentário: Um fato inusitado, como a foto da pequena mulher em tamanha natural, coloca em cheque a banalidade da vida urbana, provocando reações diversas e comentários distintos. Alguns são verdadeiras denúncias do vazio vital dessas pessoas.

7. O JANTAR

Um homem, ao jantar num restaurante, observa outro que, segundo suas suposições, esteve ocupado em grandes negócios. O observado é alto, corpulento, cabelos brancos, sobrancelhas espessas e mãos forte. Deve ter uns sessenta anos. O observado, de olhos fechados, mastiga o pão com vigor e mecanismo. Ao abrir os olhos bruscamente faz cair o garfo. O observado examina a carne, virando-a de um lado para outro, quase cheirando-a. Em dado momento, interpela o garçom com voz autoritária: "*Não é este o vinho que mandei trazer.*" Comenta o observador que era esta mesma a voz que ele esperava do observado. O criado afasta-se cortês e voltará mais tarde com outra garrafa. Enquanto isso, o narrador volta a observar cada minucioso gesto do ancião e comenta que ele mesmo (observador) já comia devagar, nauseado, sem saber por quê e participando de algo que também não sabia definir. O narrador refere-se ao outro com expressões reveladoras de força: "Plutão, "o grande cavalo" e "velho comedor de crianças".

Finalmente, vem a sobremesa que é comida devagar. O velho paga, recebe o troco, ajeita a gravata e se vai. O narrador encerra sua observação e seu relato: "*Não sou ainda esta potência, esta construção, esta ruína. Empurro o prato, rejeito a carne e seu sangue.*" (p.102)

Comentários: Como já dissemos, este é o único relato feito em primeira pessoa, por uma personagem que podemos denominar narrador-testemunha, um *voiyeur*, já que se individualiza pelo prazer em observar o violento e animalesco apetite do velho. Não temos seu nome ou qualquer outro dado seu. Ele é o que vê e relata. É uma câmera atenta que nada perde dos gestos e modos do velho que janta á sua frente. Ao contrário do que coloca Affonso Romano em seu trabalho sobre os contos de Clarice ("*...o velho é analisado pela jovem enquanto janta...*) , o narrador personagem deste conto é um homem, o que tanto pode ser confirmado por adjetivos masculinos (nauseado, furioso, quebrado, perdido), quanto explicitamente pela expressão "*Mas eu sou um homem ainda.*" do penúltimo parágrafo.

8. PRECIOSIDADE

Era uma moça magra de quinze anos. Não era bonita, mas sentia dentro de si algo precioso como uma jóia: Ela. Toda manhã acordava bem cedo para ir à escola, pois tinha que tomar um ônibus e um bonde, durando a viagem uma hora. Entrava séria na condução pois tinha sempre medo que os homens dissessem alguma coisa ou que a olhassem demais. Também temia os rapazes e até os meninos. Os ruídos dos saltos de seus sapatos a incomodavam. Finalmente chegava à segurança da sala de aula, onde era inteligente, onde era tratada como um rapaz.

A volta para casa era orientada pela fome. Comia muito, a ponto de levar a empregada a comentar: "*Magrinha, mas como devora, dizia a empregada esperta.*" (p.107)

Naquele dia saíra alguns minutos mais cedo do que de costume. Sentiu que na madrugada escura dois homens se aproximavam. Ouvia com nitidez assustada os seus passos e os deles. Pensou em voltar para evitar que eles a olhassem muito, pois fariam isso com certeza, já que não havia mais ninguém para olhar. Continuou heróica. Pensou em fugir, mas raciocinou que não adiantaria porque correriam atrás. Quando passaram por ela, assustados e temerosos, tocaram-na por rápido instante com quatro mãos inexperientes. A pressa com que fugiram fez com que ela percebesse que eles tinham mais medo do que ela. Ficou parada muito tempo. Chegou à escola atrasada e despertou a atenção de uma colega por estar muito branca. Foi ao banheiro e examinou-se no espelho. Sentia que possuía tão pouco, mas eles a haviam tocado. Era feia e preciosa. Em casa, na hora do jantar, exigiu sapatos novos e os conseguiu.

Comentários: Esse conto apresenta um rito de passagem. Nós, leitores, acompanhamos o processo interior de uma garota ao assumir sua feminilidade e tomar consciência de que deve enfrentar essa mudança sozinha, pois no banheiro da escola pensa "*estou sozinha no mundo*". Se levarmos em conta o aspecto psicanalítico, esse conto apresenta uma intertextualidade com um conto de Mário de Andrade, intitulado "Atrás da Catedral de Ruão" em que uma solteirona teme/deseja que os homens mexam com ela. Só que aqui, no conto de Clarice, o desejo inconsciente da adolescente se realiza marcando o momento de mutação.

9. OS LAÇOS DE FAMÍLIA

De modo delicado, um narrador onisciente analisa o relacionamento entre quatro pessoas de uma família que nos parece assim esquematizado: Catarina e sua mãe, Severina; esta e o genro, Catarina e o filho, finalmente o marido e a mulher.

Inicia-se o relato no momento em que Catarina leva a mãe, Severina, de táxi para a estação ferroviária. Numa retrospectiva, ficamos sabendo que sogra e genro têm dificuldade no relacionamento, tratando-se com cuidado para evitar problemas graves. Catarina censura a magreza e o nervosismo do menino como se fossem culpa do pai. No táxi, uma freada brusca faz com que as malas despenquem e as duas mulheres se aproximem. Parece que algo mais cai, mas dentro delas, talvez uma barreira, talvez uma couraça. A aproximação física também parece indicar uma aproximação afetiva, que acontece quando se despedem na estação. Quando o trem parte, Catarina sente que deveriam ter dito algo, mas já é tarde demais. Sente que Severina deveria ter dito "*sou tua mãe*" e ela respondido "*sou tua filha*".

Volta para casa com olhos úmidos de emoção e como que resolve transmitir ao filho a sua tomada de consciência, a sua epifania. Toma-o pelas mãos e leva-o a passear pela praia, pela tarde. O marido, porque era sábado, e o sábado era seu dia, ficou na sala lendo seu livro. Mas, ao se ver só, sentiu um espanto que o fez interromper a leitura e olhar através da janela. Observou os passos firmes da mulher e o olhar firme do filho para a frente. Sentiu que algo tinha acontecido. Examina interiormente como tem sido seu relacionamento com a mulher e começa a sentir algumas inquietações pouco precisas. Toma uma decisão: "*Depois do jantar iremos ao cinema*".

Comentário: No final, comenta o narrador que após o cinema seria noite e as ondas se quebrariam nos rochedos do Arpoador, sugerindo que o marido teria a idéia romântica de levar a mulher lá, como faziam os namorados antigamente no Rio de Janeiro. Ao contrário de outros contos, neste, o momento epifânico é contagioso e contagiante, funcionando como um dominó: de Severina atinge Catarina e posteriormente ao

10. COMEÇOS DE UMA FORTUNA

Era uma fresca manhã da Tijuca e Artur acordara com um desejo de ter dinheiro, de entesourar, de possuir com tranqüilidade. A mãe o repreende por falar em dinheiro logo de manhã e ele contesta que não é um jogador, isto é, não pede dinheiro para algo censurável. Percebe-se, no diálogo entre mãe e filho, que ele estabelece um jogo de controle da figura materna. Insiste com ela que não pede dinheiro para beber ou jogar. O pai chega nesse momento e diz-lhe que é muita pretensão dele só por admitir a hipótese do jogo e da bebida. Isso o deixa desnorteado e recoloca a mãe num certo distanciamento, fugitiva, livre de seu controle.

Na escola, o colega Carlinhos insiste para Artur levar Glorinha ao cinema. Diz-lhe que emprestará o dinheiro se estiver sem. Artur não gosta da idéia, já que prefere guardar do que gastar o dinheiro. Reflete que é só alguém ter dinheiro que os outros querem mostrar como aplicá-lo, isto é, como perdê-lo ou gastá-lo. Por isso, comenta com Carlinhos:

"- *Pelo visto, disse desviando do amigo a raiva, pelo visto basta você ter uns cruzeirinhos que mulher logo fareja e cai em cima.*" (p.134)

No entanto, no cinema, observando a menina e sua atenção ao filme, sente-se de alguma forma recompensado. De volta a sua casa, durante o jantar continua repensando o mesmo tema: guardar o dinheiro e não gastar. É advertido pela mãe por estar perdido em seus devaneios. Retruca e é admoestado pelo pai, mas a severidade deste cai por terra quando Artur pergunta o que são promissórias. O pai torna-se afável e a mãe sente uma pontinha de ciúme, tentando atrair, sem resultado, os dois homens para si.

Comentário: Por trás da problemática de um jovem que se agita entre seu desejo de guardar dinheiro e a pressão dos outros para que gaste aquilo que ele deseja guardar com carinho, temos um delicado jogo de gestos e tom de voz com que três pessoas tecem malhas para se enredarem na relação familiar. No final, os dois homens aproximam-se numa conversa técnica sobre o significado da palavra promissória, que os une por ser um assunto, digamos, mais masculino e por ser ligado ao interesse do garoto. A mãe sente-se excluída nesse momento. É como se só fosse possível e harmoniosa a relação de dois, nunca de três. É como se a harmonia familiar apenas possibilitasse o círculo e não o triângulo.

11. MISTÉRIO EM SÃO CRISTÓVÃO

Era uma noite de maio. Numa casa, após o jantar, ficam ainda à mesa os membros de uma família: a avó, o pai, a mãe, três crianças e uma mocinha magra de dezenove anos. Todos se sentem satisfeitos, realizados. Quase que podem apalpar o seu progresso. Depois cada um busca o conforto da cama.

Horas depois, de uma casa numa esquina saem três homens mascarados. Um, alto, tem uma cabeça de galo[12]. Outro, gordo, fantasiara-se de touro[13]. O mais novo deles colocara uma máscara de demônio[14]. Ao passarem pela casa da família abastada, os três mascarados entraram no jardim para colher

12. O galo é o símbolo maçônico da vigilância e do advento da luz iniciática. Na análise dos sonhos o galo é interpretado como símbolo do tempo. Na simbologia do budismo tibetano, porém, é tomado com aspecto negativo: representa cólera, explosão de desejo desmesurado. Uma interpretação mais popular do galo coloca-o como símbolo da vaidade, coerente aqui com o desejo do carnavalesco de enfeitar as fantasias com jacintos.

13. A imagem do touro evoca a idéia de força e arrebatamento. O touro védico é quem coloca a roda cósmica em movimento a partir do centro imóvel.

14. No antigo pensamento grego, demônios são seres divinos ou semelhantes aos deuses. O demônio simboliza uma iluminação que permite ver mais longe e autoriza a violar as regras da razão em nome da luz do conhecimento e do destino.

jacintos[15] que pensam prender em suas fantasias de carnaval. Mal quebrara a haste de um jacinto, o maior, o galo parou petrificado, pois, pelo vidro escuro da janela, viu uma jovem pálida que o observava. Os mascarados pulam a cerca do jardim e fogem. Enquanto recua, também, a jovem espavorida que grita.

Os três homens chegam assustados, esbaforidos e triunfantes ao baile, despertando a atenção e o interesse de todos. Enquanto isso, a família acorda alerta e procura por toda a casa sinais do evento assustador. A velha, orientada pelo olhar da moça, encontra no jardim o jacinto quebrado no talo, sinal evidente de que algo teria acontecido. A moça nada explica, como se seu grito já tivesse tudo dito. Os adultos passam a noite acordados a esperar. Esse estado de inquietação pode durar ainda muito tempo, pois a aparente segurança que a família sentira, após o jantar, ficou abalada. Só as três crianças dormem profundamente. E como o progresso da família seja frágil, precisarão esperar muito para que aconteça outro estado de equilíbrio confortável como o de hoje. Quem sabe em uma outra noite de Maio?

Comentário: Quando o estado de equilíbrio em que está a nossa vida ou de nossa família baseia-se em elementos efêmeros como: ter casa própria, estarem todos os membros juntos, etc; qualquer fato externo inesperadamente pode fazer tudo desmoronar, ou revelar a fragilidade desse nosso mundo concreto, material e transitório. Há outros valores mais importantes e que não são tangíveis. São insensíveis à palma da mão, mas que, provavelmente, ficarão, parafraseando aqui famoso poema de Carlos Drummond de

12. O CRIME DO PROFESSOR DE MATEMÁTICA

No alto da colina mais alta de uma cidade ergue-se de pé um homem com um saco pesado na mão[16]. O homem pousou o saco no chão, retirou os óculos, respirou fundo e recolocou os óculos. Depois retira do saco o desconhecido cão negro, morto[17]. Procura um lugar para enterrá-lo e pensa que talvez seja um bom lugar embaixo da única árvore que ali há. Pensa que se fosse o outro, o verdadeiro cão, ele o enterraria no próprio centro da chapada, onde ele próprio gostaria de ser sepultado. Hesita e decide que se o cão desconhecido substituía o "outro" ele faria exatamente isso, enterrá-lo-ia no centro da chapada. Pegou a pá que trouxera e abriu com ela uma cova, em que depositou o cachorro desconhecido. Ao terminar seu cuidadoso ritual, sente que seu crime fora punido e ele estava livre.

Põe-se então o homem a recordar o verdadeiro cão. Lembra-se de que lhe colocara o nome José, mas nunca ficaria sabendo que nome o cão lhe pusera. Recorda ainda seu relacionamento com o cão desde que ele era pequeno, fraco, bonitinho a lhe abanar o rabo. Ao recordar toda a existência comum, chega à conclusão de que não foi ele quem teve o cão, mas, pelo contrário, fora o cão que tivera uma pessoa. Através das lembranças, ficamos sabendo que quando se mudou, aproveitou-se disso para abandonar o cão. Sua decisão

15. Como já vimos anteriormente, a flor representa o estado edênico, a harmonia, que aqui vai ser quebrada, embora não seja rompida completamente, pois o jacinto fica pendurado em sua haste.
16. A colina, simbolicamente, é a primeira manifestação de uma emergência, de uma diferenciação. Seus contornos suaves representariam uma harmonização do aspecto sagrado que está na medida do homem.
17. Em todas as mitologias o cão está associado à morte, ao mundo subterrâneo. O cão é o guia do homem na noite da morte, depois de ter sido seu companheiro no dia da vida.

recebeu o apoio de sua mulher, Marta, sua sogra, menos as crianças que choraram. Agora, revê o passado e conclui que tomou essa decisão porque o seu era um crime para o qual ainda não se havia determinado um castigo. O narrador, também, parece concluir que não se inventou castigo para os crimes disfarçados e para as traições.

O homem, no entanto, como se sentisse que o cão abandonado exigisse dele mais do que uma mentira; como se não quisesse mais se consolar; abaixou-se e desenterrou o cão, deixando-o exposto ao ar.

Comentário:
Quando, no início do conto, fala-se em cão desconhecido e cão verdadeiro, quer-se, com isso, dizer que o cão morto é um animal qualquer que o professor de matemática encontrou morto, atropelado (?), enquanto o cão verdadeiro, ficamos sabendo durante a leitura das linhas seguintes, é um animal que pode ainda estar vido, mas fora do alcance do homem que o abandonou e se sente culpado por isso. Ao encontrar o cão morto, vê nele o seu cão, e, para redimir-se, para eliminar seu complexo de culpa, resolve enterrá-lo.

13. O BÚFALO [18]

Era primavera. A mulher vai ao zoológico à procura de algo parecido a uma carnificina. A mulher de casaco marrom não encontra ódio ou violência no casal de leões e muito menos na girafa que "*era uma virgem de tranças recém-cortadas*". Sentindo-se desamada, busca uma imagem ou algo que a auxilie a entrar em contato com o ódio que deseja vivenciar. A mulher aperta os punhos dentro dos bolsos do casaco marrom. Nada encontra na jaula dos macacos. E ela implora: "*Deus, me ensine somente a odiar.*"

No seu trajeto, passa por mulheres e crianças; vê o elefante que, apesar da potência, poderia ser levado docilmente para um circo; encontra o camelo ruminando. Lembra-se de que há dois dias mal se alimentava. Em certo momento, no carro da montanha-russa, arrepiou-se com os gritos das namoradas. Tudo ali era amor. Só ela buscando o ódio pelo homem cujo único crime foi não amá-la.

Finalmente, parou em frente à jaula de um búfalo negro[19]. "*E os olhos do búfalo, os olhos olharam seus olhos.*" (p.167) Numa vertigem, a mulher cai lentamente e, antes de tombar, vê o céu inteiro e um búfalo.

Comentários: Clarice uma vez revelou que não compreendia o seu conto "O Crime do Professor de Matemática". Para nós, um dos mistérios maiores desse conjunto de contos analisado é o último. Se olharmos para o nível concreto, imediato, temos um relato muito simples. Uma mulher ama um homem que não lhe corresponde. Por isso, sente desejo de odiar. É o amor pelo avesso, como diz Chico Buarque na canção "Atrás da Porta": 'Te adorando pelo avesso". Na sua procura de uma expressão adequada para tal sentimento a mulher vai ao zoológico e, por onde passa, só vê amor. Finalmente, nos olhos do búfalo, encontra o de que precisa. Seria só isso? Aqui entra a sensibilidade de cada leitor, deixando fluir dentro de si as imagens e símbolos do inconsciente,

18. O búfalo é mais rústico, mais pesado e mais selvagem do que o boi. A iconografia hindu faz do búfalo a montaria de Yama, divindade da morte.
19. O negro, apesar de ser o oposto do branco, mantém com esta cor uma relação de proximidade muito grande. O preto é a morte, o fim, mas é também a transição, a possibilidade do ressurgimento. O branco é a cor privilegiada do rito de passagem. O candidato veste-se de branco porque vai mudar de condição.

para captar o que pode estar nas entrelinhas, porque há revelações que não cabem nas palavras. A epifania final da personagem pode ser apenas sugerida e não descrita, como qualquer outra. Esse acontecimento, epifania, é tão pessoal e instransferível que não há termos prontos para expressá-lo. Acontece que há momentos epifânicos de algumas personagens que se aproximam de outros momentos, nossos, que lhe são semelhantes. Ou então, há epifanias que nosso estágio evolutivo permite vislumbrar. Por isso, Clarice emprega muitos paradoxos e antíteses. Essas duas figuras possibilitam a criação de um amplo espectro de imagens ou idéias em nós, permitindo-nos colocar aí o que é nosso, ou, aquilo que pensamos e/ou sentimos.

A epifania é paradoxal e contraditória em si, pois é a visão de algo extraordinário, sobrenatural, portanto, divino. (Recordem que São Paulo, quando recebeu a revelação, não apenas caiu do cavalo, mas ficou cego vários dias.) E isso é muito forte, muito acima de nossa pequenez humana, derivando daí o sentimento de medo, terror, perigo, justificando a náusea tão mencionada por Clarice e expressões como "felicidade perigosa". Como explica o filósofo Kant, procurando definir uma estética do sublime (acima do humano), a revelação provoca um prazer negativo, ambivalente e contraditório. O negativo ou dor, vem da percepção de que não temos como colocar em forma ou imagem humana, perecível, a revelação ou conceitos como infinitamente poderoso ou a própria essência do ódio demoníaco em si. Contraditoriamente, vem junto um sentimento de prazer e/ou alegria, proveniente talvez da nossa destinação supra-sensível. É a percepção que podemos ser mais receptíveis ao que excede toda experiência fenomenológica. Com essa situação ficamos sensíveis ao incondicionado, portanto, ficamos também mais preparados para nos propor fins livremente.

V - ESTRUTURA DA OBRA

Affonso Romano Sant'Anna[20] nota que nas narrativas de Clarice é possível percebermos quatro etapas por ele assim definidas:

1. O personagem é disposto numa determinada situação bastante cotidiana, como por exemplo: Ana indo às compras, um homem vai jantar num restaurante, uma adolescente anda sozinha pela rua, Laura vai com o marido jantar com amigos, uma família se reúne para comemorar o aniversário da mãe e avó.
2. Há a preparação de um incidente ou de um evento que é pressentido apenas discretamente, como a fuga da galinha ou o som dos saltos dos sapatos da adolescente.
3. Ocorre o evento ou o incidente que vai iluminar a vida do personagem, de que é exemplo o pôr o ovo da galinha, o ser desejada e tocada, ou ver um cego a mascar chiclete.
4. Desfecho em que se mostra ou se considera a situação do personagem após o evento ou incidente: a galinha é comida; a menina consegue impor seu desejo de ter sapatos novos; a velha aniversariante, desprezando a família e a festa, espera pelo jantar de todo o dia; Ana prefere a segurança da rotina; o homem do restaurante sente nojo da comida; Laura refugia-se na alienação para não ter que se decidir.

Essas etapas funcionam como estruturas que organizam e suportam toda a constituição dessas narrativas curtas.

---

20. Aconselhamos os leitores a estudarem seu texto "Clarice: a epifania da escrita", que prefacia *A Legião Estrangeira*, Clarice Lispector, editora Ática, procurando aplicar aos contos de *Laços de Família*.

Nos contos de *Laços de família*, Clarice utiliza pouco o discurso indireto, valendo-se mais dos discursos direto e indireto livre. Vejamos alguns exemplos dos três tipos de discurso:

1) Discurso direto:

"**E o que tens?** pergunta-lhe o homem atônito, a ensaiar imediatamente carinho mais eficaz."

2) Discurso indireto:

"Mas ninguém elogiou a idéia de Zilda, e ela se perguntou **angustiada se eles não estariam pensando que fora por economia de velas**..."

3) Discurso indireto livre:

"Não quis jantar nem sair de seus cuidados, dormiu de novo**; o homem lá que se regalasse com as sobras do almoço**".

VI - ESTILO DE ÉPOCA E ESTILO INDIVIDUAL

Clarice Lispector é integrante do grupo de escritores normalmente inseridos na terceira fase do Modernismo, ou Modernismo terceiro momento, que tem como marco inicial o ano de 1945, quando termina a Segunda Guerra Mundial e a Ditadura de Vargas. A crítica tem apontado como traços estéticos característicos dessa época a superação do aspecto meramente regionalista para atingir aspectos universalizantes. Além disso, há uma nítida preocupação com a revitalização da palavra, seja através do neologismo, seja através do enriquecimento da palavra comum pela sua utilização de modo inusitado ou inesperado. Acrescenta-se a isso a investigação profunda do "eu", a introspecção, o hermetismo, a despreocupação com o enredo, com a trama.

Em Clarice, notadamente, vamos perceber uma diminuição da importância do espaço externo, apresentando pouca ação externa que, quando ocorre, é mais importante pelo que significa, do que pelo movimento em si. Nas suas narrativas, percebemos uma valorização do espaço interior, das angústias e anseios existenciais. Embora nos contos de *Laços de família* possamos encontrar um tempo e um foco narrativo bastante tradicionais, no conjunto de sua obra Clarice subverte a estrutura dos tradicionais gêneros narrativos, chegando mesmo a dispensar quase que todos os elementos romanescos fundamentais. É o que acontece no romance (se é que o podemos chamar assim) *A Paixão segundo G. H.*, em que apenas encontramos uma personagem que nem nome tem, pois sabemos apenas as suas iniciais, mencionadas no título da obra.

Outra característica dessa magistral escritora é a sua habilidade em registrar o fluxo da consciência de suas personagens, valorizando mais o monólogo interior do que o diálogo. Por esse motivo, é muito difícil encontrarmos nela o discurso indireto, mas, pelo contrário, deparamos freqüentemente com o discurso indireto livre.

Não poderíamos esquecer também o caráter plástico e poético de sua linguagem, muitas vezes fundindo prosa e poesia, valendo-se freqüentemente do emprego de imagens imprevistas e de figuras como comparações, metáforas, antíteses, paradoxos. Acrescente-se o emprego de recursos técnicos sonoros como aliteração, assonância e coliteração. Vejamos alguns exemplos:

- **Comparação e aliteração**: "Comia como um centauro." Além da comparação inusitada, temos a sonoridade expressiva pela repetição do som "com" que reproduz o próprio gesto de mastigar.
- **Metáfora**: "Rígida, catequista". Metáfora bastante significativa, expressando o modo prevenido com que a menina vai cedo para a escola, como se fosse uma catequista que pretende anular sua sexualidade, vendo-a como algo errado ou inadequado.
- **Antítese:** "Não sou ainda esta potência, esta construção, esta ruína". A antítese construção/ruína é bastante representativa da figura do velho que, apesar da idade, revela uma grande força.
- **Paradoxo**: "Era feia e preciosa."
- **Associação imprevista:** "como se o que era bom fosse intolerável".
- **Aliteração:** "**v**ertia **v**inho **v**ermelho" , "lar**g**a o **g**arfo no prato". Além da aliteração ("g"), no segundo exemplo temos a assonância, repetição a/o.
- **Antítese** e **metáfora**: "Sonsa, atenta, mulher de apache." Além da antítese (sonsa/atenta) e da metáfora (como se fosse uma mulher de apache), temos uma frase nominal, cuja ausência de verbos ou conectivos carrega-a de significado.

O principal, no entanto, a nosso ver, é a sua capacidade de captar, registrar e anotar o insólito dentro do banal cotidiano. Para falar dessa sua característica, gostaríamos de remeter-nos à cultura da Antigüidade. Na mitologia grega, há duas figuras que sempre nos impressionaram: Prometeu e Sísifo. O primeiro é aquele que roubou o fogo dos deuses, doando-o aos homens, mas pagando caro por isso, pois Zeus o castigou, prendendo-o a um rochedo para que seu fígado fosse bicado por uma águia. Sísifo, eternamente no Hades, sempre nos angustiou com seu corpo curvado e cansado a rolar morro acima uma enorme pedra, dia após dia, sem repouso, ininterruptamente. Quando chega ao topo, a pedra rola para o outro lado. E ele retoma sua tarefa. Podemos interpretar essas duas figuras como dois lados de uma mesma moeda, cara e coroa, quer dizer, ambos são dois lados de nossa existência. Quando saímos de casa para o trabalho, trabalhamos, voltamos para casa, descansamos, acordamos, levantamos e saímos para o trabalho, reiniciando o ciclo, estamos agindo como Sísifo. Ele pode, então, ser visto como uma representação ou percepção de nossa rotina, de nossa cotidianeidade, de nossa vida banal e insípida. No entanto, algumas vezes, ocorre nesse nosso movimento vazio, inócuo, um brilho momentâneo, um momento de graça que pode ser um sorriso, um instante de amor, a tomada de consciência do próprio corpo como prazer ou objeto de admiração de outrem: é quando somos Prometeu. A mulher presa em seus afazeres domésticos obrigatórios e sempre iguais é Sísifo, mas quando os ovos se quebram, quando o fio se parte, porque um cego mascava chiclete, dava-se um prazer apesar da limitação da cegueira, abre-se a perspectiva para que Prometeu traga um fogo novo. Ana sente ou pressente vagamente que pode também dar-se ao luxo do prazer. Talvez por isso, não se dirija à sua morada, mas ao jardim Botânico, onde a natureza cheia de vida, cheia de amor, desejo e prazer, como que a conclama a dar-se aquilo a que tem direito. Todo seu ser vibra com a novidade, mas ao mesmo tempo sente-se atacada pelo medo. Por isso, prefere o sossego do já conhecido e volta sisificamente para a proteção de sua rotina. Notem que no fim da narrativa ela sopra a pequena flama do dia, como se estivesse eliminando aquela faísca de Prometeu que poderia colocar um incêndio em sua vida. Mas ninguém pode garantir que esse fogo não brotará de novo.

Dentro dessa perspectiva, de olhar o cotidiano, Clarice desvela a aura do objeto que, focalizado por sua visão aquilina e expresso por sua linguagem sibilina, surge repentinamente aos nossos olhos revigorado ou revificado por um processo mágico. Ao mesmo tempo que implicam numa reflexão profunda sobre a condição humana dos nossos tempos, suas estórias questionam a estreiteza da vida urbana moderna.

A linguagem de Clarice apresenta-se como forma de comunicação **do** mundo, e, ao mesmo tempo, como forma de comunicação **com** o mundo. Queremos lembrar que Affonso R. Sant'Anna chama a atenção para o fato da linguagem e a consciência serem elementos fundamentais nas narrativas de Clarice. Também queremos chamar a atenção para certos motivos que o crítico aponta como recorrentes. Por exemplo: espelhos, olhos, família, animais, objetos, pai, professor. Alerta ainda o crítico para um aspecto muito interessante no comportamento das personagens de Clarice, que agem sempre de um modo misteriosamente encenado, teatralizado, como se estivessem participando de um ritual, de um jogo preparador de um lance, que é desconhecido.

VII - TEMÁTICA

Entre os temas recorrentes nos contos de Clarice podemos mencionar:

- a busca de libertação;
- a falsidade ou superficialidade das relações humanas em sociedade e em família;
- o esvaziamento ou enfraquecimento dos laços familiares pela rotina;
- tentativa de compreender o estar no mundo, a existência;
- o limite entre o eu e o outro;
- o outro como nosso inferno, nossa dor;
- a condição social da mulher;
- epifania ou revelação repentina que ilumina a existência dando-lhe sentido ou um novo sentido, ou ainda, provocando mudança de rumo ou de atitude.

UMA NOTA FINAL

O crítico Ezra Pound afirma que "*Literatura é linguagem carregada de significado.*". Acrescenta ainda, e facilmente concordamos com ele, que há livros como romances policiais, por exemplo, que dificilmente lemos mais de uma vez. Em contrapartida, há obras que voltamos a ler com freqüência, como as de Homero e Confúcio. Pound, classifica as obras em dois grandes grupos, levando em conta o aspecto de produção/consumo, ou seja, a intenção que nos leva a escrever ou ler um determinado livro.

I. Há livros que são tomados para nos distrair por algumas horas desocupadas e dos quais nos esqueceremos com o tempo.

II. Outros livros, no entanto, lemos para nos acrescentar algo em quaisquer dos seguintes planos (ético, estético, intelectual, metafísico), preparando-nos para no futuro agir ou reagir mais rapidamente e com melhor qualidade perante situações com as quais não saberíamos lidar tão bem antes de ler tais livros.

Levando em conta essas reflexões de Pound, podemos acreditar que Clarice e sua obra, carregada de significado, está inserida no segundo grupo, merecendo de nós sempre uma releitura, e cada uma delas vai revelar-nos sentidos que não pudemos apreender na primeira vez.

RECOMENDAÇÃO

Sugerimos também a leitura das páginas 126, 127, 129 do livro

SÍNTESE DA LITERATURA PORTUGUESA E BRASILEIRA

BIBLIOGRAFIA CONSULTADA

- **Lispector**, Clarice - *A Legião Estrangeira*, 6 ª edição, editora Ática, SP, 1987.
- **Bosi**, Alfredo - *História Concisa da Literatura Brasileira*, editora Cultrix, SP, 1977.
- **Gotlib**, Nádia Battella - *Teoria do Conto*, 5ª edição, editora Ática, SP, 1990.
- **Chevalier**, Jean e Gheerbrant, Alain - *Dicionário de Símbolos* - 5ª edição, José Olympio editora, RJ, 1991.
- **Pound**, Ezra - *ABC da Literatura*, ed. Cultrix, 2ª edição, SP, 1973.
- *Remate de Males* nº 9, Instituto de Estudos da Linguagem - UNICAMP - Revista do Depto de Teoria Literária.

EXERCÍCIOS:

30) Aponte uma diferença e uma semelhança entre a arte de Clarice Lispector e a dos escritores da fase anterior, como Graciliano Ramos ou Érico Veríssimo.

31) Qual a importância do ovo no conto "A galinha", de Clarice Lispector?

SAGARANA
de
Guimarães Rosa

Utilizamos para citação: **Rosa,** João Guimarães - *Sagarana*, RJ, 1984, Ed. Nova Fronteira.

I - BIOGRAFIA

João Guimarães Rosa nasceu em Cordisburgo, Minas Gerais, em 1908, onde passou a infância até seus dez anos, quanto partiu para Belo Horizonte, com o objetivo de estudar no Colégio Arnaldo. Já data dessa época seu interesse por botânica, zoologia e literatura. Esse gosto pela botânica aparece em várias descrições delicadas, como este exemplo, extraído do conto "A Volta do Marido Pródigo", de *Sagarana: "O mais é uma mistura de trepadeiras floridas: folhas largas, refilhos, sarmentos, gavinhas, e, em glorioso e confuso trançado, as taças amarelas da erva-cabrita, os fones róseos do carajuru, as campânulas brancas do cipó-de-batatas, a cuspideira com campainhas roxas de cinco badalos, e os funis azulados da flor-de-são-joão."* (p.105) Terminado o colégio, ingressou na Faculdade de Medicina de Belo Horizonte. Seus primeiros anos de medicina, ele os exerce no interior de Minas, mantendo a sua atração pela literatura, tendo sido premiado por seus contos em concurso organizado pela revista *O Cruzeiro*.

Serviu como médico voluntário, em 1932. Em 1936, a Academia Brasileira de Letras premiou seu livro de poemas, *Magma*, mas inexplicavelmente Rosa não quis publicar e a obra permanece inédita até o presente momento. Há alguns anos, a *Folha de São Paulo* publicou com exclusividade alguns desses poemas, parecendo-nos, em nossa humilde opinião, que a razão do autor não querer tornar públicos seus poemas talvez tenha sido a constatação de que havia mais poesia em sua prosa do que em seus versos.

Seu conhecimento de várias línguas acabou conduzindo-o ao Itamaratí em 1934. Em 1938, foi para Hamburgo como cônsul-adjunto. Em 1946, foi nomeado chefe de gabinete do ministro João Neves da Fontoura. Nessa mesma data publicou seu primeiro livro de contos, *Sagarana*, obra que lhe rendeu vários prêmios. Em 1952, numa viagem pelo sertão de Minas Gerais com um grupo de vaqueiros, conheceu Manuel Nardes, o Manuelzão, que foi transformado no protagonista da novela: *Uma História de Amor*, do livro *Corpo de Baile*, e que atualmente faz parte de *Manuelzão e Miguilim. Corpo de Baile*, foi lançado em 1956, mesmo ano da publicação de sua obra-prima: *Grande Sertão: Veredas*.

Em 1963, foi eleito para a Academia Brasileira de Letras, só tomando posse quatro anos depois. Esse atraso talvez fosse resultado de uma premonição sua de que morreria quando ingressasse na Academia. O que realmente aconteceu, pois logo após sua posse, em novembro de 1967, faleceu o maior escritor da terceira fase modernista.

II - BIBLIOGRAFIA

Contos: *Sagarana* (contos), 1946;

Novelas: *Corpo de Baile* (novelas), 1956 (Obra posteriormente desmembrada em três livros: *Manuelzão e Miguilim*, l964; *No Urubuquaquá, no Pinhém*, 1965; *Noites do Sertão*, 1965); *Primeiras Estórias* (contos), 1962; *Tutaméia* (Terceiras Estórias) (contos), 1967; *Estas Estórias* (contos), 1969; *Ave, Palavra* (diversos), 1970

Romance: *Grande Sertão: Veredas* (romance), 1956;

III - INTRODUÇÃO

Em carta a João Condé, atendendo a um pedido deste, disse Guimarães Rosa que ao iniciar a composição de Sagarana, trabalhou com a intenção de colocar nele sua concepção-do-mundo, mas com arte, histórias que sendo adultas e que tivessem ao mesmo tempo algo daquelas da Carochinha. Procurou esquecer todos os passados limites e regras porque, segundo ele, *"na panela do pobre, tudo é tempero*" e "*um rio sem margens é o ideal do peixe*". Ao escolher o espaço disse que podia escolher milhares, mas preferiu o pedaço de Minas Gerais por ser mais seu. Acrescenta que o livro foi escrito no quarto, em que ficou "*horas de dias*", quase sempre na cama, escrevendo a lápis, durante sete meses de exaltação. Depois esperou durante sete anos tudo aquilo descansar. Em cinco meses do ano de 1945 retrabalhou os textos que foram publicados em 1946.

IV - RESUMOS E COMENTÁRIOS DOS CONTOS

O Burrinho Pedrês

A fazenda do Major Saulo está em clima de agitação. Prepara-se a saída de uma boiada. O burrinho Sete-de-Ouros está esquecido a um canto, já aposentado de tão velho. Sete-de-Ouros já teve muitos nomes: Brinquinho, Rolete, Chico-Chato e Capricho; mudava de nome, sempre que mudava de dono. Vivera muitas aventuras, mas agora gozava seu descanso na fazenda da Tampa, do Major Saulo. Faltavam cavalos para conduzir os vaqueiros, pois alguns deles tinham fugido à noite e ainda não tinham sido encontrados. O velho burro lambia um resto de sal perto da varanda, todo sossegado, quando foi visto pelo Major que logo ordenou que fosse preparado para a viagem.

Os boiadeiros partem conduzindo a boiada. O vaqueiro Manico, contrariado, vai no burrinho, sofrendo as gozações dos colegas. Francolim é o braço direito do Major, que o chama de "*mulato mestre meu secretário*". Ele alerta o Major para uma briga entre Badu e Silvino, por causa da namorada do Silvino que o trocou pelo Badu. A vingança poderia ocorrer durante a viagem. O Major Saulo parece não dar a mínima, mas como quem não quer nada, mineiramente vai perguntando, recolhendo informações e analisando os dois rivais. Enquanto viajam, vão cantando ou contando casos, de onças e de bois, como a história do boi Calundu.[1]

---

1. Acontece muito nas obras de Guimarães Rosa aquilo que o crítico Tzvetan Todorov denominou narrativa de encaixe. Sempre aparecem outras narrativas encaixadas na narrativa maior.

Num ponto do caminho, aproveitando um momento de distração, Silvino atiça um touro contra Badu, num instante em que ele está desmontado. Badu consegue escapar do animal com agilidade. Francolim, por ordem do Major, troca de montaria com Manico por algum tempo, mas entra no povoado já em seu cavalo, o que conseguiu só depois de alegar ao Major Saulo que não ficaria bem entrar montado em um burrinho, já que ele era o capataz.

Entregues os bois, os homens recebem folga. Major Saulo não voltará com os vaqueiros, por isso passa o comando a Francolim, dizendo-lhe que estava certo sobre Badu e Silvino, e que acha que este último realmente vai tentar matar o outro. Pede que tome todo cuidado e vigie Silvino o tempo todo.

Todos vão beber, Badu parece exceder-se. É o último a montar e só deixaram para ele o burrinho. Enraivecido, bêbado, mas sem outra saída, monta o burrinho e vai atrás dos outros. A noite é de breu, de total escuridão, e os vaqueiros vão em fila indiana.

Quando se aproximam de um pequeno córrego, por onde passaram de dia com a maior facilidade, um deles lança sinal de alerta. O aviso de perigo não é por causa do piado do pássaro João Corta Pau, mas porque os cavalos estranham o terreno pantanoso. Chovera na cabeceira do rio e houve inundação. Todos temem a enchente. Resolve-se que o Badu deve seguir primeiro, porque está no Sete-de-Ouros: "*O burrinho é quem vai resolver: se ele entrar n'água, os cavalos acompanham, e nós podemos seguir sem susto. Burro não se mete em lugar de onde ele não sabe sair!*" (p.73) Sete-de-Ouros seguiu e os demais entraram nas águas com cautela, menos Juca e Manico, que ficaram. O burrinho seguia calmo e decidido, carregando o Badu, que de tão bêbado, só se agarrava ao pescoço do animal, sem tomar conhecimento do perigo. Um torvelinho forte e confuso de águas separou-os, confundiu-os e atirou-os de cima das montarias. Na confusão, Francolim salvou-se agarrando-se ao rabo do burrinho, que foi o único animal a alcançar o outro lado em segurança. Lá chegando, escoiceou o caronista imprevisto e continuou em seu retorno para o lar. Dessa forma, graças a Sete-de-Ouros, somente Francolim e Badu se salvaram daquela tragédia, em que oito vaqueiros morreram afogados. Assim, encerra-se o conto e a aventura de um anônimo e humilde herói, Sete-de-Ouros. "*Folgado, Sete-de-Ouros endireitou para a coberta. Farejou o cocho. Achou milho. Comeu. Então, rebolcou-se*[2] *, com as espojadelas obrigatórias, dançando de patas no ar e esfregando as costas no chão. Comeu mais. Depois procurou um lugar qualquer, e se acomodou para dormir, entre a vaca mocha*[3] *e a vaca malhada, que ruminavam, quase sem bulha, na escuridão.*" (p.79)

Comentário:O burrinho pode ser visto como a alegoria de qualidades como paciência, humildade, sabedoria, experiência de vida.

2. O mesmo que revirou-se.
3. Vaca sem chifres seja porque foram cortados ou porque nasceu sem eles.

TRAÇOS BIOGRÁFICOS DE LALINO SALÃTHIEL ou A VOLTA DO MARIDO PRÓDIGO[4]

Nove horas e trinta e todo mundo dando duro nos trabalhos de cavar e transportar a terra. Dez horas e o calor aumenta, com o sol batendo forte nas arestas dos quartzos numa mineração nas proximidades de Belo Horizonte. Seu Marra fiscaliza e feitora. De vez em quando também pega no pesado, mas sempre com os olhos na estrada. Passa o caminhão da empresa e desce dele o Lalino Salãthiel (Laio). "*Agora seu Marra fecha a cara. Lalino Salãthiel vem bamboleando, sorridente. Blusa cáqui, com bolsinhos, lenço vermelho no pescoço, chapelão, polainas, e, no peito, um distintivo, não se sabe bem de quê. Tira o chapelão: cabelos pretíssimos, com as ondas refulgindo de brilhantina borora.*" (p.84)

Vê-se logo que é um sujeito malandrão, esperto, de bem com a vida, seguro de si, mas um tanto irresponsável. Logo engana o chefe, seu Marra, e seus amigos, de forma que com muito pouco trabalho e muitas histórias e bajulações acaba ganhando seu dia.

Laio tem uma mulher, Maria Rita ou Ritinha, por quem alimenta muita ternura. Mas um dia, querendo realizar suas fantasias de aventura no Rio, resolve partir. Vende o carroção, o burrinho e as apólices do Estado, conseguindo seiscentos mil-réis. Procura o Ramiro espanhol, que andava de olho em sua mulher, e consegue mais um conto "emprestado", insinuando que vai partir e não mais voltar, deixando a mulher sozinha. O outro, interessado, fornece o dinheiro. Lalino parte para o Rio, sem nem mesmo despedir-se da mulher. Apenas deixou-lhe um recado, dizendo que iria pelo mundo, e que ela podia fazer o que bem entendesse.

"*Um mês depois, Maria Rita ainda vivia chorando, em casa. Três meses passados, Maria. Rita estava morando com o espanhol.*" (p.99) Seis meses transcorreram sem quaisquer notícias de Laio. "*As aventuras de Lalino Salãthiel na capital do país foram bonitas, mas só podem ser pensadas e não contadas, porque no meio houve demasia de imoralidade.*" (p.100) Acabado o dinheiro, Laio resolve voltar: "*E se eu voltasse p'ra lá? É, volto! P'ra ver a cara que aquela gente vai fazer quando me ver...*" (p.101)

A cara do espanhol não foi nada boa, mas permitiu que ele falasse com a Ritinha, desde que fosse na sua frente. O malandro sentiu que se o espanhol deixava é porque não tinha nenhuma chance com a mulher, então falou que só queria o violão. Ramiro entregou e ele se foi, dizendo que outra hora mandava alguém para pegar suas roupas e outras coisas.

Consegue emprego com o Major Anacleto, por influência e insistência do filho, seu Oscar. Consegue também ganhar a simpatia do irmão do major, Tio Laudônio. Assim, acaba trabalhando como cabo eleitoral do Major, sempre protegido por um guarda-costas, o Estêvão.

Um dia, já sentindo-se mais seguro, Laio pede a Oscar que converse com Ritinha. Oscar, ao vê-la, tenta conquistá-la para si próprio, mas não consegue

4. A palavra "pródigo" significa perdulário, gastador, esbanjador, dissipador. É a pessoa que gasta o dinheiro facilmente sem preocupar-se com o amanhã. Aqui a palavra se reveste também da conotação que ganhou a partir do texto bíblico, sobre o filho pródigo, ou seja, aquele que volta para casa.

seduzi-la. Ritinha confessa que vive com o espanhol, mas não se esquece nunca do marido: "*...o Laio é que é meu marido, e eu hei de gostar dele, até na horinha d'eu morrer!*" (p.121) Oscar mente para Laio, dizendo-lhe que não há mais jeito de conseguir Ritinha de volta.

A campanha política continua, cheia de intrigas, muitas das quais provocadas pelo Laio, que entre umas e outras, alerta o major, assim meio distraidamente, para o fato de que espanhóis não votam, porque são estrangeiros .

Um dia o major recebe o pedido de Ritinha para abrigá-la. É que abandonara o espanhol. O major, ao saber que Laio está bebendo com a gente da oposição, fica bravo e grita: "*Agora vai dar tudo com os burros n'água, só por causa daquele cafajeste! Mal-agradecido! E logo agora, que eu ia proteger o capeta, fazer as pazes dele com a mulher, mandar os espanhóis para longe... Mas, vai ver! Me paga! Leva uma sova de relho, não escapa!*" (p.127).Que leva surra nada, o malandro chega e explica que era artimanha dele para enganar e dominar o adversário. O Major vence as eleições e ele consegue a mulher de volta, enquanto os espanhóis acabam sendo expulsos pelo Major Anacleto.

Comentário:Laio é o pícaro moderno, o macunaíma mineiro, ou seja, o sujeito malandro, esperto, que maneja os acontecimentos sempre de acordo com seu interesse, agindo de maneira divertida, conseguindo conquistar e enganar as pessoas. Um outro precursor seu pode ser o popular Pedro Malasarte.

SARAPALHA

"*Tapera de arraial. Ali, na beira do rio Pará, deixaram largado um povoado inteiro: casas, sobradinho, capela; três vendinhas, o chalé e o cemitério; e a rua, sozinha e comprida, que agora nem mais é uma estrada, de tanto que o mato a entupiu.*" (p.133)

Só ficaram por ali, vítimas da malária, os primos Ribeiro e Argemiro e uma negra velha, que cuidava deles.

Quando a crise vem, nem sempre pegando os dois ao mesmo tempo, eles transpiram muito, tremendo e variando. Argemiro, entre tremores de maleita, recorda seu amor pela mulher do primo Ribeiro, a quem sempre respeitou.

"*...A primeira vez que Argemiro dos Anjos viu Luisinha, foi numa manhã de dia-de-festa-de-santo, quando o arraial se adornava com arcos de bambu e bandeirolas, e o povo se espalhava contente, calçado e no trinque, vestido cada um com a sua roupa melhor...*" (p.153)

Argemiro resolve desabafar, e confessa ao Primo Ribeiro que amara sua mulher, Luisinha, que fugira com outro homem. Apesar de nunca ter faltado com o respeito, é assim mesmo expulso pelo parente, que parece, em seu ódio e ciúme, não levar em conta nem a doença e nem a amizade que sempre lhe fora dedicada.

Argemiro retira-se em plena crise febril e o conto termina com sua excitada visão e suas sensações:

"*Ir para onde?... Não importa, para a frente é que a gente vai!... Mas, depois. Agora é sentar nas folhas secas, e agüentar. O começo do acesso é bom, é gostoso: é a única coisa boa que a vida ainda tem. Pára, para tremer. E para pensar. Também.*

Estremecem, amarelas, as flores da aroeira. Há um frêmito nos caules rosados da erva-de-sapo. A erva-de-anúm crispa as folhas, longas, como folhas de mangueira. Trepidam, sacudindo as suas estrelinhas alaranjadas, os ramos da vassourinha. Tirita a mamona, de folhas peludas. - Mas, meu Deus, como isto é bonito! Que lugar bonito p'ra gente deitar no chão e se acabar!...

É o mato, todo enfeitado, tremendo também com a sezão". (p.153/4)

Comentário:Esse texto é quase um poema doloroso sobre as infelicidades dos amantes traídos e dos amores não realizados. Ao mesmo tempo é um tratado artístico dos males da maleita

DUELO

"*Turíbio Todo, nascido à beira do Borrachudo, era seleiro de profissão, tinha pêlos compridos nas narinas, e chorava sem fazer caretas; palavra por palavra: papudo, vagabundo, vingativo e mau. Mas, no começo desta estória, ele estava com a razão".* (p.157)

É que na terça-feira ele tinha ido pescar, mas como dera tudo muito errado, voltou para casa muito antes do previsto, pegando a mulher, Silvana ou Silivana, na maior safadeza, com Cassiano Gomes. Voltou pé ante pé, porque o outro era bom no tiro, ex-militar, capaz de lhe acertar um balaço na testa a duzentos metros, mesmo com o alvo mal iluminado e em movimento. "*Turíbio Todo não ignorava isso, nem que Cassiano Gomes era inseparável da parabellum, nem que ele, Turíbio, estava, no momento, apenas com a honra ultrajada e uma faquinha de picar fumo e tirar bicho-de-pé.*" (p.159)

No dia seguinte, quarta-feira, inventou que ia fazer uma caçada de paca, preparou tudo:"*riu muito, se mexeu muito, e foi dormir bem mais cedo do que de costume.*[5] " (p.159) Na quinta-feira, ao sair, passou pela casa do rival, acertando-lhe um tiro na nuca, pois o tal estava descuidado, de costas, bem à janela, pedindo tiro. Turíbio ficou sabendo logo em seguida que matara um recém-chegado, irmão de Cassiano, muito parecido com ele. Claro que, após as cerimônias fúnebres, Cassiano partiria à procura de Turíbio para vingar-se.

A perseguição dura meses, com muitas negaças e artimanhas de ambas as partes. Um dia, Turíbio nota que o perseguidor voltou. Retrocede também e vai até sua casa. Fica sabendo que o outro está com problemas de coração. Se fizer esforço, pode morrer só disso. Diz então a sua mulher, que vai fugir, cansando o outro, matando-o do coração. Ela, logo que pode, conta tudo ao amante. Este, irritado, pensa que Turíbio disse isso para que ele desistisse, então decide mais firmemente retomar a perseguição logo que melhorar. Mas era exatamente isso que o outro queria.

Cassiano morre no arraial do Mosquito, onde é socorrido por um timpim chamado Vinte-e-Um, pai de três filhos, sendo que um nasceu morto, outro morreu antes de um ano e o último estava para morrer. Cassiano ajuda o pobre

5. É tradição dizer-se que o mineiro é muito disfarçado, escondendo sempre suas emoções. Todo o comportamento alegre, jeitão descontraído, demonstra exatamente o contrário.

caipira, pagando médico e remédio para seu filho doente.Além disso, ao morrer, deixa-lhe todo seu dinheiro: "*Aí, tomou uma cara feliz, falou na mãe, apertou nos dedos a medalhinha de Nossa Senhora das Dores, morreu e foi para o Céu.*" (p.182)

Ao receber uma carta de sua esposa Silivana, contando a morte do inimigo, Turíbio resolveu voltar. No retorno topou com um caipira miudinhocom quem travou conhecimento. Num trecho do caminho, Turíbio tremeu ao ouvir o capiau dizer:

"*- Seu Turíbio! Se apeie e reza, que agora eu vou lhe matar!*

- Que é? Que é?... Tu está louco?!...

Mas o caguinxo estava sério e pálido, e sua mão direita segurava uma garrucha velha, de dois canos, paralelos, sinistros.

(...)

Então Turíbio Todo, encarando-o, fez figura e fez voz.

- Deixa de unha, cachorro, que eu te retalho na taca!...

- Não grita, seu Turíbio, que não adiante... Peço perdão a Deus e ao senhor, mas não tem outro jeito, porque eu prometi ao meu compadre Cassiano, lá no Mosquito, na horinha mesma d'ele fechar os olhos..." (p.187)

E assim acabou a perseguição. A garrucha disparou. Turíbio "*pendeu e se afundou na sela, com uma bala na cara esquerda e outra na testa*", enquanto Timpim Vinte-e-Um fugia a galope.

Comentário:

Esse conto faz-nos pensar em um jogo de xadrez, com cada adversário muito atento aos lances do outro, examinando todas as possibilidades antes de mover cada pedra. Impossível não recordar também os filmes de faroeste americano e ver aqui uma quase paródia, pois não há heroísmo, nem valentia, mas um jogo de negaças, com os dois contendores, morrendo vítima da astúcia do outro. Interessa ainda notar que é traço característico de Guimarães Rosa destacar as figuras normalmente e aparentemente insignificantes como o Timpim, o burrinho Sete-de-Ouros, ou o pequenino Manuel Fulô, que ainda vamos conhecer no conto "Corpo Fechado".

MINHA GENTE

"*Quando vim, nessa viagem, ficar uns tempos na fazenda do meu tio Emílio, não era a primeira vez. Já sabia que das moitas de beira de estrada trafegam para a roupa da gente umas bolas de centenas de carrapatinhos, de dispersão rápida, picadas milmalditas e difícil catação; que a fruta mal madura da cagaiteira, comida com sol quente, tonteia como cachaça; que não valia a pena pedir e nem querer tomar beijos às primas; que uma cilha bem apertada poupa dissabor na caminhada; (...)que, quando um cavalo começa a parecer mais comprido, é que o arreio está saindo para trás, com o respectivo cavaleiro; e, assim, longe outras coisas. Mas muitas mais outras eu ainda tinha que aprender.*" (p.191)

Assim, o personagem-narrador apresenta-se ao leitor e inicia sua narrativa. Vai omitir seu nome, todo o tempo, mas demonstra que é um homem culto que vai passar uns tempos na fazenda de seu tio, Emílio. É recebido na estação por

José Malvino, empregado da fazenda, que o fora esperar. Encontra Santana, inspetor escolar, com quem gosta de jogar xadrez. Jogam durante a viagem, e conversam, demonstrando ambos terem boa cultura literária. Santana deixa-os para visitar um arraial. Ao chegarem à fazenda, o narrador é bem recebido pelo tio e pela prima, Maria Irma.

"*Já estou aqui há dois dias. Já revi tudo: pastos, algodão, pastos, milho, pastos, cana, pastos, pastos.* (...) *De seis anos atrás, lembrava-me do tio, e péssima figura fazia ele na minha recordação; mole para tudo, desajeitado, como um corujão caído de oco do pau em dia claro, ou um tatu-peba passeando em terreiro de cimento.*" (p.203) Recorda-se, então que o tio queria vender um bezerro e recebeu um fazendeiro que viera só para comprá-lo, mas ficam horas fazendo um jogo negaceado, trocando os papéis. Quem viera para comprar falava que estava interessado em vender e vice-versa. Ele saiu, virou, mexeu e voltou horas depois, encontrando os dois na mesma lenga-lenga. A negociação só se efetuou mesmo muito tempo depois: "*E o homem foi embora. E meu tio visitou o homem, dali a dois dias. E o homem voltou à fazenda do meu tio. E, no fim do mês, o vitelo foi vendido e comprado, sendo que, por pouco mais, teria chegado a velho boi.*" (p.204)

Tio Emílio por essa ocasião está às voltas com a política[6], mas o narrador só dedica sua atenção à prima, que sempre se esquiva dele, valendo-se de pilhérias, indiretas.

Um dia, Maria Irma recebe a visita de Ramiro, noivo de Armanda. Isso provoca ciúmes no narrador.Quando interpela a prima, ela se defende, alegando que Ramiro era noivo de Armanda, sua amiga. O narrador confessa abertamente seu amor, mas Maria Irma diz que não acredita. O relacionamento dos dois vira um verdadeiro jogo, fazendo o narrador se lembrar da partida jogada com Santana. Aborrecido, o narrador parte da fazenda numa espécia de pirraça com a prima. Vai para a casa do tio Ludovico. Algum tempo depois, recebe duas cartas. Numa, o tio convida-o para celebrar a vitória obtida nas eleições. Na outra, Santana convida-o para iniciar uma partida de xadrez por correspondência.

Aproveitando o convite do tio, o narrador faz o que tanto estava querendo. Retorna à fazenda para rever Maria Irma, mas é apresentado a Armanda (a amiga de Maria Irma, noiva de Ramiro). Maria Irma, numa espécie de provocação, banca o cupido e deixa-os a sós. Eles saem caminhando e isso muda o destino do narrador: "*Nossas mãos se encontraram, de repente, e eu senti que ela também estremeceu.* (...) "E foi assim que fiquei noivo de Armanda, com quem me casei, no mês de maio, ainda antes do matrimônio da minha prima Maria Irma com o moço Ramiro Gouveia, dos Gouveias da fazenda da Brejaúba, no Todo-Fim-É-Bom." (p.238)

Comentários:Esse conto é um inventário da psicologia mineira, se assim podemos dizer, desde o jogo de negaças para vender um bezerro, o incompreensível e lúdico relacionamento de Maria Irma com o narrador, até as artimanhas da campanha política do tio Emílio.

É genial também o final do relato, em que o nome dado à fazenda dos Gouveias, funde-se metalingüisticamente com o encerramento da narrativa, produzindo efeito de humor e poesia.

---

6. O narrador recorda uma frase de seu amigo Santana, que julgamos interessante transcrever aqui no rodapé, para não quebrar o ritmo do resumo: "Raspe-se um pouco qualquer mineiro: por baixo, encontrar-se-á o político..." (p.206)

SÃO MARCOS

"*Naquele tempo eu morava no Calango-Frito e não acreditava em feiticeiros.*" (p.241) Assim como o conto anterior, esse também é relatado em primeira pessoa. O narrador-personagem é José, mais comumente chamado de Izé.Comenta o narrador que morar onde mora e não acreditar em feitiçaria é um contra-senso. Maior contra-senso seu é não crer em feiticeiros, mas aceitar uma porção de supertições, como bater na madeira e andar com amuleto contra picada de cobra.

Há na região um bruxo, de nome João Mangolô, de quem o narrador faz pouco caso. Num de seus passeios pela mata, ao passar pela casa do feiticeiro Mangolô, esquecendo o pedido de sua cozinheira, Sá Nhá Rita Preta, Izé zombou do preto:

"- *Ó Mangolô!*

- *Senh'us'Cristo, Sinhô!*

- *Pensei que você era uma* ***cabiúna***[7] *de queimada...*

- *Isso é graça de Sinhô...*

- *... Com um balaio de rama de* ***mocó***[8] *, por cima!...*

- *Ixe!*

- *Você deve conhecer os mandamentos do negro... Não sabe? "Primeiro: todo negro é cachaceiro..."*

- *Oi, oi!...*

- *"Segundo: todo negro é vagadundo".*

- *Virgem!*

- *"Terceiro: todo negro é feiticeiro..."* (p.245)

João Mangolô entrou irritado, batendo a porta. Izé continuou seu caminho, dando boas risadas. Pouco depois, encontrou-se com Aurísio Manquitola, mameluco brancarano. Conversam sobre feitiçaria e sobre a arma que uma foice é. O narrador pergunta se nem oração de São Marcos serviria para proteger alguém da foice. E diz ao Aurício o início da oração milagrosa e proibida: "*Em nome de São Marcos e de São Manços, e do Anjo-Mau, seu e meu companheiro...*" (p.247) Aurísio protestou que ele não devia brincar com aquilo. Contaram-se casos de reza. Separaram-se e o narrador seguiu seu caminho até encontrar um bosque de bambus. Recorda um duelo de versos travados com um desconhecido, a quem acaba chamando de "Quem Será" :

"*...foi logo que eu me cheguei aos bambus. Os grandes colmos jades, envernizados, lisíssimos, pediam autógrafo; e alguém já gravara, a canivete ou ponta de faca, letras enormes, enchendo um entrenó:*

"Teus olho tão singular
Dessas trançinhas tão preta
Qero morer eim teus braço
Ai fermosa marieta"[9]

---

7. Árvore de madeira preta e dura, boa para serviços de engenharia e construção civil.
8. Termo de origem tupi que tanto pode designar cesto, quanto um tipo de algodão. Aqui, ironicamente, o narrador refere-se aos cabelos brancos do velho Mangolô.
9. Não se pode deixar de notar o registro lingüístico de um falante que ainda não domina a gramática e a língua escrita.

E eu, que vinha vivendo o visto mas vivando estrelas[10] *, e tinha um lápis na algibeira, escrevi também, logo abaixo:*

Sargon
Assarhaddon
Assurbanipal
Teglattphalasar, Salmanassar
Nabonid, Nabopalassar, Nabucodonosor
Belsazar
Sanekherib.

E era para mim um poema esse rol de reis leoninos, agora despojados da vontade sanhuda e só representados na poesia. (...) Só, só por causa dos nomes[11] *.*" (p.252/3)

Sentindo sono, o narrador encostou-se numa árvore e adormeceu. Quando acordou, estava tudo escuro, negro como breu. A idéia de que podia ser um eclipse é abandonada, quando pela audição reconhece que toda a vida animal está agitando-se como sempre. Ele era um observador atento e constante da natureza. Tinha os sentidos bem abertos para receber dela seus sinais. Compreendeu rápido que estava cego. Começou a rezar a oração de São Marcos, e saiu a correr. Seu instinto ou a oração, um ou outro, empurrou-o, mesmo cego, na direção da casa de João Mangolô. Entrou e agarrou o feiticeiro pela garganta, quase estrangulando o pobre preto. Nisso, tudo clareou. O homem estava fazendo feitiço para ele, uma espécie de vudu, pois tinha um retrato dele na mão. O feiticeiro explica:

"- *Não quis matar, não quis ofender... Amarrei só esta tirinha de pano preto nas vistas do seu retrato, pra Sinhô passar uns tempos sem poder enxergar... olho que deve de ficar fechado, para não precisar de ver negro feio...*" (p.268)

CORPO FECHADO

Dois homens conversam. Um é culto, letrado, médico. Outro é o pequeno Manuel Fulô, homem simples do interior, metido a valente, falador, contador de casos de valentia, mas na verdade mesmo é um medroso. Durante a conversa, fala-se dos valentes que já passaram por ali, desde José Boi, Adejalma, Miligido, João do Quintiliano até o temível Targino, o valentão do momento. O médico diverte-se com as estórias do pretenso valente, pagando-lhe a cerveja e mais estimulando suas estórias.

Há duas coisas que Manuel Fulô mais ama na vida: sua inseparável mula, a Beija-Flor, sábia e mansa; e sua noiva, a "*das Dor*". Havia um tal de Toniquinho das Águas, sabedor das feitiçarias para fechar o corpo de um sujeito contra tiro ou facada. Esse tal tinha uma sela cobiçada por Manuel, que vivia querendo comprá-la, mas o Toniquinho também cobiçava a mula. Assim, o

10. É notável a carga poética e a musicalidade desse trecho, reforçada pela aliteração.

11. Podemos encontrar aqui, metalingüisticamente, o traço estilístico que mais se destaca em Rosa, a experimentação com a linguagem, procurando revigorá-la, criando uma língua só sua, mágica, fundamental. Para Rosa a palavra não é um mero signo arbitrário e seco, como afirmam os lingüistas modernos, mas um mundo cabalístico de possibilidades encantadas e encantatórias.

negócio nunca se realizava, porque cada um deles se recusava a vender, só querendo comprar o que era do outro.

Estavam, o médico e o Manuel, ainda bebendo e falando de trapaças e valentias, quando entrou o valentão Targino, e disse a Fulô, de modo que todos acabaram ouvindo:

"- *Escuta, Mané Fulô: a coisa é que eu gostei da das Dor e venho visitar sua noiva amanhã... Já mandei recado, avisando a ela... É um dia só, depois vocês podem se casar... Se você ficar quieto, não te faço nada... Se não... - E Targino, com o indicador da mão direita, deu um tiro mímico no* ***meu***[12] *pobre amigo, rindo, rindo, com a gelidez de um carrasco mandchu. Então, sem mais cortesias, virou-se e foi-se."* (p.293)

Eu[13] *perdi o peso do corpo, e estava frio. Me mexia todo, sem querer. Manuel Fulô oscilou para o balcão, mas não pôde segurar o copo; passou a mão no suor da testa..."* (p.293)

Toniquinho procura Fulô. Os dois conversam e Manuel diz que podem entregar a sua Beija-Flor para o Toniquinho. Em troca, Toniquinho fecharia o corpo de Manuel. Todo o vilarejo se esconde na hora fatídica. O valentão Targino vai cumprir sua promessa, quando é enfrentado por Manuel Fulô, com sua faquinha. O valentão atira, mas nada consegue e o pequeno acaba vencendo Targino. Ao acabar com o outro, Fulô ainda proclama imponente:

"*Conheceu, diabo, o que é raça de Peixoto?!* (p.299)(...) *Manuel Fulô fez festa um mês inteiro, e até adiou, por via disso, o casamento, porque o padre teimou que não matrimoniava gente bêbada*[14] ". (p.300))

CONVERSA DE BOIS

"*Que já houve um tempo em que eles conversavam, entre si e com os homens, é certo e indiscutível, pois que bem comprovado nos livros das fadas carochas. Mas, hoje-em-dia, agora, agorinha mesmo, aqui, aí, ali e em toda a parte, poderão os bichos falar e serem entendidos, por você, por mim, por todo o mundo, por qualquer filho de Deus?!*" (p.303) Manuel Timborna acredita que sim e conta uma história para comprovar: "*Só se eu tiver licença de recontar diferente, enfeitado e acrescentado ponto e pouco...*" (p.303)

Manuel Timborna jura que os animais falam, principalmente os bois. Contava ele que ouviu uma estória contada por uma irara, de nome Risoleta, que só contou para conseguir a liberdade, pois tinha sido presa por ele. Segundo o relato, Agenor Soronho transportava o corpo do pai de seu guia, o menino Tiãozinho. O homem era mau e judiava do menino, que ia chorando, enquanto os bois discutiam aquela situação:

"- *O homem é um bicho esmochado, que não devia haver. Nem convém espiar muito para o homem. É o único vulto que faz ficar zonzo, de se olhar muito. É comprido demais, para cima, e não cabe todo de uma vez, dentro dos olhos da gente.*

---

12. Destacamos em negrito para chamar a atenção do leitor para o relato em primeira pessoa, situando o narrador como personagem-testemunha dos acontecimentos.
13. Idem à anterior.
14. Tanto a forma "bêbedo" quanto "bêbado" são corretas.

- Mas eu já vi o homem-do-pau-comprido correr de uma vaca... de uma vaca. Eu vi." (p.308) São quatro parelhas de bois: Buscapé e Namorado, Capitão e Brabagato, Dansador[15] e Brilhante, Realejo e Canindé, que puxam o carro, transportando além das rapaduras o cadáver do pai de Tiãozinho. Tiãozinho vai chorando, com muita raiva de seu Agenor Soronho, que não respeitava o seu pai paralítico, pois ele sempre ia à sua casa e transava com sua mãe, descaradamente.

Os bois vão sempre conversando e analisando a situação dos humanos, revoltando-se contra o sofrimento do menino: "*Mhu"! Hmoung! Boi... Bezerro-de-Homem.... Mas, eu sou o boi Capitão? Não há nenhum boi capitão... Mas, todos os bois. Não há bezerro-de-homem! Todos Tudo... Tudo é enorme... Eu sou enorme! Sou grande e forte... Mais do que seu Agenor Soronho! posso vingar meu pai... Meu pai era bom. Ele está morto dentro do carro... Seu Agenor Soronho é o diabo grande... bate em todos os meninos do mundo...*" (p.334)

Os bois percebem que Soronho está dormindo e planejam provocar um acidente para derrubá-lo. Tramam que, quando Tiãozinho der um grito, todos devem dar um arranco rápido para frente. Assim acontece e o homem cai, passando uma das pesadas rodas sobre seu pescoço. Morreu na hora, sem nem dar um grito ao menos. A viagem continua. "*E talvez dois defuntos dêem mais para a viagem, pois até o carro está contente - renhein... nhein... - e abre a goela do chumaço, numa toada triunfal.*" (p.338)

A HORA E VEZ DE AUGUSTO MATRAGA

"*Matraga não é Matraga, não é nada. Matraga é Esteves. Augusto Esteves, filho do Coronel Afonsão Esteves, das Pindaíbas e do Saco-da-Embira. Ou Nhô Augusto*" que está no presente momento participando dum leilão arranjado pelos matutos grosseiros "*de atrás de igreja, no arraial da Virgem Nossa Senhora das Dores do Córrego do Murici.*" (p.341) Augusto entra na brincadeira e arremata a prostituta Tomázia, apelidada Sariema, agredindo um pobre caipira que estava gostando dela. Sai, levando-a, mas ao ver suas pernas finas e sua magreza, despreza-a:"*Você tem perna de manuel-fonseca, uma fina e outra seca!"*(p.345)

Dona Dinorá, mulher de Matraga, temia o marido por ser duro e meio doido, agindo por impulso, sem pensar. Ela manda Quim Recadeiro chamá-lo para viajarem para casa, mas o marido não atende: "*Desvira, Quim e dá o recado pelo avesso: eu lá não vou!... Você apronta os animais, para voltar amanhã com Siá Dionóra mais a menina, para o Morro Azul.*" (p.345)

Quim leva as duas para o Morro Azul no dia seguinte, mas no caminho a mulher aceita o convite de Ovídio Moura e foge com ele levando a filha. Simultaneamente, os capangas abandonam Nhô Augusto, porque ele está cheio de dívidas e não os pagou. Por isso, passaram a trabalhar para o Major Consilva. Quim traz as duas notícias desagradáveis. Matraga procurando vingar-se vai até a fazenda do Major Consilva, sendo recebido e espancado pelos jagunços até parecer morto. "*E, aí,*

15. Deveria ser "dançador", mas Rosa grafava "dança" também com "s", porque, segundo ele, o "s" sugeria mais o movimento sinuoso de uma dança.

quando tudo esteve a ponto, abrasaram o ferro com a marca do gado do Major - que soía[16] *ser um triângulo inscrito numa circunferência -, e imprimiram-na, com chiado, chamusco e fumaça, na polpa glútea direita de Nhô Augusto. Mas recuaram todos, num susto, porque Nhô Augusto viveu-se, com um berro e um salto, medonhos."* O corpo rolou barranco abaixo, desaparecendo pelo abismo, sumindo nas moitas. Ninguém teve nem coragem de descer para verificar.

Acontece que, milagrosamente, Matraga não tinha morrido e foi recolhido e salvo por um casal de pretos velhos. Em seu sofrimento e delírio, Matraga chorou como criança. Chamaram um padre para confessá-lo. Matraga converte-se, transformando-se em um santo, seguindo os conselhos do padre.

"*Reze e trabalhe, fazendo de conta que esta vida é um dia de capina com sol quente, que às vezes custa muito a passar, mas sempre passa. E você ainda pode ter muito pedaço bom de alegria... Cada um tem a sua hora e a sua vez: você há de ter a sua*[17] ". (p.356)

Matraga ficou bom de todo e partiu para umas terras suas distantes. Levou os velhos. Caminharam pela noite, escondendo-se, até chegarem ao Tombador. Aí, o convertido trabalha constantemente, o dia inteiro. Reza o terço com os velhos, evita festas. O tempo passa, e um dia passa pelo arraial um conhecido, que lhe conta como Quim Recadeiro morreu valentemente lutando por ele na fazenda do Major Consilva. Conta também que a sua filha se tornou prostituta. Nhô Augusto irrita-se, mas não abandona seu propósito e para fortificar-se proclama: "*P'ra o céu eu vou, nem que seja a porrete!*". (p.361)

Também passa pelo vilarejo o terrível e famoso seu Joãozinho Bem-Bem com seu bando de jagunços. Nhô Augusto com modos amáveis, hospitaleiros e seguros, dá-lhes pouso e comida. Seu Joãozinho reconhece um homem valente de longe, e não entende a rezação de Matraga. Admirava-o, vê que ele atira bem e faz-lhe um convite para entrar para o bando. Matraga sente uma tentaçãozinha, mas recusa. Lamentando a recusa, Joãzinho parte com seu bando. O jagunço Tim Tatu-tá-te-vendo puxa uma cantiga brava de tempo de revolução:

"*O terreiro lá de casa*
não se varre com vassoura;
Varre com ponta de sabre,
bala de metralhadora..." (p.371)[18]

Uma manhã, depois de um período de muita chuva, Nhô Augusto saiu para o terreiro e desconheceu o mundo, sentiu que era a manhã mais bonita que ele já pudera ver. Na altura do céu passou um bando de maitacas, em arribação. Outros pássaros se lhes seguiram. Matraga também resolve partir: "*Adeus, minha gente, que aqui é que mais não fico, porque a minha vez vai chegar, e eu tenho que estar por ela em outras partes!*" (p.375)

Parte num jumento e segue até chegar ao arraial do Rala-Coco. O lugar está alvoroçado pela presença de Joãozinho Bem-Bem e seu bando. Matraga e o jagunço alegram-se pelo reencontro. O bando está para castigar uma

---

16. Pretérito perfeito do verbo soer, raramente é empregado. Significa ter por costume, costumar.
17. Daqui sai o título do conto.
18. Esse conto foi magistralmente adaptado para cinema por Nélson Pereira dos Santos e a cantiga acima aparece, musicada por Geraldo Vandré.

família pela morte traiçoeira de um dos jagunços, o Juruminho, por um rapaz dali e que fugira. Seu Joãozinho renova o convite a Matraga, pondo-lhe nas mãos o rifle carregado do jagunço morto.

Nesse instante entra um velho, pai do rapaz fugitivo, arrastado pelos homens de Joãozinho Bem-Bem. O velho implora pela família, em nome de Jesus Cristo e da Virgem Maria. Matraga, atingido nos seus sentimentos religiosos, interfere em favor do velho. Joãozinho protesta:

"- *Você está caçoando com a gente, mano velho?*

- Estou não. Estou pedindo como amigo, mas a conversa é no sério, meu amigo, meu parente, seu Joãozinho Bem-Bem.

- Pois pedido nenhum desse atrevimento eu até hoje nunca que ouvi nem atendi!...

O velho engatinhou, ligeiro, para se encostar na parede. No calor da sala, uma mosca esvoaçou.

- Pois então... e Nhô Augusto riu, como quem vai contar uma grande anedota - ... Pois então, meu amigo seu Joãozinho Bem-Bem, é fácil... Mas tem que passar primeiro por riba de eu defunto...

Joãozinho Bem-Bem se sentia preso a Nhô Augusto por uma simpatia poderosa, e ele nesse ponto era bem assistido, sabendo prever a viragem dos climas e conhecendo por instinto as grandes coisas. Mas Teófilo Sussuarana era bronco excessivamente bronco, e caminhou para cima de Nhô Augusto, que grita:

- Epa! Nomopadrofilhospritossantamêin! Avança, cambadas de filhos-da-mãe, que chegou minha vez!..." (p.383)

Segue-se um belo combate entre Matraga e o bando, com Nhô Augusto, possesso, atirando, pulando e gritando palavrões como há muito não fazia. "Três dos cabras correram, porque outros três estavam mortos, ou quase, ou fingindo."

Augusto e Joãozinho vão para a rua "*numa dança ligeira, de sorriso na boca e de faca na mão*", para o ajuste final:

"- *Se entregue, mano velho, que eu não quero lhe matar...*

- Joga a faca fora, dá viva a Deus, e corre, seu Joãozinho Bem-Bem...

- Mano velho! Agora é que tu vai dizer: quantos palmos é que tem, do calcanhar ao cotovelo!...

- Se arrepende dos pecados, que senão vai sem contrição, e vai direitinho para o inferno, meu parente seu Joãozinho Bem-Bem!...

- Úi, estou morto..." (p.384)

Matraga, em molambos e excessivamente ferido, é socorrido pelas pessoas, que zombam de Seu Joãozinho Bem-Bem. Ele protesta e não deixa, dizendo para respeitar: "esse aí é o meu parente seu Joãozinho Bem-Bem". Matraga e Joãozinho terminam como amigos, ambos respeitando no outro a valentia, a coragem. O velho agradece: "*Traz meus filhos, para agradecerem a ele, para beijarem os pés dele!... Não deixem este santo morrer assim... P'ra que foi que foram inventar arma de fogo, meu Deus?!...*" (p.386)

Antes de morrer, Nhô Augusto reconhece João Lomba, um velho conhecido e meio parente. Pede-lhe que ponha a bênção em sua filha:

"Põe a benção[19] *na minha filha... seja lá onde for que ela esteja... E, Dionóra... Fala com a Dionóra que está tudo em ordem!*

Depois, morreu." (p.386)

Comentário:

Como todos os demais contos de estréia de Guimarães Rosa, este também é bastante longo, aproximando-se da novela. Podemos dividi-lo em três partes nitidamente reconhecíveis e que poderiam assim ser denominadas:

I. O homem mau, o lobo. Augusto egoísta, canalha e covarde, abusa de sua posição e maltrata os pobres.

II. O santo coitado, o cordeiro. Augusto convertido, incapaz de uma violência, vivendo para o trabalho e para a oração.

III. O santo valente, o leão justiceiro. Augusto Matraga luta valentemente pela justiça, protegendo os desvalidos contra a ira de Seu Joãozinho Bem-Bem.

V - ESTRUTURA DA OBRA

O livro *Sagarana* apresenta nove contos, narrados em terceira pessoa, com exceção de *Minha Gente, São Marcos* e *Corpo Fechado.* Essas narrativas já apresentam a tendência do autor para a pesquisa e criação de uma linguagem pessoal e original, partindo do substrato regional e acrescentando-lhe neologismos criados a partir de seus conhecimentos de latim, grego, tupi, etc. Assim como o próprio título da obra, **Sagarana**, em que funde o termo tupi **rana**, que significa "parecido com" ou "semelhante a" com **saga**, termo de raiz germânica, que significa " narrativa heróica lendária ou histórica", produzindo assim uma nova palavra que pode ser decodificada como "narrativas parecidas com lendas".

Os contos podem ser organizados e classificados conforme certos temas ou assuntos:

- personagens em processo de crescimento, evolução ou transformação: "*Duelo*" (Timpim), "*Corpo Fechado*" (Manuel Fulô) e "*Hora e Vez de Augusto Matraga*".
- contos alegóricos, com animais humanizados: "*O Burrinho Pedrês*" e "*Conversa de Bois*".
- valorização da esperteza, da sagacidade mineira: "*A Volta do Marido Pródigo*" e "*Minha Gente*".
- a noção de travessia que transforma em herói: "*O Burrinho Pedrês*" e "*A Hora e Vez de Augusto Matraga*".
- valorização da natureza e das sensações: "*Sarapalha*" e "*São Marcos*".
- a força da magia e feitiçaria praticada pela gente simples do sertão: "*São Marcos*" e "*Corpo Fechado*".

---

19. Mantivemos a grafia do texto, sem acento, mas não se esqueça que toda paroxítona terminada em ditongo deve ser acentuada: órfão, bênção, móveis, sábio.

VI - ESTILO DE ÉPOCA E ESTILO INDIVIDUAL

Guimarães Rosa pertence à terceira fase do Modernismo, também denominada Neomodernismo ou Geração de 45, já que essa fase teve seu início no ano de 1945, data marcada pelo fim da ditadura Vargas e da guerra mundial. O termo Neomodernismo, empregado por alguns na designação desse período, deve-se ao fato de, nesse momento histórico de redemocratização do país, os escritores se darem o direito de realizar novas pesquisas estéticas, de experimentarem novas realizações no campo da literatura. As mais importantes são a sondagem interior de Clarice Lispéctor e a recriação lingüística e o regionalismo universalista de Guimarães Rosa.

Rosa realizou uma verdadeira alquimia verbal, tomando uma língua já desgastada pelo uso de séculos e transformando-a em ouro puro. A língua em si é viva e dinâmica, modificando-se a todo momento numa evolução que pode ter ritmo variado, ora mais rápido, ora mais lento, mas jamais interrompida. Podemos crer que o escritor um dia se imaginou um povo inteiro a modificar a língua de seu tempo, valendo-se de toda sua cultura e de seus conhecimentos de várias línguas estrangeiras, tanto vivas quanto mortas. Ele se tornou um verdadeiro laboratório lingüístico, onde o popular se funde ao erudito, criando neologismos, recuperando arcaísmos, valendo-se de regionalismos, sem deixar de lado outros recursos como a **onomatopéia**: "*E talvez dois defuntos dêem mais para a viagem, pois até o carro está contente -* ***renhein... nhein****... - e abre a goela do chumaço, numa toada triunfal.*" (p.338)
. Além disso, valeu-se de recursos poéticos como aliteração, assonância, coliteração e diversas outras figuras de linguagem (como a silepse), enriquecendo sua frase e eliminando a linha divisória entre a prosa e a poesia.

Vejamos alguns recursos empregados por Rosa nos contos de Sagarana.

- **Presença de aliterações e assonâncias** conferindo musicalidade, aproximando prosa e poesia: "*Boi bem bravo, bate baixo, bota baba, boi berrando... Dansa doido, dá de duro, dá de dentro, dá direito... Vai, vem, volta, vem na vara, vai varando...*" (p. 24) "*Em noite de roça, tudo é canto e recanto. E há sempre um cachorro latindo longe, no fundo do mundo.*" (p.212), "*manhã maravilha*"...*gritos de galos e berros de bezerros*" (p.218), "*bronze-e-brasa*" (p.220) Em alguns momentos, essa técnica chega a virtuosismo como o seguinte exemplo em que podemos encontrar métrica e ritmo próprios da poesia popular com verdadeiros versos redondilhos menores: "*As ancas balançam, e as vagas de dorsos, das vacas e touros, batendo com as caudas, mugindo no meio, na massa embolada, com atritos de couros, estralos de* ***guampas***[20] , *estrondos e baques, e o berro queixoso do gado junqueira, de chifres imensos, com muita tristeza, saudade dos campos, querência dos pastos de lá do sertão...*" (p.37) Vejamos esse fragmento, transcrito na forma de verso, releia agora, mas em voz alta, procurando sentir o ritmo e toda a riqueza sonora atingida pelo escritor:

---

20. O mesmo que chifres.

As ancas balançam,
e as vagas de dorsos,
das vacas e touros,
batendo com as caudas,
mugindo no meio,
na massa embolada,
com atritos de couros,
estralos de guampas,
estrondos e baques,
e o berro queixoso
do gado junqueira,
de chifres imensos,
com muita tristeza,
saudade dos campos,
querência dos pastos
de lá do sertão...

- **Emprego de neologismos**: milmalditas, drimirim, colossalidade.
- **Emprego de arcaísmos:** "fermosa".
- **Combinação de linguagem erudita com a popular**: "húris" (p.100) (termo de origem árabe que designa as virgens belas que esperam no paraíso maometano por aqueles que se mantiveram fiéis à crença mulçumana), "...a cara que aquela gente vai fazer quando me ver..." (p.101) (o gramaticalmente correto é "quando .me vir").
- **Captação e expressão poética da realidade circundante**: "*Pelo rego desciam bolas de lã sulfurina: eram os patinhos novos, que decerto tinham matado o tempo, dentro dos ovos, estudando a teoria da natação.*" (p.220) "*Mas sofri, todavia, porque lua havia, uma lua onde cabiam todos os devaneios e em que podia beber qualquer imaginação.*" (p.233)
- **Sinestesia:** "A **voz** do Moleque Nicanor é uma comprida carícia." (p.228) Sinestesia pois *carícia* envolve o sentido do tato, enquanto *comprida* tem a ver com a sensação visual, ambas qualificando *voz*, que se dirige ao sentido da audição, provocando assim uma forte interpenetração do campo sensorial.

A **voz** do Moleque Nicanor é uma **comprida carícia.**
↓ audição ↓ visual ↓ tato

BIBLIOGRAFIA CONSULTADA

Rosa, João Guimarães - *Sagarana*, RJ, 1984, Editora Nova Fronteira.

Exercícios no final.

EXERCÍCIOS

7 Que personagem do romance *O Primo Basílio* pode ser vista como a própria representação da superficialidade e hipocrisia, ou, em outras palavras, que poderia ser associada à expressão bíblica "sepulcro caiado de branco"?

Para resolver questões 9 e 10, leia os fragmentos seguintes:

"Ficara sentada à mesa, a ler o Diário de Notícias, no seu roupão de manhã de fazenda preta, bordado a soutache, com largos botões de madrepérola; o cabelo louro um pouco desmanchado, com um tom seco do calor do travesseiro..."

"... enrolou um cigarro, e muito repousado, muito fresco na sua camisa de chita, sem colete, o jaquetão de flanela azul aberto, os olhos no teto, pôs-se a pensar na sua jornada ao Alentejo."

8. Quem são as figuras retratadas e qual a situação em que se encontram na perspectiva do enredo?

9. Que figura de linguagem aparece na expressão "tom seco"? É rara nesse escritor?

10. Leia o texto com atenção:

Foi feliz... mas, quer que lhe diga? não acredito lá essas coisas no futura deste, por causa daquelas idéias de república... porque, convençam-se por uma vez de uma coisa! a república é muito bonita, é muito boa, sim senhor! porém não é ainda para os nossos beiços! A república aqui vinha dar em anarquia!..." (*O Mulato*, Aluísio Azevedo, p.184)

a) O que revela a fala dessa personagem?

b) Essa fala poderia ter sido dita pelo protagonista?

11. Leia o texto com atenção:

"Mas venha cá! replicou o Casusa, fechando no ar a sua mão pálida e encardida de cigarro. Diz você que o povo não tem instrução; muito bem! Mas, como quer você que o povo seja instruído num país, cuja riqueza se baseia na escravidão e com um sistema de governo que tira sua vida justamente da ignorância das massas?... Por tal forma, nunca sairemos deste círculo vicioso! Não haverá república enquanto o povo for ignorante, ora, enquanto o governo for monárquico, conservará, por conveniência própria, a ignorância do povo; logo - nunca haverá república!" (*O mulato*, Aluísio Azevedo, p.184)

a) Em que ano foi publicado *O mulato*, e qual a sua importância para a nossa literatura?

b) Que relação podemos encontrar entre o tempo da narrativa e o tempo da escritura ou publicação da obra, que possa ser justificada ou exemplificada a partir do fragmento acima?

12. Leia o texto com atenção:

"Mas o que quer você?! O governo tem parentes, tem afilhados, tem comitivas, tem salvas, tem maçapães[1] , tem o diabo! e para isso é preciso cobre! cobre! O povo está aí, que pague! Tome imposto pra baixo e deixa correr o pau para Caxias!" (*O mulato*, Aluísio Azevedo, p.184)

a) Que figura de linguagem encontramos em "cobre"?

b) Que características do Realismo e do Naturalismo podemos encontrar nesse fragmento?

13. (FUVEST) Atente para a seguinte afirmativa: "No romance *O cortiço*, de Aluísio de Azevedo, o mecanismo de formação da riqueza individual torna-se o objeto central da narrativa". Esta afirmativa é correta? Sim ou não? Justifique sua resposta

14. (FUVEST) A personagem Bertoleza desempenha uma função importante no romance, ao lado de João Romão. Responda:

a) qual é essa função?

b) como você relaciona essa função com o fim de Bertoleza?

18. Faça um breve retrato de Policarpo Quaresma.

19. Quaresma é um defensor da ordem e do governo, tendo lutado a favor de Floriano Peixoto. Que episódio faz com ele mude radicalmente de opinião? Explique.

20. *Mensagem* pode ser classificado como um poema épico ou lírico? Justifique.

Leia o poema "V. Epitáfio de Bartolomeu Dias"

Jaz aqui, na pequena praia extrema,
O Capitão do Fim. Dobrado o Assombro,

---

21. Bolo de farinha de trigo com ovos e amêndoas.

O mar é o mesmo: já ninguém o tema!
Atlas, mostra alto o mundo no seu ombro.

21. Que característica formal, recorrente em *Mensagem*, podemos encontrar nesse poema?

22. Que poeta modernista brasileiro também ficou marcado por esse traço estético?

Leia com atenção:

"Então Turíbio Todo, encarando-o, fez figura e fez voz.

- Deixa de unha, cachorro, que eu te retalho na taca!...

- Não grita, seu Turíbio, que não adiante... Peço perdão a Deus e ao senhor, mas não tem outro jeito, porque eu prometi ao meu compadre Cassiano, lá no Mosquito, na horinha mesma d'ele fechar os olhos..."

32. Quem é o autor do texto acima e de que obra teria sido retirado esse fragmento?

33. Qual o título do conto, em que aparecem tais personagens? Quem é o "compadre Cassiano"?

34. Que características estilísticas suas podem ser aqui encontradas?

RESPOSTA DOS EXERCÍCIOS

1. C

2. a) A mulher pode aparecer pura e idealizada, como um anjo, mas também aparece sensual, erótica, tentadora, como uma tentação que pode levar o homem a perder não só a sua tranqüilidade, mas também a sua alma.

b) O pecado apararece associado à perdição, à queda, justificando a possibilidade de castigo, de punição, mas Deus, felizmente, além de juiz, é também pai e bondade. Portanto, se o pecador se arrepende, Deus está sempre pronto a perdoar e receber a "ovelha" ou "filho arrependido".

3. A obra de Gregório de Matos apresenta não apenas a sátira mordaz e a lírica amorosa, mas também a lírica religiosa e reflexiva.

4. d 5. e 6. b

7. É o Conselheiro Acácio que apresenta uma postura muito moralista, conservadora, mas vive amasiado com sua criada.

8. As figuras são Jorge e Luísa, retratados logo no início da narrativa, em uma situação de calma e rotina, quando tudo ainda está bem. É um momento matinal, descontraído, estando ambos à vontade em sua casa, num momento de conforto e tranqüilidade.

9. Trata-se de uma sinestesia, figura que consiste numa interpenetração do campo sensorial, ou seja, uma mistura de sensações. Por exemplo: "cheiro doce", em que cheiro é percebido pelo olfato e doce, pelo paladar. Da mesma forma, no caso aqui temos tom (percepção visual), combinando com seco (percepção tátil).

10. a) Essa fala demonstra o pensamento de uma pessoa preconceituosa, com uma visão do país diminuída pela tradição colonialista de que a Europa é melhor, mais desenvolvida, amadurecida e culta do que o Brasil.

b) Não, porque o protagonista, Raimundo, é um homem atualizado e educado dentro de padrões modernos e cosmopolitas, reprovando a escravidão e desejando o fim da monarquia.

11. a) Foi publicado em 1881, representando o fim da estética romântica e a introdução do Naturalismo no Brasil.

b) A obra é engajada e discute uma temática contemporânea, pois, sendo escrita alguns anos antes da abolição da escravatura (1888) e proclamação da república (1889), está discutindo exatamente os temas de maior evidência nos debates nacionais e, provavelmente, deve ter influenciado o julgamento de alguns leitores de seu tempo.

12. a) Metonímia, figura que consiste no emprego de um termo (cobre) pelo outro (dinheiro), em virtude das moedas terem sido fabricadas com o metal cobre.

b) A crítica social e a coloquialidade, com registro de expressões populares nas falas da personagens como "tem o diabo" ou "tome imposto pra baixo".

13. Sim. Nós podemos ver isso claramente tanto nos pensamentos e nas ações de João Romão, quanto nas do Miranda, e mesmo na escrava Bertoleza.

14. a) Bertolela tem a função de proporcionar ao vendeiro os meios econômicos e a colaboração, que vão dar-lhe o impulso inicial. Ela pode ser comparada à máquina, ou ao operário, que colaboram (voluntariamente ou não) para o enriquecimento do patrão.
b) Assim como na indústria, a máquina que já não produz mais adequadamente é eliminada ou substituída, Bertoleza é atirada fora, para ser substituída pela filha do Miranda. A sua não aceitação desse destino leva-a ao suicídio.
15. Ambos são metalingüísticos, isto é, tratam do trabalho construtivo do escritor, discutem sua ideologia estética. Também apresentam em comum a idéia de que o artista deve isolar-se para poder criar.
16. O texto de Bilac, parnasiano, em versos rimados e metrificados, valoriza uma arte baseada no trabalho, na construção técnica fundamentada em regras e padrões pré-estabelecidos. O simbolista Cruz e Sousa, pelo contrário, escreve em prosa e defende uma arte livre de regras e de imposições, valorizando mais o individualismo e a originalidade.
17. a) De *Broquéis*, pois é um poema em versos. O livro *Missal* apresenta somente poemas em prosa.
b) Musicalidade, atração pelo vago e impreciso, emprego de iniciais maiúsculas em susbstantivos comuns, uso freqüente de reticências.
18. Policarpo Quaresma é um homem magro de mais de quarenta anos, que exerce o cargo de subsecretário do Arsenal de Guerra. Metódico, patriota fanático, xenófobo. Apresenta certa semelhança com D. Quixote, principalmente por seu caráter sonhador e pouco prático.
19. O episódio do Boqueirão, que, com toda sua injustiça, deflagra um processo de desilusão que já vinha corroendo Quaresma desde o dia em que Floriano o chamou de visionário.
20. *Mensagem* é uma obra problemática quanto à classificação, mas podemos classificá-la como épica, devido seu caráter objetivo, isto é, o autor não se comprar na abordagem do "eu", mas do "outro". Deixa, portanto, de ser um poema subjetivo, lírico, para ser um poema objetivo. Acrescente-se a isso a sua clara intenção de exaltar a pátria. No entanto, perpassa todo o poema um sopro de sentimento lírico. Fenômeno parecido podemos encontrar na poesia de Cecília Meireles, na obra *Romanceiro da Inconfidência*.
21. A concisão, procurando dizer o máximo com o mínimo de palavras.
22. Oswald de Andrade, na primeira fase modernista, também procurou uma poesia econômica, conhecida por "poesia pílula" ou " poema minuto".
23. Polissíndeto, emprego reiterado do "e".
24. Produz uma sensação de cansaço, de exagero, de acúmulo de problemas tornando caótica a vida da personagem.
25. No momento da crise econômica e da falência de seu empreendimento cinematográfico.
26. Aqui podemos encontrar o humor, a irreverência, e a ruptura dos limites entre prosa e poesia, pois ele retrata sua situação e a do país em um poema e não na forma tradicional com que eram registradas as memórias até então.
27. Podemos concluir que o narrador procura registrar com clareza a língua falada pelas personagens, revelando através desse processo sua condição cultural e econômica.
28. d
29. Elas têm a função dupla de evitar a chatice da linearidade e fornecer de modo gradativo novos dados sobre a vida das personagens, criando um interesse no leitor.
30. Os escritores da década de 30 tinham como pressuposto importantíssimo a denúncia social, enquanto Clarisse deixa de lado essa preocupação histórica e prática para mergulhar fundo numa pesquisa interior, ao mesmo tempo muito individual e paradoxalmente cósmica, univeral.
31. O ovo aparece como um momento mágico na vida da galinha. É o seu instante de epifania. Através dele ela deixa de ser apenas comida para as pessoas da casa, tornando-se um ser gerador potencial de vida. Pelo menos por um certo tempo, esse ovo salva a galinha da morte certa.
32. Guimarães Rosa. *Sagarana*.
33. Eles aparecem no conto "O Duelo". Cassiano é o militar Cassiano Gomes, amante da mulher de Turíbio Todo. Cassiano se tornou amigo e compadre do capiau Timpim só para conseguir dele essa vingança contra Turíbio.
34. O regionalismo, presente na fala das personagens e o cuidado com a exploração sonora, poética da nossa língua. Veja o emprego da aliteração (f/f/f) e coliteração (f/v): "**f**ez **f**igura e **f**ez **v**oz".

PEDIDOS:

Editora Flâmula - Tel/Fax.: (011) 7967-1192
Distribuidora Catavento - Tel.: (011)289-0811 - Fax.: (011)251-3756
Livraria Letras - Tel.: (015) 221-4754 - Sorocaba/SP

LITERATURA PORTUGUESA E BRASILEIRA
ANÁLISE E RESUMO DE OBRAS
Volume 1

AUTO DA BARCA DO INFERNO - LIRA DOS VINTE ANOS - MEMÓRIAS DE UM SARGENTO DE MILÍCIAS - A CIDADE E AS SERRAS - DOM CASMURRO - CONTOS NOVOS - SÃO BERNARDO - CAMPO GERAL - MORTE E VIDA SEVERINA - MEMORIAL DO CONVENTO

PRÓXIMOS LANÇAMENTOS

LITERATURA PORTUGUESA E BRASILEIRA
ANÁLISE E RESUMO DE OBRAS
Volume 3

Sonetos de Camões; *Amor de perdição*, de Camilo Castelo Branco; *O guarani*, de José de Alencar; *Amar, verbo intransitivo*, de Mário de Andrade; *Vidas secas*, de Graciliano Ramos; *A rosa do povo*, *Claro enigma*, *Corpo*, de Carlos Drummond de Andrade; *A hora da estrela*, de Clarice Lispector; *As meninas*, de Lygia Fagundes Telles e *O nariz e outras crônicas*, de Luís Fernando Veríssimo.

LITERATURA PORTUGUESA E BRASILEIRA
ANÁLISE E RESUMO DE OBRAS
Volume 4

O noviço, de Martins Penas; Noite na taverna, de Álvares de Azevedo; Últimos cantos, de Gonçalves Dias; Memórias póstumas de Brás Cubas, de Machado de Assis; Recordações do escrivão Isaías Caminha, de Lima Barreto; A confissão de Lúcio, de Mário de Sá-Carneiro; Menino de engenho, de José Lins do Rego; Recado do morro, de Guimarães Rosa; A morte do pirotécnico Zacarias, de Murilo Rubião; Ai de ti, Copacabana, de Rubem Braga; Três mulheres de três PPPês, de Paulo Emílio Salles Gomes.

DECLARAÇÃO

Teu cheiro, tua pele,
teu contato ligeiro...
Passa teu braço de leve
pelos meus pêlos,
espalme tua mão
direita no meu peito
qu eu até acho o jeito
certo de dizer:
Eu te amo!